ソーシャル・キャピタルと格差社会

幸福の計量社会学

辻 竜平／佐藤嘉倫──［編］

東京大学出版会

Social Capital in an Unequal Society:
The Quantitative Sociology of Happiness
Ryuhei TSUJI and Yoshimichi SATO, Editors
University of Tokyo Press, 2014
ISBN 978-4-13-050182-8

ソーシャル・キャピタルと格差社会
目　　次

まえがき　辻　竜平・佐藤嘉倫　1
　　1　本書のねらい　1
　　2　本書で用いるデータ　6
　　3　本書の構成　9

I　地域格差とソーシャル・キャピタル

1章　信頼と連帯に支えられた社会を構築する────今田高俊　17
　　　　社会関係資本の視点から
　　1　いまなぜ社会関係資本なのか？　17
　　2　憂慮すべき事態──新自由主義の傷跡　21
　　3　市民共同体の育成──機能する民主主義のために　27

2章　ソーシャル・キャピタルと市民社会────三隅一人　35
　　1　市民社会と共同性　35
　　2　弱い紐帯・市民・関係基盤　37
　　3　地域社会のソーシャル・キャピタル　41
　　4　弱い紐帯は市民をつくるか　44
　　5　おわりに　47

3章　自治体間競争と社会関係資本論────福島康仁　53
　　　　政策格差との関連を中心として
　　1　はじめに　53
　　2　制度改革と政策格差　54
　　3　三位一体改革と格差の拡大　57
　　4　自立できない自治体への国の対応と自治体の戦略　62
　　5　結びにかえて──政策形成・実施能力の格差とソーシャル・キャピタル　68

4章　地方自治体の政策の成否と社会関係資本 ────── 辻　竜平　73
　　　　長野県下條村の合計特殊出生率をめぐって

1　下條村の概況と問題　73
2　使用するデータ　77
3　個人単位の分析　77
4　自治体単位の分析　81
5　考　察　84

II　家族格差とソーシャル・キャピタル

5章　結婚とソーシャル・キャピタル ────────── 小林　盾　91
　　　　何人と恋愛すれば結婚できるのか

1　結婚格差　91
2　結婚市場におけるソーシャル・キャピタル　93
3　方　法　96
4　結婚経験にかかわる分析結果　97
5　交際人数と結婚　101

6章　出生機会格差とソーシャル・キャピタル ──── 金井雅之　105
　　　　自治体の家族政策によるサポート資源格差の是正

1　はじめに　105
2　理論的予想　107
3　データと分析方法　108
4　地方部における家族政策とソーシャル・キャピタル　110
　　　──長野子育て支援調査より
5　都市部における家族政策とソーシャル・キャピタル　113
　　　──東京子育て支援調査より
6　考　察　116

7章　子育てストレスと社会的サポート ───渡邉大輔　121

1. 問題の所在──子育てをめぐる社会変化と社会的サポートの役割　121
2. データと変数　123
3. 子育てストレスの多変量解析　125
4. 子育てストレスの分解と自治体の子育て施策満足　129
5. 子育てストレス軽減における社会関係資本の意義　132

8章　社会関係資本からみた社会的孤立の構造 ───金澤悠介　137

1. 社会関係資本から社会的孤立を考える　137
2. 社会関係資本の保有類型の操作化　141
3. 社会的孤立の要因とその帰結　141
4. 社会関係資本保有における質的断絶とその意味　148

III　幸福格差とソーシャル・キャピタル

9章　地域の社会関係資本はだれの健康に影響するのか？ ───渡邉大輔　155
精神的健康と社会関係資本

1. 問題の所在　155
2. データと変数　157
3. 精神的健康のマルチレベル分析　159
4. 健康の社会的決定における社会学的分析の役割　166

10章　健康サービス利用にたいする地域組織参加の効果 ───大﨑裕子・辻　竜平　169
マルチレベル分析による市区町村間の違いの検討

1. はじめに　169
2. 健康サービス利用にたいするソーシャル・ネットワークの効果　170
3. 分　析　173
4. 考　察──市区町村の健康政策における行政と地域組織の連携可能性　182

11章　主観的幸福感と
　　　　ソーシャル・キャピタル────古里由香里・佐藤嘉倫　189
　　　　地域の格差が及ぼす影響の分析

1　幸福への希求　189
2　主観的幸福感をめぐる先行研究と研究の目的　190
3　分析のためのデータとマルチレベルモデル　196
4　主観的幸福感の規定構造　198
5　ソーシャル・キャピタルの光と影　205

12章　貧しくても幸福を感じることができるか────浜田　宏　209

1　幸福感についてわれわれは何を問うべきか？　209
2　自己コントロール可能性　213
3　貧しくても幸福であることの条件　216
4　結　論　221

調査票について　225

まえがき

1――本書のねらい

(1) ソーシャル・キャピタルと格差

　ソーシャル・キャピタルという概念は，1970年代から社会科学者に使われ始め，現在は内閣府のような政府機関（内閣府国民生活局，2003）や世界銀行のような国際機関（たとえば Grootaert and van Bastelaer, eds., 2002）においても重視されるようになっている[1]．ソーシャル・キャピタルのこのような隆盛の理由は大きく2つある．第1は学問的な理由で，社会現象を個人の行為の集積として説明しようとする方法論的個人主義ではさまざまな社会現象を説明できないことが広く認識されるようになったことである．後述するように，方法論的個人主義を推し進めた合理的選択理論の旗手であるジェームズ・コールマン（James Coleman）自身がソーシャル・キャピタル論の基礎を作り上げた．第2の理由はより実践的なもので，行き過ぎた個人主義によっては社会がうまく機能しないという認識が多くの人々や公的機関に共有されたからであろう．上述した世界銀行は，発展途上国に対する投資効率が悪いことを問題視し，地域レベルでのソーシャル・キャピタルが投資効率を高めることを期待して，多くの研究プロジェクトを立ち上げた．

　このような背景があったため，当初ソーシャル・キャピタル研究はそのプラスの側面を強調してきた．たとえばコールマンは，高校生の親が自分の子供の友達の親と知り合いだと（すなわち親同士のソーシャル・キャピタルが形成されていると），子供たちの行動を相互監視することができるようになり，子供たちが非行にはしったりすることを防ぐことができると主張した（Coleman, 1990）．またナン・リン（Nan Lin）らは，キャリア形成におけるソーシャル・キャピタルの効果を示した（Lin, Ensel and Vaughn, 1981）．すなわち，自分より地位が上の人とつながっている人は，そうでない人に比べてキャリアアッ

プ（世代内上昇移動）の可能性がより高いと主張した．

　しかし研究が進むにつれ，ソーシャル・キャピタルの負の側面も明らかになってきた．大きく3つの負の側面がある．第1は，ソーシャル・キャピタル自体が負の機能を持つというものである（Portes and Sensenbrenner, 1993）．移民としてある国に移動してきた人は同国人の集住しているエスニック・タウンに住むことでさまざまな便益を受ける．たとえば，ホスト国の言語をまだ自由に話せないときに病気になったら，母国語を話す医師がたいへん助けになる．またホスト国における信用情報が十分にないためホスト国の銀行から融資を受けられない場合には，エスニック・タウンの金融機関に頼ることができる．しかし経済的に成功してエスニック・タウンを離れてホスト国に溶け込もうとすると，今まで築いたソーシャル・キャピタルが足かせになりうる．アレハンドロ・ポルテス（Alejandro Portes）らは経済的に成功したベトナム移民の例を紹介している．彼は自分の名前をアメリカ風に変えて移民コミュニティとのつながりを絶った．他のベトナム移民からのさまざまな要求から逃れるためである（Portes and Sensenbrenner, 1993）．

　確かに，この第1の側面はソーシャル・キャピタル研究にとって重要である．しかしソーシャル・キャピタルと格差をテーマとする本書では，第2，第3の負の側面に注目する．第2の負の側面は，ソーシャル・キャピタルが社会の格差を大きくする可能性があるということである．第3の負の側面は，ソーシャル・キャピタルが人々の間や地域社会の間で偏って存在する可能性があることである．この2つの側面は相互に関連している．

　この問題の典型例は，上述したリンらの議論である．自分より地位が高い人とつながっている人（Aさんとしよう）にとって，このつながりはソーシャル・キャピタルとしてキャリア形成にとってプラスの側面を持つ．しかしAさんと同じような能力を有していながら自分より地位が高い人とつながっていない人（Bさんとしよう）はソーシャル・キャピタルの恩恵を受けない．AさんとBさんは能力面で同じであるにもかかわらず，ソーシャル・キャピタルの有無でその後のキャリア形成に違いが出てくる．ソーシャル・キャピタルの偏在が社会的格差を拡大する典型例である．

　ソーシャル・キャピタルが個人間だけでなく地域間の格差を助長する場合も

ある．南北イタリアを比較したロバート・パットナム（Robert Putnam）は南部に比べて北部が政治的にも経済的にも発展していて市民社会も確立していることを示し，その要因として北部の豊かなソーシャル・キャピタルを挙げている（Putnam, 1993）．ソーシャル・キャピタルの有無が地域間の発展の格差を生み出していることになる．

しかしソーシャル・キャピタルが社会的格差を縮小することもある．やはり上述したエスニック・タウンが典型例である．ホスト国に移動してきた当初にエスニック・タウンに定住すれば，医療や金融，教育などの恩恵を受けることができる．このような恩恵を受けられる移民は，受けられない移民よりも，ホスト国の国民との社会的格差を埋めることができるだろう．

このように，ソーシャル・キャピタルと格差をめぐっては，ソーシャル・キャピタルが格差拡大・縮小にもたらす影響，ソーシャル・キャピタル自体の偏在，両者の相互作用，といった問題群がある．本書では，後述する地域調査データを詳細に分析し，さまざまな角度からこれらの問題群にアプローチする．

(2) 本書の由来――「地域間格差研究会」について

ここで，本書の成立のもとになったわれわれの研究会である「地域間格差研究会」について述べておきたい．前節で説明した諸問題に対して，理論的のみならず計量的にアプローチしようということになり，以前からともに活動してきた仲間を中心に，2010年度から3年間の科学研究費補助金基盤研究（B）に応募し，採択された．研究課題は「地域間格差と個人間格差の調査研究――ソーシャル・キャピタル論的アプローチ」であった．

われわれは，最終的には個人間の格差をターゲットとしながらも，従来のリンのように，ネットワークという個人を取り囲むメゾレベルの存在が個人の地位達成に及ぼす効果のみならず，より外側にある地方自治体の政策などによって，個人の地位達成が規定されている側面もあるのではないかと考えた．21世紀初頭の日本は「地域の特色のある発展」というスローガンのもと，それぞれの風土や資源などの特徴を活かしながら独自の発展が模索された．しかし，地域には，そういった風土や資源を「持てる地域」と「持たざる地域」が存在することも事実である．一聴する限りでは聞こえのよい「地域の特色のある発

展」論ではあるが，持てる地域と持たざる地域の地域間の格差を拡大する可能性もあるのである．このような形で拡大された地域間格差は，個人の格差にも影響を及ぼす．同一地域内においては，政策の重点の軽重により，手厚く保護される人もいれば，そうでない人も出てくる．また，地域間においては，特定の支援を必要としている人々について，ある自治体に住んでいれば手厚く保護され，別の自治体に住んでいればそうでないことも出てくる．このように，自治体ごとに異なる政策によって，個人が受ける恩恵も違ってくるならば，個人間に見られる格差には，新自由主義がしばしば唱えるような「自己責任」に還元できない側面があるということになるだろう．

このような地域間格差の問題に対応するにはどうすればよいのだろうか？ここでわれわれは，ソーシャル・キャピタルに注目した．ソーシャル・キャピタルの構成要素には，社会ネットワーク，信頼，互酬性規範があるとされる（Putnam, 1993）が，その中でも最も根本的なのが社会ネットワークである．経済的にふるわず，地方自治体の財政が苦しくて十分な市民サービスができない中にあっても，人々の心がけ次第で何とかできる可能性があるのが，社会ネットワークだからである．社会ネットワークは，情報の経路というだけでなく，協力関係の基盤ともなるものである（辻，2000；辻・針原，2003）．

したがって，われわれの共通した研究課題は，地域間格差が個人間格差に影響を及ぼす中で，ソーシャル・キャピタルが，個人間格差をどの程度補う効果を持っているのかを検討することであった．ただし，前節で述べたように，逆に格差を拡大する可能性もある．格差が拡大するか縮小するかは，ソーシャル・キャピタルがどのように偏在しているかに依存するものと考えられる．

研究課題は定まったが，次は，それを遂行する方法を考えねばならない．われわれは，全国規模の調査を行い，持てる自治体から持たざる自治体までまんべんなく取り上げ，その特徴をマクロ指数で統制しながら，社会関係資本の3要素が，個人間格差をどの程度補えるのか（場合によっては，さらに拡大させてしまうのか）を検討することを最終的な目標とした．

それに向けて，1年目の2010年度は，辻が所属する信州大学の膝元である長野県内の10市町村で，予備調査的な位置づけで次のような調査を行った．すなわち，特定の重点的政策を行っている自治体を取り上げ，その自治体にお

いて，当該重点政策が，果たして効果を上げているかを確認する調査である．ここでは，高齢者向けの医療介護支援に関わる調査（以下，「長野医療介護支援調査」）と，若者向けの子育て支援に関わる調査（以下，「長野子育て支援調査」）を行うこととした．また，市部と町村部では財政規模も違うため，それぞれの政策について市部と町村部を区別した．つまり，医療介護に特に取り組んでいる市1つ，町村1つを有意抽出し，さらに，市部から3市と町村部から3町村をランダム抽出した．そして，医療介護に特に取り組んでいる市1つとランダムに抽出した市3つを比較し，医療介護に特に取り組んでいる町村1つとランダムに抽出した町村3つを比較することとした．なお，2種類の調査票には共通項目もあるので，それらを合わせて分析するさいには，「長野調査」と表記するものとする．

　扱う政策を2つに分けたこともあり，2年目（2011年度）の本調査に当たっては，1年目の高齢者向けの医療介護の延長線上には，この方向を少し変えて中高年向けの健康政策とし，若者向けの子育て支援の延長線には，この方向をさらに掘り下げてみることにした．また，メンバーの金井雅之を代表として，若者向けの子育て支援に関わる調査を行うための研究資金（二十一世紀文化学術財団「子育ての機会格差の社会関係資本による是正——ミクロデータとマクロ指標の連結による計量分析」）も取得した．こうして，都合2種類の調査を行った．若者向けの子育て支援については，東京都の49の区と市で行い（以下，「東京子育て支援調査」），前年の長野調査とは調査項目は部分的に異なってはいるものの，子育て支援政策の効果を大都市と地方都市あるいは町村とで比較できるようにした．また，中高年向けの健康政策については，当初全国調査を予定していたが，東日本大震災の影響などもあって東北地方での調査が困難となったことから，関東甲信越を範囲とした（以下，「関東甲信越健康調査」）．

　したがって，本書では，調査票の種類としては，4種類の調査を行ったことになる．次節では，これら4種類の調査の調査法や調査票の内容について述べる．

2 ── 本書で用いるデータ

本書では，上述のとおり，4種類の調査を行った．以下では，これらの4種類の調査概要について説明する．

(1) 長野医療介護支援調査と長野子育て支援調査

4種類の調査のうち，1年目の2010年に長野県内で行った調査は，「長野医療介護調査」と「長野子育て支援調査」という2種類の調査があるが，これらは，自治体の選択という点で連動しているので，各調査の内容に立ち入る前に共通の枠組みについて説明する．

既述のとおり，長野県における調査では，医療介護と子育て支援という側面において先進的な取り組みをしていることが知られている自治体を有意抽出し，他のランダムに抽出した自治体と比較するという方法を採用した．

まず，医療介護の先進的取り組みをしている自治体として，市部からは茅野市，町村部からは栄村[2]を有意抽出した．また，子育て支援の先進的取り組みをしている自治体として，市部からは飯田市，町村部からは下條村を有意抽出した．これら4市村から，各300票を抽出した．比較対象として，人口比をウェイトとしてランダムに抽出したところ，市部[3]からは，塩尻市，佐久市，小諸市が選ばれた．また，町村部からは，長和町，喬木村，青木村が選ばれた．これらのランダムに選ばれた6市町村については，「医療介護調査」調査向け（対象は，55歳以上79歳以下）に100票，「子育て支援調査」向け（対象は20歳以上54歳以下）に100票が選ばれた．

以下，各調査について個別に見ていく．

(2) 長野医療介護支援調査

2010年9月2日時点で，選挙人名簿抄本に登録されている有権者のうち，55歳以上79歳以下の人を，有意抽出された茅野市と栄村からは300人ずつ，塩尻市，佐久市，小諸市，長和町，喬木村，青木村からは100人ずつ，計1200人無作為抽出した．茅野市では12投票区，他市では4投票区を有権者数

に確率比例させて抽出し，各投票区から25人ずつを系統抽出した．町村では全域から系統抽出を行った．

調査期間は，2010年11月中の3週間程度（督促期間1週間程度を含む），送付・回収とも郵送による自記式質問紙調査であった．

最終的に，有効標本数は1167，有効回収数は837，有効回収率は71.7%となった．

主な質問項目は，次のようなものであった．(1)地域情報の獲得源，(2)公共施設やサービスへのアクセスの利便性，利用頻度，(3)自治体の政策や居住環境への評価，(4)民間施設やサービスへのアクセス方法，(4)健康状態，かかりつけ医，医療機関との関わり，病気の時世話をしてくれる人，介護をどこで誰から受けたいか，健康や介護への意識，(5)地域活動や各種市民活動への参加状況，地域に対する意識，(6)一般的信頼，寛容性，地域区分別信頼，地域社会・企業・議員が全体として社会関係資本となりえているかの意識，不安感，(7)市町村から国までの各レベルの政治や行政への関心度，投票頻度，(8)ネットワーク尺度，(9)社会経済的属性（性別，年齢，居住歴，世帯構成，職業，学歴，世帯年収）．

(3) 長野子育て支援調査

2010年9月2日時点で，選挙人名簿抄本に登録されている有権者のうち，20歳以上54歳以下の人を，有意抽出された飯田市と下條村からは300人ずつ，塩尻市，佐久市，小諸市，長和町，喬木村，青木村からは100人ずつ，計1200人無作為抽出した．飯田市では12投票区，他市では4投票区を有権者数に確率比例させて抽出し，各投票区から25人ずつを系統抽出した．町村では全域から系統抽出を行った．

調査期間は，2010年11月中の3週間程度（督促期間1週間程度を含む），送付・回収とも郵送による自記式質問紙調査であった．

最終的に，有効標本数は1168，有効回収数は627，有効回収率は53.7%となった．

主な質問項目は，次のようなものであった．(1)地域情報の獲得源，(2)公共施設やサービスへのアクセスの利便性，利用頻度，(3)自治体の政策や居住環境への評価，(4)民間施設やサービスへのアクセス方法，(4)子どもの就園・就学状況，

育児学級や子育てサークルなどの利用，地域の小中学校への信頼，大学にやりたいか，(5)健康状態，(6)地域活動や各種市民活動への参加状況，地域に対する意識，(7)一般的信頼，寛容性，地域区分別信頼，地域社会・企業・議員が全体として社会関係資本となりえているかの意識，不安感，(8)市町村から国までの各レベルの政治や行政への関心度，投票頻度，(9)ネットワーク尺度，(10)社会経済的属性（性別，年齢，居住歴，世帯構成，職業，学歴，世帯年収）．

(4) 東京子育て支援調査

2011年6月2日時点で，東京都の23特別区と26市（計49区市）の選挙人名簿抄本に登録されている有権者のうち，同年7月末日時点で25歳以上54歳以下の人を，各区市50人ずつ，計2450人無作為抽出した．各区市では，10投票区を有権者数に確率比例させて抽出し，各投票区から5人ずつを系統抽出した．

調査期間は，2011年9月中の2週間程度，送付・回収とも郵送による自記式質問紙調査であった．

最終的に，有効標本数は2412，有効回収数は1230，有効回収率は51.0％となった．

主な質問項目は，次のようなものであった．(1)公共施設やサービスへのアクセスの利便性，利用頻度，(2)自治体の政策や居住環境への評価，(3)地域活動や各種市民活動への参加状況，(4)市区町村から国までの各レベルの政治や行政への関心度，投票頻度，(5)子どもの数（理想と現実），子どもがほしくない理由，子育て情報の入手源，育児の相談相手，育児学級や子育てサークルなどの利用，親の居住地，子育てに関する意見や家族観，(6)健康状態，生活満足感，(7)一般的信頼，寛容性，不安感，(8)ネットワーク尺度，(9)配偶者や恋人との出会い，これまでの恋人の数，(9)社会経済的属性（居住歴，性別，年齢，学歴（自分と配偶者），職業（自分と配偶者），世帯構成，世帯年収）．

(5) 関東甲信越健康調査

2012年2月から3月の時点で，関東甲信越50市区町村の住民基本台帳に登録されている住民のうち，同年2月末日時点で40歳以上79歳以下の人を，各

市区町村60人ずつ，計3000人無作為抽出した．各市区町村では，10町丁字を人口などによるウェイト付けなしに無作為に抽出し，各町丁字から6人ずつを完全無作為抽出した[4]．

調査期間は，2012年3月中の2週間程度，送付・回収とも郵送による自記式質問紙調査であった．

最終的に，有効標本数は2979，有効回収数は1466，有効回収率は49.2％となった．

主な質問項目は，次のようなものであった．(1)地域活動や各種市民活動への参加状況，地域に対する意識，(2)地縁活動・スポーツや趣味の活動・ボランティアや市民活動・利益団体への所属・活動頻度・メンバーの類似性，(3)主観的幸福感，健康状態，食生活，睡眠，健診や検査の経験，生活習慣病の治療歴，医療機関との関わり，自治体や病院が実施する健康への取り組みへの参加と評価，健康やその他の不安，病気の時世話をしてくれる人，病気予防や健康維持情報の入手先，健康などの相談相手，運動の頻度と場所，その相手，(4)ネットワーク尺度，(5)一般的信頼，寛容性，(6)社会経済的属性（居住歴，世帯構成，性別，年齢，学歴（自分と配偶者），職業（自分と配偶者），世帯年収）．

3──本書の構成

ここで本書所収の論文について簡単に紹介しておこう．

第1章（今田高俊）は，本書所収の論文の背景にある大きな社会変動の中にソーシャル・キャピタル論を位置付けている．行き過ぎた新自由主義主導がもたらす負の影響が明らかになるにつれて，新しい公共性とともに社会関係資本がより注目されるようになった．今田は，このことを踏まえて，現代日本が抱えているうつ病，自殺，失業といった社会問題に歯止めをかけるために，人々の信頼と連帯に支えられた社会，すなわちソーシャル・キャピタルの豊かな社会を構築することが急務の課題である，と主張する．

第2章（三隅一人）は，市民社会と共同性の両立を可能にする条件をソーシャル・キャピタルに着目して探っている．自由な個々人からなる市民社会は人々を共同性から解放することで成立する．しかし東日本大震災の時にみられ

たように，市民社会と共同性の両立が求められていることは否定できない．三隅は，主に「関東甲信越健康調査」データを用いて，次の結論に達した．第1に，内向き志向が強いと言われてきた結束型ソーシャル・キャピタルも橋渡し型ソーシャル・キャピタルも市民社会につながりうる．第2に，結束型ソーシャル・キャピタルと橋渡し型ソーシャル・キャピタルのバランスを考える際には，地域の条件だけでなく人々の一般的態度の多面性を考慮する必要がある．

第3章（福島康仁）は，新自由主義的発想によって推進された地方分権改革が地域間格差をもたらしたが，それをソーシャル・キャピタルが軽減する可能性を追求している．福島によれば，ソーシャル・キャピタルの機能は，(1)協同する関係者の間での取引費用の抑制，(2)協働システムに関する生産コストの低減，(3)民主主義の深化の促進，という3つがある．このために，自治体は，(1)条件整備型の地方政府へと移行し，ソーシャル・キャピタルを高めるための条例などを整備すること，(2)公共施設の地域内の配置に対する配慮をすること，(3)ソーシャル・キャピタルを増進するための構造設計になっていること，(4)指定管理者制度を活用して管理運営方法をNPOや住民団体などに委託することを目指さなければならない．

第4章（辻竜平）は，地方自治体が強力に主導した政策によって生み出された当該政策の成功の背後にあるソーシャル・キャピタルの重要性について分析している．具体的には，合計特殊出生率が年によって2を超えることもある長野県下伊那郡下條村の子どもの数を増やす政策の成功を取り上げ，若者定住促進住宅の建設や医療費の無償化といった子育て支援政策に加えて，若者促進住宅に住まう人々のネットワークを作り出す仕組みを作ったことで当該地域のソーシャル・キャピタルが豊かになり，そのことが個々人の持つ子どもの数を実際に増やしていることを実証した．これをふまえて，行政が政策を立てるときに，市民をその政策の成功に向けて協働させる仕組みを同時に作っていくことの重要性を指摘している．

第5章（小林盾）は，結婚までに交際した人数と結婚する機会との関係を分析している．小林は，交際人数をソーシャル・キャピタルとして捉え，ソーシャル・キャピタルが婚姻行動を促進するかどうか検討した．彼の分析結果によれば，ソーシャル・キャピタルの効果は学歴によって異なる．高校卒業までの

人々にとっては，多くの異性と交際するほど結婚するチャンスが増加する．しかし短大卒以上の人々にとっては，交際人数は逆U字型の効果を持ち，交際人数が2.7人の時に結婚のチャンスは最大となる．この結果は，ソーシャル・キャピタルが社会全体に普遍的な効果を持つわけではなく，人々の社会的位置（この場合は学歴）によって異なる効果を持つことを示している．

　第6章（金井雅之）は，地域（自治体）間で出生機会の格差があることに注目し，自治体の家族政策とソーシャル・キャピタル（家族・親戚・友人・知人の中で，ふだん手伝いや手助けをしてくれる人の数）が家庭の子ども数に及ぼす影響を分析している．金井の分析によれば，このソーシャル・キャピタルは子ども数に対してプラスの影響を持つ．しかし私的なものなので，家庭間で不平等に存在する．自治体の家族政策はこの不平等の影響を緩和しうる．ここに家族政策の重要性がある．なお，第4章では，長野子育て支援調査のみが分析対象とされているのに対して，第6章では，長野子育て支援調査と東京子育て支援調査とを合わせた総合的な分析となっている．

　第7章（渡邉大輔）は，子育てストレスに対してソーシャル・キャピタル（さまざまな社会的サポート）がもたらす影響について分析している．渡邉の分析によれば，家族によるサポートは子育てストレスを低減させる効果を持った．しかし自治体や友人・知人によるサポートは低減効果が見られなかった．さらに子育てストレスを因子分析によって家族内ストレスと外部支援不足ストレスに分解して，社会的サポートがそれぞれに及ぼす影響を分析したところ，家族内ストレスについては配偶者による情緒的サポートが低減効果を持っていた．外部支援不足ストレスについては自治体の育児相談サービスが低減効果を持っていた．このことを別の視点から見れば，必ずしもすべてのソーシャル・キャピタルがストレス低減効果を持っているとは限らない，ということになる．

　第8章（金澤悠介）は，社会的孤立の問題をソーシャル・キャピタルの視点から探究している．金澤は，調査対象者を孤立者（日常的な支援に関する社会関係がない人々），孤立予備軍（社会関係が1つしかない人々），複数保持者（複数の社会関係を有する人々）に分け，どのような特性の人々が孤立者や孤立予備軍になりやすいのか，また3つのタイプの人々の社会生活について分析した．今まで注目されてこなかった孤立予備軍を孤立者になるリスクの高い集

団として詳細な分析をした点に本章の特色がある．

　第9章（渡邉大輔）は，精神的健康とソーシャル・キャピタルの関係を分析している．ソーシャル・キャピタルが精神的健康にプラスの効果をもたらすことはよく知られている．渡邉は，性別や学歴の違いによってこの効果が異なるのではないかという問題を設定し，データ分析を行った．その結果，男性は，市民活動への所属が多い地域ほど精神的健康が改善していたが，地域住民の凝集性が高いと認知していることは精神的健康にマイナスの効果を持つことが分かった．学歴については，市民活動への所属と高等教育の交互作用がマイナスの効果を有していた．第5章と同様に，本章でもソーシャル・キャピタルが人々の社会的位置によって異なる効果を持つことが示された．

　第10章（大﨑裕子・辻竜平）は，近年全国の多くの自治体で行われている健康サービスについて，その利用を促進するためのソーシャル・キャピタル，具体的には地域組織参加の効果について分析している．また，地域組織参加と健康サービス利用の関連の強さには各自治体の高齢化率が関係していると考え，自治体間の効果も検討している．その結果，地縁的組織，趣味娯楽組織，ボランティア組織への参加は個人の健康サービス利用を促進していること，またそのうち，地縁的組織への参加が健康サービス利用度を高める効果は，高齢化率が高い自治体ほど強いことが示された．これは，高齢化率が高い自治体ほど，地縁的組織において，行政からの健康サービスにかんする情報が行き渡っており，また健康行動が伝播しやすいからであると考えられる．

　第11章（古里由香里・佐藤嘉倫）は，地域の経済格差が人々の主観的幸福感に及ぼす影響が人々のソーシャル・キャピタルの有無によって異なるという可能性を検討している．具体的には，(1)経済格差の大きい地域では，地域的な結束的ソーシャル・キャピタルを多く有する低所得者は，地域内の高所得者と出会う機会が多くあり，そのため相対的剥奪を感じやすく，その結果として主観的幸福感が低くなる，(2)経済的格差の大きい地域でも，橋渡し型ソーシャル・キャピタルを多く有する低所得者は，付き合いを地域内に限定する必要はないので，相対的剥奪が生じることもなく，それゆえ主観的幸福感は低下しない，という可能性である．データ分析の結果，これらの可能性が明確に検証されたわけではないが，経済格差とソーシャル・キャピタルの関係を詳細に検討

表 0-1 各章の分析に用いる調査データ

調査 \ 章	1	2	3	4	5	6	7	8	9	10	11	12
長野医療介護支援調査		(○)										
長野子育て支援調査		(○)	○		○							
東京子育て支援調査						○	○					
関東甲信越健康調査	○								○	○	○	○

注：○は，その章で用いられた調査データを表す．（ ）内は，補足的使用．

している．

　第12章（浜田宏）も，主観的幸福感とソーシャル・キャピタルの関係を別の視点から分析している．浜田は，ソーシャル・キャピタルの中でも友人との付き合いや地域への愛着のような自発的に維持している順調な人間関係に着目し，それらに基づく活動が主観的幸福感を高めると想定した．そしてデータ分析の結果，彼の想定はほぼ検証された．ソーシャル・キャピタルの中には自発的に形成できるものとそうでないものがあることに着目した点に本章の特色がある．

　なお，1-12章の分析に用いられる調査データの対応関係は，上の**表 0-1**のようになっている．

1) ソーシャル・キャピタルの概略については稲葉（2011）参照．
2) 栄村は，この調査のあと，2011年3月12日の「長野県北部地震」で大きな被害を受け，政策的にも転換を余儀なくされている．
3) ただし，事前の主成分分析などから，長野市・松本市・上田市は他市よりも人口規模が大きいなど，明らかに別の性質を持っていることがわかったので，これら3市以外の市から抽出することとした．結果として，数万人程度の人口の市が抽出された．
4) ただし，人口の少ない1村については，系統抽出とした．

文　献

Coleman, James S., 1990, *Foundations of Social Theory*, Cambridge, MA: The Belknap Press of Harvard University Press.

Grootaert, Christiaan and Thierry van Bastelaer, eds., 2002, *The Role of Social Capital in Development: An Empirical Assessment*, Cambridge: Cambridge University Press.

稲葉陽二, 2011,『ソーシャル・キャピタル入門——孤立から絆へ』中央公論新社.
Lin, Nan, Walter M. Ensel and John C. Vaughn, 1981, "Social Resources and Strength of Ties: Structural Factors in Occupational Status Attainment," *American Sociological Review*, 46: 393-405.
内閣府国民生活局, 2003,『ソーシャル・キャピタル——豊かな人間関係と市民活動の好循環を求めて』国立印刷局.
Portes, Alejandro and Julia Sensenbrenner, 1993, "Embeddedness and Immigration: Notes on the Social Determinants of Economic," *American Journal of Sociology*, 98(6): 1320-1350.
Putnam, Robert D., 1993, *Making Democracy Work: Civic Traditions in Modern Italy*, Princeton, NJ: Princeton University Press（河田潤一訳, 2001,『哲学する民主主義——伝統と改革の市民的構造』NTT出版）.
辻竜平, 2000,「集団における信頼関係の構造化と集団内秩序の変化」『理論と方法』15(1): 197-208.
辻竜平・針原素子, 2003,「『小さな世界』における信頼関係と社会秩序」『理論と方法』18(1): 15-31.

（辻　竜平・佐藤嘉倫）

I

地域格差とソーシャル・キャピタル

1章
信頼と連帯に支えられた社会を構築する
社会関係資本の視点から

───── 今 田 高 俊

1───いまなぜ社会関係資本なのか？

　1990年代に入って以降，市場原理によるグローバル化を掲げる新自由主義（ネオリベラリズム）の嵐が世界を駆けめぐるようになった．新自由主義による市場競争への過度の信頼および公益や共同体に代わる自己決定・自己責任の過度の強調は，負け組と勝ち組を両極化させ格差社会をもたらした．また，日本では，21世紀に入って，うつ病や自殺率が高まるとともに，生活保護世帯，失業，非正規労働が増大している．なりふりかまわぬ生き残り競争を強いられることで，人びとの紐帯が弱まり，準拠すべき価値規範が定まらなくなり，一種のアノミー状況が訪れている．

　持続可能な社会であるためには，信頼できる人間関係と相互の支え合いに裏打ちされた連帯感が必要である．信頼と連帯を基礎とした社会的なるものの実態を把握し，良質な社会構築のための条件を明らかにする必要がある．そのために必要なことは，諸種の規制緩和を進めて市場競争を貫徹させさえすれば自由で活力のある社会が実現すると盲信する新自由主義の問題点を，社会関係資本（social capital）の観点から明らかにすると同時に，この四半世紀にわたって培ってきた市民共同体の力を社会に埋め込み，新たな公共性を開くことである[1]．

　社会関係資本への関心がとみに高まりだしたのは1990年代半ば以降である．ロバート・パットナム（Robert Putnam）は社会関係資本のパイオニア的書物『哲学する民主主義』のなかで，社会関係資本とは「調整された諸活動を活

発にすることによって社会の効率性を改善できる,信頼,規範,ネットワークといった社会組織の特徴をいう」(Putnam, 1993: 訳 207) と定義したうえで,イタリアの民主主義制度が南と北で浸透度に違いが生じた原因をこの資本概念を用いて分析している.また,『孤独なボウリング』では,アメリカでコミュニティが衰退した原因を社会関係資本の不足に探っているが,民主主義を機能させるものとしての社会関係資本をほぼ同様に定義している.すなわち,社会関係資本とは「個々人の結合.そこから生じる社会的ネットワーク,互酬性の規範,信頼性をさす」(Putnam, 2000: 訳 19) と.

21 世紀に入って,社会関係資本に関する議論が高まり,批判も数多く提出されているが,この概念は社会の現状を読み解くために価値あるものとなったように思われる[2].では,なぜこの概念が盛り上がりをみせるようになったのか.

20 世紀末の 10 年間,世界はカオス状況にあった.1989 年の「ベルリンの壁」の崩壊によって東西の冷戦構造が終結して,第 2 次世界大戦後の世界レジームであった資本主義 対 共産主義の対立の構図が崩壊し,世界秩序の空白状態が訪れた.この隙間を埋めるべく登場したのが,新自由主義に依拠したグローバル化であった.アメリカが主導権を握ってこれを推進し,世界標準という言葉のもとに,ジョージ・リッツァ (George Ritzer) の命名による世界の「マクドナルド化」が推進された.マクドナルド化とは,ほんらい合理化を徹底して推進し,効率性・予測可能性・管理にもとづく快適なファーストフードを提供することにある.これが食文化を超えて社会生活の様式にまでなることが『マクドナルド化した社会』である (Ritzer, 1993).このいわば経済社会版を推進したのが新自由主義であった.

新自由主義の主張はこうである.乏しい資源を有効に配分し,役立て,人類の無限の欲望を最大限に満たすためには,相対的かつ歴史的にみて市場が最も優位した位置にある.自由に選択でき,私財や個人の権利が尊重され,かつ生産者と消費者の競争によって支えられる市場こそが,人類の欲望を実現するための理想的かつ最善の手段だというのである.かくして,新自由主義は次の結論を導いた.意思決定の拠り所として最善のものは共同体や政府ではなく個人であり,また政府や共同体の役割は制限されるべきである.政府の役割は,個

人が意思決定と選択を自由に行えるように市場を拡大，強化する環境を整え，私有財産権を保護し，純粋な公共財つまり市場によっては十分に供給できない財貨やサービスを供給することに限定するのが望ましい．

　新自由主義は市場原理主義とも呼ばれる．新自由主義の主張の柱は，(1)規制撤廃による市場原理の徹底，(2)社会福祉サービスへの公共支出の削減，(3)国が所有する公企業体の民営化，(5)公益および共同体に代わる自己決定，自己責任の強調にある．自由と民主主義の原則は，自己決定できること，そしてその責任を負うことである．こうして，新自由主義は自己決定と自己責任という美名のもとに自由競争を奨励し，誤解を恐れずにいえば，「弱肉強食型」の経済活動を各人に強いる状況をもたらした．そして，私心に還元されない政治経済秩序にかかわる原理としての公共性を閉ざす力学を持つとともに，格差拡大の容認，他者への配慮を欠く利己主義の増殖など，「人の絆」や「支え合い」の価値を貶める結果をもたらした[3]．

　市場は経済的資源を効率的に社会に配分する優れた機能を持つが，その手綱をさばく御者を欠いては暴走する．1987年からおよそ5年間におよぶ平成バブル経済や2008年のリーマンショックなど，日本ならびに世界各国は市場主義経済の暴走に大きな痛手を負った．御者となるべき民主主義が適切に機能しなかったといわざるをえない．市場原理の利点を高らかに提唱したアダム・スミス（Adam Smith）ですら，市場と並行して道徳感情論を論じ，人間関係における「共感（sympathy）」とこれにもとづく「公平な観察者（impartial spectator）」の視線の確保を説いたことを忘れるべきではない．

　新自由主義主導のグローバル化がもたらす負の側面に対して警戒心が高まるなか，1990年代半ば以降，新しい公共性への問いかけがなされたのと並行して，社会関係資本への注目が高まっていった．その背景には，社会の質の低下とも呼ぶべき危惧がある．近代社会は個人主義化を進める傾向を有するが，これと並行して共同的なるものを保持しなければ社会は成員の連帯を失い，病理現象が多発する．

　そもそも個人はみずからの意図とは関係なくある家族に生まれ，地域社会のなかで育ち，他者と関係を取り結ぶことを学習する．人間社会は人びとのつながりによってしか形成されない．また，このつながりには支え合いというかた

ちでの共同性が確保されている必要がある．各個人は，自由主義が想定するように抽象的自由意志や排他的個人権を持った個人ではなく，つねに具体的で特定の文化的・歴史的文脈に埋め込まれた存在である．とくにその場として，家族や地域コミュニティや自発的結社からなる共同体が重要であり，これらの成員のあいだで共有された善（道徳的基準）が人びとの紐帯を築き，徳も共同体の伝統や慣行のなかで育成される．

また，人は生きていく際，例外なく身の回りの事物や他者に関心を寄せ，それらと関わり合いを持つ．そして他者を気にかけたり，世話をしたりする．こうしたことが相互になされることで人間は，自己がこの世界のなかに存在することの意味を確認する．これが支え合いと共同性の基礎であり，社会形成の原点である．

支え合いと共同性の基礎になるのは，信頼と連帯である．人々が持つ信頼関係や人間関係が有効に機能することで，人々の協調行動が高まり，ひいては社会の効率性をも高めることができる．地域コミュニティや町内会・自治会での活動の頻度，ボランティア活動などが活性化することで，信頼と社会的連帯は高まる．これらは政治への参加の拡大，地域社会の治安の向上，学校教育の有効性，市民参加，リサイクル活動，ひいては地域経済の発展に寄与することにつながるはずである[4]．

他者を出し抜くことを厭わない成果主義の競争原理のもとでは，他人の自由や権利を妨害しさえしなければ，何をしてもかまわない，他人が傷ついても仕方がない，という風潮を生み出しがちである．成果の獲得にとらわれるあまり他者への配慮に欠けがちである．社会関係資本は，信頼，互酬性の規範，ネットワーク（絆）によって，人びとに共同性を再生させる機能を担うものである．個人主義化が進むのは近代社会の宿命であるが，この宿命に抗して人間は他者と共に生きる存在であることを認識し，支え合いと連帯の絆を紡ぐことで，自由で活力ある民主主義を機能させることができる．

2 ── 憂慮すべき事態　新自由主義の傷跡

近年日本の社会現象には，憂慮すべき事態を示唆する現象が多い．うつ病に代表される気分障害者の増加，年間約3万人にのぼる自殺者数の継続，日本的雇用慣行のゆらぎによる失業率の上昇が代表的である．うつ病，自殺，失業の3点セットは，現代日本が抱えている体質転換の歪みを表す象徴的な現象である．また，これらの憂慮すべき事態は，市場競争主義の徹底をともなったグローバル化の推進を是として，社会の成立基盤である共同性を無反省に傷つけ破壊することに無頓着を装ってきた新自由主義政策に起因するところ大である．

(1) うつ病に代表される気分障害の増加

厚生労働省が3年おきに実施している「患者調査」によれば，うつ病・躁うつ病・気分変調症など「気分（感情）障害」の患者数は21世紀に入って急増している．図1-1からわかるように，1996年と1999年調査での気分障害者数はそれぞれ40数万人であったが，2000年代に入って急増し，2005年には90年代と比較して倍増を超える92万人余に増えた．さらに2008年には100万人を超えるまでになった．患者数が激増した背景には，うつ病・躁うつ病の社会的認知度の上昇および早期治療の喚起による軽度の患者の通院の増加を考慮にいれる必要がある．つまり，うつ病という診断が社会的につくり出された側面を無視できない．しかし，2011年に厚生労働省が，がん，脳卒中，急性心筋梗塞，糖尿病の4つの疾病に精神疾患を加え「5大疾病」とすることを決めたことは重く受け止める必要がある．うつ病になるのは遺伝的素因のある人が，人間関係のトラブルをはじめとして就退職，転勤，離婚，育児などによる精神的ストレスおよび慢性的疲労，ホルモンバランスの変化，感染症などの身体的変化が作用することで発症すると考えられている．したがって，その発症原因は単純ではないが，図1-1にあるような急激な増加は，社会変化に対する適応障害とみるのが素直な見方であろう．社会がストレスをより多く生産する構造に変化したがゆえに2000年代に入って急増していることはエヴィデンスとして認めざるをえない．

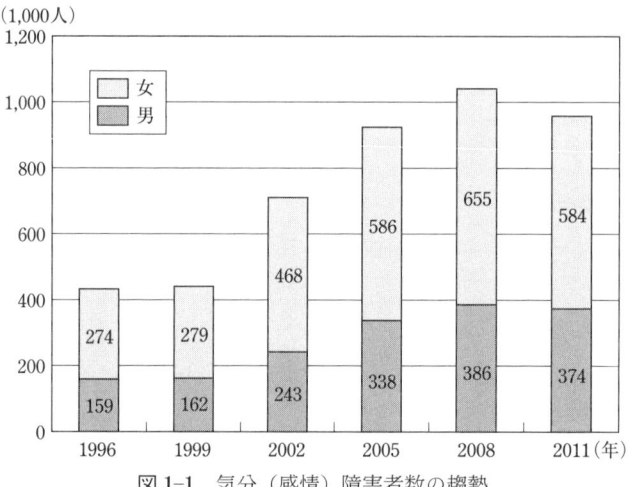

図 1-1　気分（感情）障害者数の趨勢

資料出所：厚生労働省「患者調査」各年．
注：気分［感情］障害（躁うつ病を含む）の総患者数．2011 年調査では東日本大震災の影響で宮城県の石巻医療圏，気仙沼医療圏および福島県で調査がなされておらず，数値が含まれていない．患者総数とは，調査日現在において，継続的に医療を受けている者（調査日には医療施設を受療していない者も含む）の数を次の数式により推計したものである．総患者数＝入院患者数＋初診外来患者数＋（再来外来患者数×平均診療間隔×調整係数（6/7））

　うつ病が先か失業が先か，これは「鶏と卵」論争のようなものであるが，いずれにせようつ病になるとまともに就業することができなくなる．そして失業状態に陥る．そうなると当人には悲劇が待っている．今日明日の生活に困るだけでなく，将来の収入の見通しが立たないという長期的な問題に直面する．そして，清水康之によれば，さらに困った状況に陥ることになる．

　例えば，失業して住む家も追われ，多重債務に陥ってうつ病を発症してしまった人がいたとする．その人が生きる道を選択するためには，精神科でうつ病の治療をしつつ，法律の専門家のところで債務の法的整理を行い，ハローワークで雇用促進住宅への入居手続きをして，さらには求職活動もしなければならない．しかし，そうした切羽詰まった状態にある人が，自力でそれらすべての情報を探し出し，それぞれの窓口にピンポイントで辿りつくのは至難のわざだ（清水，2009）．

まさにその通りである．うつ病状態にある人がこうしたいろんな課題に取り組むことは困難を極めるだろう．澤田康幸らのいうように「ハローワークに心の相談窓口，法律の無料相談窓口を開設し，包括的な取り組みによって，失業者の自殺を防止することが不可欠」な状況である（澤田・崔・菅野，2010）．

うつ病は社会生活をむしばみ，当人を死へと至らしめるケースが少なくない．気分が沈んで抑うつ気分になる．興味や喜びが喪失する．食欲が減退したり増加したりする（体重も増減）．よく眠れない不眠障害．イライラしたり，落ち着きがなかったりする精神運動機能の障害．気力の減退と疲れやすさ．強い罪責感．思考力や集中力の低下．そして自殺念慮へと至る[5]．

(2) 高水準を継続している自殺率

では，日本の自殺の現況はどうか．日本の自殺者数は1997年の約2.3万人から1998年に3万人を超え，現在に至るまでほぼ横ばいで推移している．マスコミ等でしばしば言及される毎年3万人水準の異常事態の継続である．

自殺者数の数値が確認できる1889年以降で，年間自殺者数が3万人を超えた年はない（1944年から45年はデータ欠落）．したがって，マスコミが人びとの不安を煽る報道をしても過剰反応だとはいえまい．1986年末から1991年初頭にかけてのバブル経済がはじけて平成不況に陥り，1997–98年には複数の大型金融機関が破綻するとともに，終身雇用と年功賃金を柱とする日本的雇用慣行の幕降ろしが云々された．そして2001年以降，小泉政権の構造改革により新自由主義政策が強力に進められた．だが，それは大きな痛みをともなうものであった．自殺者数3万人水準の状態が10年以上続いている．この間，新自由主義政策が強力に推進され，「労働ビッグバン」を掲げて雇用に関する流動化が顕著に進んだ．パート，アルバイト，フリーター，派遣労働，有期雇用など非正規労働が顕著に増加し，日本的雇用慣行の柱が崩されていった．非正規労働者は失業者の予備軍であり，失業は自殺への片道切符にもなりうる．

戦後の自殺者数の推移をみると，不況期をはさみ3度にわたって自殺者数が急増している．図1–2によると，経済不況と自殺者数は密接な相関関係にあることがわかる．自殺率（人口10万人当たりの自殺者数）は1958年の25.7を

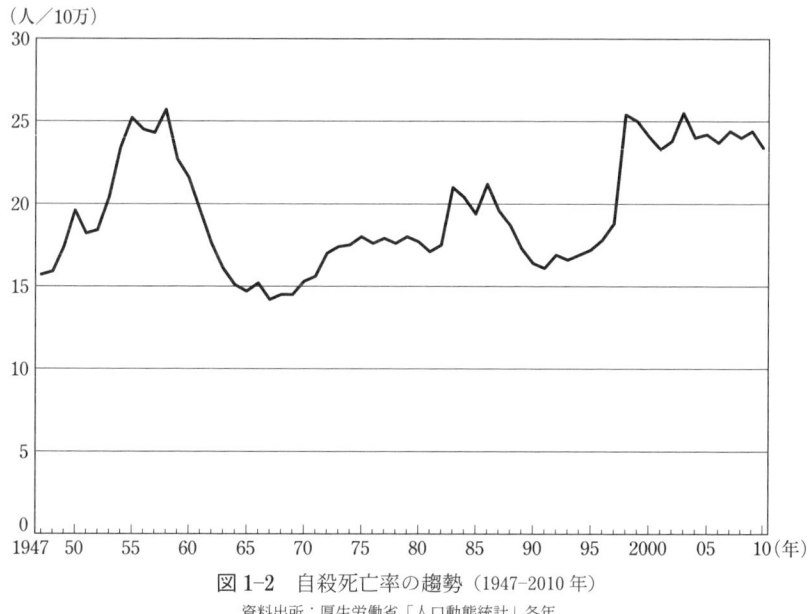

図 1-2　自殺死亡率の趨勢（1947-2010 年）
資料出所：厚生労働省「人口動態統計」各年.

過去最大のピークとする最初の山が 1955-1958 年にかけてあり（なべ底不況），その後高度経済成長とともに減少し，1973 年の第 1 次石油危機以降に反転して微増傾向になり，1983-86 年に第 2 のやや低めの山が形成される（円高不況）．その後，日本はバブル経済期に入り再び自殺率は低下するが，平成不況の訪れとともに微増傾向となる．そして，1998 年には前年の 18.8 から 25.4 に急上昇し，以後 2003 年の 25.5 をピークとし 2010 年まで 25 前後の高い水準が続いている．10 年余にわたって高い自殺率が続いている状態は，少なくとも自殺に関するデータが得られるようになって以降初めてのことである．ただし，平成不況と関連した自殺率の高止まり傾向は，他の 2 ケースとは質が異なる．2002 年に終息したとされる平成不況後も自殺者数は減少する気配をみせていない．

　平成不況下における日本の自殺の特徴は 3 つに整理される（Chen, Choi and Sawada, 2009; 澤田・崔・菅野，2010）．(1) 1997 年から 98 年にかけての「急増」，(2) 98 年から 10 年以上にわたり年間の自殺者数が 3 万人を超えるという「恒

常性」，(3)自殺者の「若年化」である．第3の特徴である自殺者の若年化は，雇用の不安定化による労働市場の流動化（労働の非正規化）によるところが大である．

平成不況以降の自殺率の高水準維持は，新自由主義的なグローバル化の推進が価値規範の変化を強いるとともに，社会経済体質の転換による高水準の失業率の継続による不適応現象が若年層を巻き込んで進み，アノミー状態に陥った末の自殺率の高まりと考えられる．

エミール・デュルケム（Émile Durkheim）によれば，社会変動が急激だったり，戦争に敗れたりして，既存の道徳秩序が損傷をこうむって，人びとが準拠すべき価値規範が明確に定まらなくなると，社会はアノミー（無規制）状態に陥る．アノミー状態は社会秩序をむしばみ，社会的連帯を弱体化させる．その結果，自殺率が高まる（Durkheim, 1897）.

新自由主義は個人の自己決定・自己責任を強調する．個人は共同生活に関与することで得られる精神的な支えを欠くようになる．彼らは自分自身しか頼れない．成功するか失敗するかも完全に個人の問題である．あることがらが過ちであるか否かは，個人的な判断と責任の問題である．平成不況以降の自殺率に占める若年層の割合が異常に高いのは，個人主義化が進んだせいであり，新自由主義がさらにそれを加速させたためと考えられる．また，社会規範が弱体化すると，個人はアスピレーションや行動に制約を感じなくなると同時に，彼らは集団の統制がもたらす安心感も失う．野心は暴走を始め，善悪の判断がつかなくなって，精神的な不安状態に陥いる．こうしてアノミー的自殺が帰結する．昨今の自殺率の高止まりは〈他者との絆〉（ネットワーク）の欠落および準拠すべき〈規範〉を喪失している点で，社会関係資本の欠如のあらわれといえる．

(3) 不安定な就労形態と失業率の高まり

日本では，失業率と自殺率の相関関係が強い．このことはOECD諸国とくらべても成り立つことが報告されている[6]．失業に対するセーフティーネットが不十分にしか機能していないことがその理由である．

日本の失業率は高度成長期以降，1990年代前半までは，2％台という極めて低い水準を維持してきた．欧米諸国が10％前後と高い失業率であったのとは

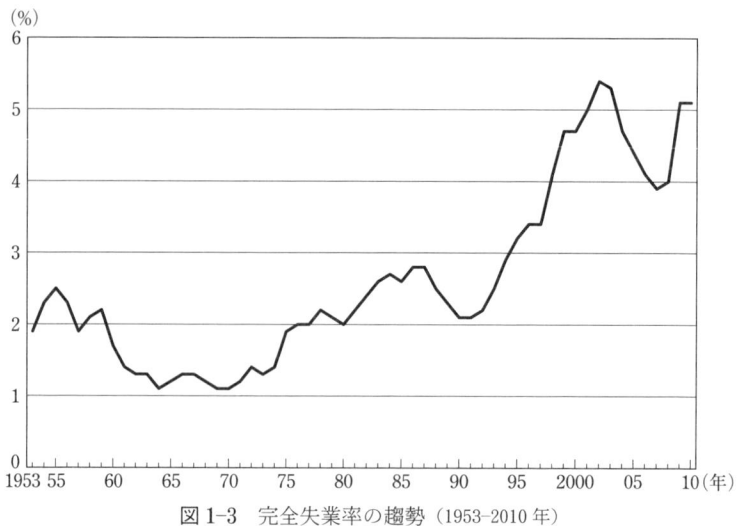

図 1-3 完全失業率の趨勢（1953–2010 年）

資料出所：労働力調査．

注：沖縄の本土復帰により，1972年7月以降，沖縄県も調査の範囲に含まれている．1953年から1977年の数値は，時系列接続用数値（1967年の調査改正及び1975年国勢調査の確定人口による補正を行ったもの）である．

対照的である．

　バブル経済崩壊後に起きた平成不況下で進められた「構造改革」に連動して，終身雇用と年功序列を基礎にしていた日本的雇用慣行が崩壊を始め，有期雇用や派遣社員など就労形態の非正規化が進んだ．そして2002年には失業率が5％を超え（5.4％），その後，失業率水準は4–5％で推移している（図1-3参照）．ただし，欧米主要国のように，失業率が大きく波打つ状態にはない．長期継続雇用という日本企業の特色が，ある程度は維持されていると考えられる．戦後日本の社会制度は長期継続雇用を前提に形成されてきたのであり，急激な変革は多大なプレッシャーとなり，これに対する反作用もおのずと大きくなる．

　雇用を含む経済面での安定は，健康とならんで，日本国民にとって最重要課題である．4–5％水準の失業率は他国と比較する限りでは大して問題にならないのかもしれないが，有期雇用やパートタイマー・契約社員・派遣社員をはじめとした非正規労働者（失業者の潜在的予備軍）の比率が，1990年以来増加傾向にある．2012年の労働力調査結果によれば，雇用者（役員を除く）に占

める非正規の職員・従業員の割合は35.2%にも達する．3人に1人以上が非正規雇用者となったのは2007年であるが，その状態が続いている．要するに，日本の失業率は欧米と比較して相対的に低くしかも安定しているが，この状態は雇用者の3分の1におよぶ非正規雇用者によって担保されているのである．

かつて日本的経営でみられた労使協調体制による労使間の「互酬性の規範」や「信頼関係」といった社会関係資本は，新自由主義が進めた市場競争のグローバル化によって弱体化を余儀なくされた．日本的経営は製造業を中心とした第2次産業に有効であるにすぎず，金融業や情報通信業などサービス産業にとっては，その有効性が著しく低下する．こうした産業では，日本的経営では効率性が確保し難いので，変化を余儀なくされる．しかしこのことと非正規労働の増加とは直接的な関係を見いだしがたい．非正規労働は企業内の社会関係資本を崩してしまう．

以上，うつ病，自殺率，失業率についての動向をみてきた．うつ病に代表される気分障害は失業と相関し合って自殺へと人を追い込む可能性が高い．うつ病が1990年代に入って大きく社会問題化し，患者数も急速に増えた．また，自殺率が20世紀末から今日まで，戦後の大きな価値転換期のそれに匹敵する水準に達している．非正規労働者と失業率が増加して日本社会の絆が弱くなりつつある．現在，われわれの生活の安全・安心を揺るがす出来事がさまざまに指摘されている．こうした状況に歯止めをかけ，人びとの信頼と連帯に支えられた社会を構築することが急務の課題である．

3――市民共同体の育成　機能する民主主義のために

(1) 市民性への関心の高まり

1990年代に入って以降，アメリカやイギリスなど欧米諸国で，市民性（シティズンシップ）の再評価の動きが活発になった．市民性とは，政治的，経済的，文化的な諸権利およびこれらに伴って生じる諸義務を柱とする社会的メンバーシップをあらわし，多様な人びとと積極的に関わり応答しあうことを通じて公共性と社会関係資本を担保する性質である．

市民性の重要性が認識されるようになった背景には，いくつかの要因が考えられる．その第1は，新自由主義による市場競争原理の称揚および経済に特化したグローバル化の進展である．経済のグローバル化は諸国家・地域に固有の文化や生活様式を効率原理で串刺しにする猛威を振るってきた．その結果，権利と義務，モラルと責任，公共性と社会的紐帯など，民主主義を支える基盤の崩壊に対する危機意識が働くようになった．第2は，1970年代後半から進められた福祉国家の充実（「ばらまき福祉」）が，中間集団の弱体化を進め，人びとのつながりを媒介し社会連帯を確保する機能の喪失を招いたことへの危機意識が芽生えたことである．「公」と「私」の乖離が進んで，私生活中心の個人主義が蔓延するようになった．

　以上のような状況下で，市民性の重要性が唱えられるに至ったが，そのねらいは民主主義を理解し実践するうえで必要と考えられる地域コミュニティへの参加，政治的リテラシーの獲得，公共心の修得を通じて積極的で責任感のある市民となることを啓蒙することにある．要は，成熟した民主主義社会における自律した市民となることである．そして，その実践的形態として，市民による共同体の再生により，機能不全に陥りがちな民主主義を再生させることにある．これはパットナムのいう社会関係資本を形成することである．社会関係資本を形成（投資）することにより，民主主義のパフォーマンスがリターンとして得られる．そうすることで市民は民主主義を実感することが可能となる．社会関係資本とは市民が民主主義を実践するための手段である．

　市民による民主主義の実践は，前節で取り上げた「憂慮すべき事態」を予防し，抑止する効果をもたらすはずである．社会関係資本の3要素である信頼，互酬性の規範，ネットワーク（絆）が意味するのは，成員が互いに助け合い信頼し合う，水平的関係で結びついた人びとの集合体のことである．それはデュルケムが社会分業論で主張した社会的連帯（有機的連帯）のことにほかならない．社会的連帯は成員間の信頼関係，互酬性，水平的関係によって形成されるものである．

(2) 市民共同体の成熟度とガヴァナンス

　パットナムは民主主義の実践の担い手として市民共同体（civic community）という概念を提出している（Putnam, 2000: 訳 103-110）．市民社会ではなく，地域共同体でもなく，市民共同体である．共同体という言葉の前に，市民という言葉を配したことの意義は大きい．市民（性）という言葉により民主主義の担い手というニュアンスが付与されるからである．したがって共同体の概念は，伝統的で閉鎖的な旧共同体ではなく，民主主義を機能させる市民によりつくられた共同体のイメージとなる．

　パットナムによれば市民共同体としての成熟度が高まれば，政府の効率も高まるという[7]．すでに述べたが，彼は『哲学する民主主義』のなかで，イタリアの州政府の効率の良し悪しは，社会関係資本によって規定されるとした．彼はイタリアの 20 州政府のパフォーマンスを比較するために市民度を測る 4 つの指標を用意する．(1)新聞購読率，(2)市民活動団体（スポーツ・クラブ，文化団体など）への参加率，(3)国民投票への参加度，(4)国政選挙における優先投票の利用率（イタリアでは政党への投票が原則であるが，政党が用意した特定の候補者に投票することも可能）である．これらを合成して市民共同体指数を作成し，州政府のパフォーマンスを分析している（Putnam, 2000: 訳 110-119）．その結果，市民共同体指数が高い州ほど政府のパフォーマンスが高いことが検証された．この分析でも，パットナムは市民共同体の基礎として，信頼，互酬性の規範，ネットワーク（絆）が重要であること，すなわち社会関係資本の成熟＝社会的連帯が重要であることを指摘している．

　パットナムが市民共同体を指数化するための 4 指標は，単純だが的を射たものである．州政府レベルの客観的指標を用いた分析から，ポリシー・ソリューションの知見が得られるからである．彼は『孤独なボウリング』でも州別の社会関係資本指数を作成し，アメリカ各州でなぜコミュニティが崩壊していったかを分析してみせた．彼の研究は，市民参加やコミュニティ再生のための政策論に実証的基礎を与えた点で評価できる．

　パットナムの社会関係資本に対してはさまざまな問題点の指摘や批判がなされてきた[8]．しかし彼の優れたところは，機能する民主主義を実現するために，非経済的な資本概念を用いて，州政府（地方自治体）レベルで客観的指標によるエヴィデンス・ベースの分析を試みたことにある．

⑶　日本でなすべきこと

　第2節で取り上げた，うつ病等の気分障害，自殺，失業は社会病理ないしアノミーと呼ばれる現象である．デュルケムは『社会分業論』で，「社会の分化した諸機能がうまく統合されず，対立や葛藤を生じている状態」をアノミーと呼び，「当時の産業化を特徴づける生産の無規制，弱肉強食の市場関係，階級間の対立・抗争など」を記述している（宮島，1993）．この意味でのアノミーは社会の有機的連帯の形成を阻む．

　新自由主義が推進する政策は，デュルケムが社会分業論で展開したアノミー状態をもたらしているとみなせる（エヴィデンスによる精査を要するが）．失業率とその背景に控える非正規労働の増大は「生産における無規制」および「弱肉強食の市場関係」がもたらしていよう．新自由主義政策が強調する無節操な自己決定・自己責任の論理は，近代の論理に含まれる個人主義化と相まって，失業というリスクを個人的な自己責任の問題へと転嫁する．また疑似「労働ビッグバン」によって生み出された有期雇用や派遣・契約・嘱託といった非正規労働は生産における無規制を象徴する．

　うつ病等の気分障害および自殺の急増は，アノミー現象と考えられるが，平成バブル経済が崩壊した後，あまりにも拙速に新自由主義政策が進められたために生じた急性アノミー——社会の共通の信念・価値体系が急激に崩壊していくことによって引き起こされるアノミー——と呼ぶのが適切であろう（De Grazia, 1948）．うつ病は遺伝的素因に社会的ストレスが加わることで発症するが，日本的雇用慣行の下で弱肉強食の市場競争に馴染んでこなかった勤労者にとって，多大のストレスとなる可能性がある．現状が続けば，うつ病と失業による自殺へのルートが「制度化」されるかもしれない．

　こうしたなか，社会関係資本は憂慮すべき事態への処方箋になるであろう．パットナムのいう市民共同体は市民活動の活発さと共同体意識の強さを象徴し，社会的孤立からくる無力を脱して，他者と共に生き，相互に支え合い，他者からの呼びかけに応答し合う力を与えてくれる．そこから社会的諸機能の相互依存関係が形成され，信頼と連帯感が生まれてくる．パットナムいわく，

　　おそらくどう見ても，市民共同体の市民が，たんに活動的で，公共心に富

み，対等な存在であるだけにはとどまらないであろう．有徳の市民は，大事な問題で意見が対立しても，相互に助け合い，尊敬し合い，信頼し合うものである．市民共同体というものは，活気がなく，対立がない社会のことではない．というのもそこでの市民は公的諸事象に確固とした考えを持っているからだ．だが，彼ら市民は，考えを異にする人びとに対しても寛容である（Putnam, 1993: 訳 106）．

　市民共同体により個人を公共性の空間へと橋渡しすることが，社会関係資本に求められる．公共性を発揮するには個人と社会が乖離した状態では不可能である．かつては，町内会や自治会を中心とする地域コミュニティがその役割を果たしていたが，個人主義の浸透により，これらの中間集団が弱体化し，かつてのような機能を果たせない状況にある．現在，ボランティア団体，NPO（非営利組織），NGO（非政府組織）など，さまざまな支援活動団体が存在している．これらは，活動に携わる人びとにとって，自己実現という個人的で私的な動機が存在するが，活動それ自体が支援というかたちで他者への配慮につながっている点で，公共性の基礎になりうるものである．

　民主主義を市民の手で機能させることは，地域社会の活力と安定，犯罪の減少，政府の効率，健康への影響などにプラスの影響を与えることにつながる．ただし，市民共同体が健全な民主主義を機能させるとは必ずしもいえない面があることに注意が必要である．いわゆる社会関係資本のダークサイドと呼ばれる問題点である．共同体主義の欠点とされる内向き志向，閉鎖性，よそ者排除の論理，拘束性などがそれである．しかし，市民共同体は旧来の共同体主義と異なり，「私」を活かして「公」を開くことを前提にする．内向きに閉じず，「私」を犠牲にせず，公共性を開いていくことが市民共同体による，機能する民主主義の使命でもある．

1）　近年，社会関係資本は社会学だけでなく，政治学や経済学でも注目されるようになっている．従来，日本では，社会資本という概念は，道路・港湾・住宅・電気・水道・ガスなど，公共の福祉のためのインフラストラクチャーを意味する概念として定着しているので，つながり，絆，信頼，ネットワークなど人間関係に焦点を当てた社会資本を表す場合は，誤解を生まないように，社会関係資本と訳すのが適切

である.
2) 社会関係資本に対する批判として定義,測定,政策手段の曖昧さが指摘されている.定義の曖昧さについては,主に経済学者からのものがある.ケネス・アロー (Kenneth Arrow) は,社会関係資本という概念は資本の基準をみたしていないという.資本とは将来の利益のために現時点で支払う犠牲であるべきとする経済学的にまっとうな立場からの批判である (Arrow, 1999). 同様の批判がベン・ファイン (Ben Fine) からなされている.資本は経済的なカテゴリーであり,経済的であるということは社会的なのだから,資本があたかも社会的でないかのようにいう社会関係資本は矛盾していると (Fine, 2001). また,サムエル・ボールズとハーバート・ギンタス (Sammuel Bowls and Herbert Gintas) は,社会関係資本に代えて「コミュニティ・ガヴァナンス」を用いる方が適切であるとしている (Bowls and Gintas, 2002).

社会学の議論として注意を喚起すべきは,社会関係資本がミクロレベル(個人に帰属)のものかマクロレベル(組織やコミュニティ)のものかの区別である.個人が活用できる資源として位置づけたものにナン・リン (Nan Lin) およびマーク・グラノベッター (Mark Granovetter) の議論がある (Lin, 2001; Granovetter, 1973). ジェームズ・コールマン (James Coleman) やパットナムはマクロレベルでの使用を試みる (Coleman, 1988; Putnam, 1993; 2000).
3) 3.11 と呼ばれる東日本大震災の発生にともなって,支え合いやつながりを重視する「絆」の発揮が世界的な水準で話題になった.しかし,このことをもって日本社会の美徳が健在であったと判断するのは問題であろう.それはあくまで津波災害という非常事態に対処するためにあらわれたものと考えてよい.
4) 日本学術会議社会学委員会・社会学の展望分科会 (2010: 6-7). この引用箇所は,直井優委員長のもとで報告を取りまとめるに当たり筆者が分担執筆した箇所の一部分である.
5) これらは,アメリカ精神医学会が定めた精神障害の診断と統計の手引き DSM-IV (2013 年に DSM-V が出た) による 9 つの診断基準である.
6) 自殺率と失業率の相関関係が強いことは,多くの研究で明らかになっている (Platt, 1984; Chen, Choi and Sawada, 2009; 澤田・菅野, 2009). さらに,Chen, Choi and Sawada (2009) では,失業率と自殺の相関関係が,日本においては他の OECD 諸国にくらべて大きいことが報告されている.
7) この議論の分かりやすい解説として,稲葉陽二 (2011) がお薦めである.なお,社会関係資本についての理論と展開を整理し展開したものとして,三隅一人 (2013) が参考になる.
8) 注 2) を参照のこと.

文 献

Arrow, Kenneth J., 1999, "Observation on Social Capital," in Parsa Dasgupta and Ismail Serageldin, eds., *Social Capital: A Multifaceted Perspective*, Wash-

ington, DC: World Bank: 3–5.
Bowls, Sammuel and Herbert Gintas, 2002, "Social Capital and Community Governance," *Economic Journal*, 112: F419–F436.
Chen, Joe, Yun Jeong Choi and Yasuyuki Sawada, 2009, "How Is Suicide Different in Japan?" *Japan and the World Economy*, 21(2): 140–150.
Coleman, James, 1988, "Social Capital in the Creation of Human Capital," *American Journal of Sociology*, 94: S95–S120.
De Grazia, Sebastian, 1948, *The Political Community: A Study of Anomie*, Chicago: University of Chicago Press（佐藤智雄ほか訳，1966，『疎外と連帯——宗教的政治的信念体系』勁草書房）.
Durkheim, Émile, 1897, *Le suicide: étude de sociologie*, Paris: Félix Alcan, Éditeur（宮島喬訳，1985，『自殺論』中公文庫）.
Fine, Ben, 2001, *Social Capital and Social Theory: Political Economy and Social Science at the Turn of the Millennium*, New York: Routledge.
Granovetter, Mark S., 1973, "The Strength of Weak Ties," *American Journal of Sociology*, 78(6): 1360–1380.
稲葉陽二，2011，『ソーシャル・キャピタル入門——孤立から絆へ』中公新書.
Lin, Nan, 2001, *Social Capital: A Theory of Social Structure and Action*, Cambridge: Cambridge University Press（筒井淳也ほか訳，2008，『ソーシャル・キャピタル——社会構造と行為の理論』ミネルヴァ書房）.
三隅一人，2013，『社会関係資本——理論統合の挑戦』ミネルヴァ書房.
宮島喬，1993，「アノミー」森岡清美・塩原勉・本間康平編集代表『新社会学辞典』有斐閣: 18–19.
日本学術会議社会学委員会・社会学の展望分科会，2010，『社会学分野の展望——良質な社会づくりをめざして：「社会的なるもの」の再構築』（報告書）.
Platt, Stephen, 1984, "Unemployment and Suicidal Behavior: A Review of the Literature," *Social Science and Medicine*, 19(2): 93–115.
Putnam, Robert D. with Robert Leonardi and Raffaella Nanetti, 1993, *Making Democracy Work: Civic Traditions in Modern Italy*, Princeton, N.J.: Princeton University Press（河田潤一訳，2001，『哲学する民主主義——伝統と改革の市民的構造』NTT出版）.
Putnam. Robert D., 2000, *Bowling Alone: The Collapse and Revival of American Community*, New York: Simon & Schuster（柴内康文訳，2006，『孤独なボウリング——米国コミュニティの崩壊と再生』柏書房）.
Ritzer, George, 1993, *The McDonaldization of Society: An Investigation into the Changing Character of Contemporary Social Life*, Newbury Park, Calif.: Pine Forge Press（正岡寛司監訳，1999，『マクドナルド化する社会』早稲田大学出版部）.
澤田康幸・菅野早紀，2009，「経済問題・金融危機と自殺の関係について」『精神科』

15(4): 352-356.
澤田康幸・崔允禎・菅野早紀, 2010,「不況・失業と自殺の関係についての一考察」『日本労働研究雑誌』598: 58-66.
清水康之, 2009,「自殺対策は『政治の責務』——一日百人が自殺する社会への処方箋」『世界と議会』8・9: 14-19（なお，原文が次のURLに掲載されている．http://www.lifelink.or.jp/hp/Library/090829_Sekaitogikai.pdf）．

2章
ソーシャル・キャピタルと市民社会

——— 三 隅 一 人

1——— 市民社会と共同性

　ソーシャル・キャピタルの概念が注目され，広く用いられてきた理由にはいくつかあるが，なかでも影響力が大きかったのはロバート・パットナム（Robert D. Putnam）の民主主義の現状分析に関する研究であろう．彼は，1970年に州制度が導入されたイタリアにおいて，州行政のパフォーマンスが南北で大きく異なることに着目した．そして，北部イタリアに顕著な民主主義的特性の源を，12世紀の自治都市国家の伝統に遡る「市民文化」に求めた．「中世北イタリアのコムーネ共和政においては，統治パフォーマンスと経済生活の両面でおびただしい数の改善が行われた．市民的な積極参加の規範とネットワークがそれを可能とした．協同，市民的連帯という水平的な絆を特徴とするこの独特の社会的文脈から，政治・経済の基本的諸制度に革命的変化が生まれ，次にはその政治的・経済的進歩が市民共同体を強化したのである」（Putnam, 1993: 129, 訳156）．さらにパットナム（Putnam, 2000）はアメリカ民主主義を支えてきたボランタリー・アソシエーションの衰退を，詳細なデータにもとづいて論じ，アメリカ市民社会に対する警鐘として話題を集めた．

　いずれの研究においてもキーワードとされたのが信頼，一般化された互酬性の規範，社会ネットワークを要素とするソーシャル・キャピタル（社会関係資本）である．それによってソーシャル・キャピタルは，いわば市民社会度を規定する鍵概念として広く脚光をあびた[1]．

　パットナムのソーシャル・キャピタル概念は，アカデミアにおいてこの概念

が注目されるきっかけとなった社会学者ジェームズ・コールマン（James S. Coleman）の用語法に近い．コールマンは，世代間ネットワーク閉包という親子関係と友人関係がつくるネットワーク特性に着目して，それが人的資本（子どもの修学）におよぼす効果を論証した（Coleman, 1988）．ありていにいえば結束の監視機能である．コールマンの第一義的な関心は，コミュニティにおける紐帯の衰退が犯罪や子どもの教育に悪影響をもたらしている問題にあった（Portes, 1998）．そのため，残存する紐帯を擁護しつつ，そこから意図的に組織を形づくっていくことが重要課題とされた．そこで参照される例示は，ニューヨークのダイヤモンド卸市場における緊密なユダヤ系ネットワーク，エルサレムにおける相互扶助的な近隣関係，韓国の学生運動を支える同郷・同窓ネットワーク等，どちらかといえば旧来的な共同体的世界を想起させる（Coleman, 1990: 210-211）．

この論点は東日本大震災に関してもみられる．原田（2012: 11-12）は，被災地（東北太平洋沿岸地域）のソーシャル・キャピタルの特徴は「地域共同体（コミュニティ）での人々のつながりの強固さ」であり，それは「経済成長を志向していたというよりは，災害などの外的要因に対する減災（disaster reduction）・復元力（resilience）に優れていた」という．

そもそも市民社会は，伝統的な地域共同体（中世的な身分制）から脱却し自由で自律した個人がつくる新たな社会の構想である．それは理念として目指す方向であることに間違いない．けれども，人びとが住み合うところには共同性が生まれるのが自然である．そうした共同性は何ほどか個人の自由や自律を制約するけれども，よりよいコミュニティには不可欠であり，したがって市民社会はそれと両立するものでなければならない．示唆的な実践例として，先駆的な有機農業の取り組みで知られる宮崎県綾町の自治公民館を紹介しておきたい．この自治公民館は「全町民総参加の町づくり」を目指して「結いの心」を取り戻す仕掛けとしてつくられた．当時の仕掛け人・郷田町長によれば，結いの心とは「互いに助け合いながら自分たちの身の回りをよくするために足りないところを足し合ったり，工夫したり，工面したりしながら生活」することであり，そうして「自分たちで取り組んでいくのでなければ，自治とは言えません」（郷田，1998: 74-76）．ここには，共同体内部の連携を強めながら，それを外に

開いていく町づくりの理念が濃縮的に述べられている．

　市民社会と共同性の両立．東日本大震災をふまえて改めてわれわれが強く思念するのはそのことである．この両立をどう考えるか．本章ではそれを態度の一般化という視点から捉え，そこにおけるソーシャル・キャピタルの規定力を検証してみたい．

2───弱い紐帯・市民・関係基盤

(1) 弱い紐帯と市民

　ソーシャル・キャピタルには結束型（bonding）と橋渡し型（bridging）がある．先に言及した東日本大震災についていえば，被災地にすでにあった結束型の"絆と連携"に加えて，「被災地への"絆と連携"意識に目覚めた（老若男女を問わず）外部からの，支援の動き」（原田，2012: 12）が，橋渡し型の新たな要素として指摘される．地域社会のコンテクストで一般化すれば，地縁・血縁関係を軸とする地域集団が結束型ソーシャル・キャピタルの蓄積場であり，当該の地域集団とそれをとりまくNPO，ボランティア等との関係が橋渡し型ソーシャル・キャピタルの蓄積場である，といえる（山内，2011）．ただし，本章が主題とするのは同一の地域社会における市民と共同性の両立問題なので，単純に，結束型を共同体に，橋渡し型を市民に重ねて考えるだけでは不十分である．むしろ重要なのは，ソトの橋渡し型ソーシャル・キャピタルへの接続力（資源を得る側と提供する側の双方の意味において）としての，共同体のウチなる市民のあり方であろう[2]．

　社会関係として橋渡し型ソーシャル・キャピタルの蓄積場を構成するのは，弱い紐帯（weak tie）である．多くの社会心理学的研究や民族関係研究が示唆してきたところでは，個人が弱い紐帯をもち，異なる世界が交錯する場に身をおくことは，一般化された態度の醸成に好ましい効果をもつ（Marschall and Stolle, 2004: 130）．もちろんそこではさまざまな葛藤やアイデンティティ危機が経験されやすく，ネガティブな面もあるのだが，逆にそれが契機となり，より包括的な世界観あるいは第三者的視点が養われるのである．古典的には，社会学者ゲオルク・ジンメル（Georg Simmel）の社会圏の交差（マージナルマ

ン）の議論や，人類学者クロード・レヴィ＝ストロース（Claude Lévi-Strauss）が着目した非直接的交換による社会統合の議論が思い出される．

　レヴィ＝ストロースをふまえて展開してきた社会心理学的な交換ネットワーク研究は，間接的な互酬性（かつ一方向的な交換）が協力行動や連帯感を促進する効果を確認してきた（Molm et al., 2007; Takahashi, 2000）．そこには山岸俊男ら（Yamagishi and Cook, 1993）が指摘するように，フリーライダー問題，すなわち，公共財に対して自分の資源を拠出せずに，そこから便益だけを受け取る行為が合理的になるという問題が潜在している．直接的交換と違ってもらい逃げが生じやすいはずなのに，それが抑制されるのはなぜか．その制御装置として着目されるのが，一般的信頼（不特定の見知らぬ他者に対する信頼（山岸，1998）），あるいは，社会的カテゴリーの共有による内集団互酬性（Yamagishi and Kiyonari, 2000），いいかえれば，境界をもって一般化された互酬性（Yamagishi et al., 1999）である．

　前述のパットナムのアメリカ市民社会の分析においても，ボランタリー・アソシエーションを通した人びとの公共への積極的な関わりを条件づけるものとして，間接的な互酬性が着目された．そこで強調されるのは，諺でいえば「情けは人のためならず」，すなわち，親切はめぐりめぐって我が身を助ける（場合によっては現世でとは限らず）という，自己利益的であるがゆえに強固な社会的動機である．この長期的視野で「正しく理解された自己利益」（トクヴィル）に通ずる一般化された互酬性の規範が，アメリカ民主主義を下支えしてきたのだという．同様に一般的信頼についても，それが人びとの市民活動に対してもつ重要性を指摘する研究は少なくない（Marschall and Stolle, 2004; Stolle, 1998）．

　本章では，このように個人の公共への関わりを促す規範や信頼を，態度の一般化として捉える．そして，共同体のウチなる市民という問いに対して，人びとが弱い紐帯をもつことが，態度の一般化の趣旨で所属共同体のウチなる市民力を増す効果に着目する．

(2)　関係基盤

　それでは弱い紐帯をどう測定するのか．弱い紐帯が言わんとするのは，紐帯

それ自体の弱さの問題ではない．それは第一義的には，ソシオセントリック・ネットワークにおけるブリッジないし構造的空隙（structural holes）の所在を示す，メゾないしマクロレベルの構造指標である．提唱者のマーク・グラノヴェター（Mark Granovetter）自身が，理論研究と調査研究でやや異なる使い方をしていることにも起因してか（Granovetter, 1973; 1974），弱い紐帯に着目した研究では，個人の経済機会や生活機会に照らした紐帯それ自体の効果で議論が終始することが少なくない．しかしながら，少なくともその理論的なポイントは，弱い紐帯はブリッジとして，強い紐帯がつくる高密度の，けれども分断されたクリークの間をつなぎ，情報伝達や社会統合に機能するというところ（その意味での「弱い紐帯の強さ」）にある．

この議論の前提には，強い紐帯はネットワーク閉包をつくる（友だちの友だちは必ず友だちである）ので，ブリッジは弱い紐帯でなければならないという理論仮定がある．この仮定により，個々の紐帯の弱さ（強さ）を測定したときにそれが弱ければ（そしてそのときにのみ），その紐帯が回答者をとりまくソシオセントリック・ネットワークにおいてブリッジである一定の蓋然性が示されるのである．

この蓋然性は通常のサーベイ調査では直接検証することができない．そこで着目されるのが，ソシオセントリック・ネットワーク研究である．ソシオセントリック・ネットワークをグラフで表すと，弱い紐帯がブリッジとして複数のクリークを橋渡しする場合，その周辺には空隙（ネットワーク密度が粗な部分）ができやすい．これが構造的空隙である（Burt, 1992）．構造的空隙は，弱い紐帯をより明示的に社会構造概念におきかえたものである．

構造指標としての弱い紐帯を個人ベースのサーベイ調査で測定する工夫はいくつかある．代表的なものは，回答者に親しい友人を何人か挙げてもらい，さらにそれら友人同士の関係を聞くことで，局所的にネットワーク閉包を調べる方法である（Wellman, 1979）．この方法は，回答者が，友人たちの所属する異なるクリークを橋渡しする位置にいる，その蓋然性を捉える意味がある．ただしこの測定は，「友だちの友だちは必ずしも友だちではない」ことが，個々の紐帯の強弱とは別の要因で起こることを暗黙の前提としている．つまり，2人の友人との関係は親友として強い紐帯であるのに，その友人2人が互いに知り

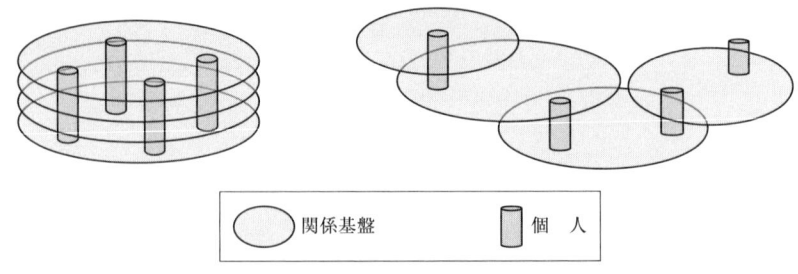

図 2-1 弱い紐帯が乏しい社会構造（左）と豊富な社会構造（右）

合いではない（ネットワーク閉包をつくらない）のはなぜかを説明する必要がある．

　これに対するひとつの説明は，それぞれの紐帯がもとづく関係基盤の違いである．関係基盤とは，人びとのつながりの基盤となる（集団よりも抽象度の高い）共有属性をいう（三隅，2005; 2013）．人びとをとりまく社会環境が単純で流動性が低い社会では，強い紐帯がもとづく関係基盤は重層的になりやすいが，現代社会のように社会環境が複雑で流動性が高い社会では人びとは多様な関係基盤に関わり，それぞれの基盤にもとづいて別々に友人をもちやすくなる．つまり「友だちの友だちは友だち」でありにくくなる．このように考えれば，人びとがどれほど多様な関係基盤に関わりをもつかを測定することで，本人がブリッジとなる形で本人の周りにどれくらい構造的空隙が存在しやすいかを，暫定的に捉えることができる．実際の友人関係とその関係基盤を具体的に聞く形でもよいが，一般に紐帯は何らかの関係基盤にもとづいてつくられるとすれば，とにかく関係基盤になりうる個人属性の多様性を測定することで，構造的空隙の潜在的なできやすさを一般的に捉えることができる．

　個人の関係基盤の多様性の測定は，集計的には，それらの個人をとりまく社会構造にどれほど多く弱い紐帯が含まれているかの暫定的な測定である．図2-1でいえば，右側が弱い紐帯を多く含む社会構造であり，橋渡し型ソーシャル・キャピタルが蓄積されやすい構造特性を強くもつことになる．そして，こうした構造特性をもつ社会では，まさに資本蓄積の結果として人びとの態度の一般化（その意味での市民）が培われる，というのがわれわれの基本命題が述べるところである．

この集計的構造は，ソシオセントリック・ネットワークの視点からマクロに捉えた社会構造に代替できるものではないが，このような構造的視点を保持することは重要である[3]．なぜならソーシャル・キャピタルは本来的に社会構造に関わる概念だからである．それは，個人が利益増進のために「投資」し，「収益」を享受できる，そうした側面をもつにしても，投資先となり，また資本蓄積の場となるのは，社会構造である．社会が適度に弱い紐帯を含み，なおかつ複数の活発な共同体（結束型ソーシャル・キャピタル形成場）が存在して，弱い紐帯がそれらを互いに連結するとき，社会全体としての資本形成の効率性は高まるであろう．ソーシャル・キャピタルの視点をもつことで，市民社会と共同性の両立について，このように限定的ではあるが明確なイメージをもつことができる．

3──地域社会のソーシャル・キャピタル

(1) データと変数

　社会構造といってもさまざまな範囲を想定できるが，私たちの生活にとってもっとも身近なのは地域社会の社会構造である．地域社会構造のレベルで市民と共同性の両立状況を吟味することは，地域間格差の問題を考える上でも重要な課題である．そこで以下の分析では，共同性の母体として地域共同体を想定し，地域社会における弱い紐帯の市民醸成効果をより具体的な検討命題とする．データは，本研究プロジェクトのメインの調査である「関東甲信越健康調査」を用いる．また補足的に，長野県でパイロット的に実施した「長野調査」[4]を用いる．以下に主要変数を説明する．

・弱い紐帯　理論的には橋渡し型ソーシャル・キャピタルの蓄積場であり，すでに説明したように関係基盤の多様性で測定する．実際には以下の2種類である．

　団体多様性：団体参加は，「地域の地縁的な活動の組織やグループ」等の大くくりの4種類の団体群について所属団体の有無を聞き，さらに年齢・性・職種の3属性について所属メンバーの類似性を聞いている．そこで，所属団体が

あれば1点，さらに，所属メンバーが「多様」な属性があれば1点を与えて加算し，その合計点について4つの団体群の平均値をとる．こうして団体所属によって広がる関係基盤の多様性をとらえる（「長野調査」では団体群をさらに細かく分けた25種類の団体・活動について「集まりに参加しているもの」を聞いている．メンバーの類似性に関する質問がないので，単純にその選択個数でもって団体関係基盤の多様性をとらえる）．

知人多様性：17種類の職業を示して家族・親戚・友人に該当があるか否かを聞いた質問を用い，該当ありとして選択された職業個数を得点とする[5]（「長野調査」では8種類の職業についてそれぞれ該当人数を聞いているので，その人数合計を用いる）．

・共同性　結束型ソーシャル・キャピタルの蓄積場としての地域社会の状況（その意味での地域共同体としての状況）を，「近所の認知度」と「近所の一体感」の2質問項目（それぞれ賛否4段階）を用い，両者の得点合計で測定する（両調査共通）．

・態度の一般化　従属変数としての市民醸成度の指標である．具体的には以下の3種類を用いる．

信　頼：一般的信頼に関する3項目の合計得点（「私は人を信頼するほうである」，「ほとんどの人は信頼できる」，「ほとんどの人は基本的に善良で親切である」．それぞれ賛否4段階．両調査共通）．

寛　容：「自分と意見が違う人」への態度に関する3項目の合計得点（「自分と意見が違う人とつきあうのが苦にならない」，「他者と意見が違うとき，その人が意見を変えなくてもつきあう」，「自分と意見の違う人がいてもかまわない」．それぞれ該当するか否かの4段階．両調査共通）．

一般化された互酬性：「自分が手助けをするばかりで，自分のことを助けてくれないような人とでもつきあう」ということが，自分にあてはまると思うかどうかの4段階回答（「長野調査」のみ）[6]．

(2) ソーシャル・キャピタルの地域構造

はじめに「関東甲信越健康調査」について，調査対象である関東甲信越50市区町村を集計単位として，地域の都市度と弱い紐帯からみた社会構造のマク

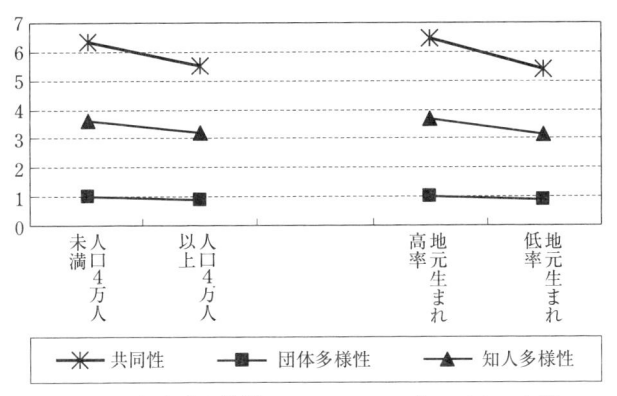

図2-2 都市度と地域のソーシャル・キャピタル水準

ロな関連状況をみておきたい．都市度は自治体統計を用いて，人口規模からみた人口集積度と，地元生まれの人口比率が示す流動性の2点をみる．

図2-2は，これら2つの都市度の高低に応じて市区町村を均等に2分し，ソーシャル・キャピタルに関わる3指標の平均値を比較したものである．これをみれば明らかに，都市度が高い市区町村の方がソーシャル・キャピタルのどの指標値も低い．都市化による地域社会の弱体化は早くから指摘されてきたことであり，その意味で都市度と共同性の逆相関はわかりやすい．一方，都市度は人口異質性を増すので，団体・知人多様性とは正相関することも予想された．けれども実際には，人口規模が小さく流動性が低い地域の社会構造の方が，多様な関係基盤をとり結ぶ弱い紐帯を多く含んでいる．

それでは，同じく市区町村単位で見た場合，弱い紐帯を多く含む地域社会構造は地域住民の態度の一般化と連動するのだろうか．図2-3は，50の市区町村を団体・知人多様性の平均水準がともに高いグループ（弱い紐帯多），ともに低いグループ（弱い紐帯少），そのどちらかが高い中間グループ（弱い紐帯中）に分け，都市度でコントロールしながら，共同性，信頼，寛容の平均水準を比較している．図2-2から予想されたことであるが，地域社会における弱い紐帯の多さは，地域共同性と共変する．都市度によって水準の差はあるが，その共変関係は同じである．さらに，地域社会における弱い紐帯の多さは信頼および寛容の平均水準とも共変し，しかも水準や共変のあり方に都市度による明

2章 ソーシャル・キャピタルと市民社会——43

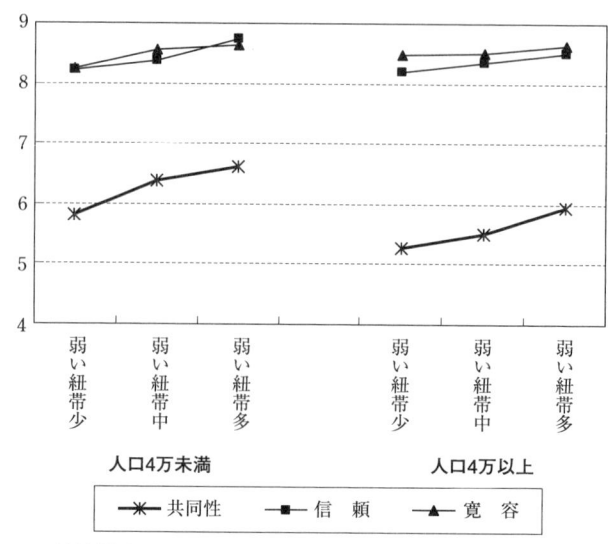

図 2-3 地域社会の弱い紐帯の豊富さと共同性および態度一般化の関連

白な差異は認められない．このように地域社会構造における弱い紐帯の含有度は，共同性と両立しつつ，なおかつその都市度による水準差に関わりなく，態度一般化としての市民性に結びついているようにみえる．

4 ── 弱い紐帯は市民をつくるか

(1) ソーシャル・キャピタルの複合的仕組み

この地域差をこえた一見して普遍的な影響プロセスを，ミクロレベルの分析，すなわち，個人をとりまく弱い紐帯とその態度一般化効果をみる形で掘り下げてみよう．共同性も弱い紐帯も社会構造に関係する概念だと述べたが，分析的には個人の社会構造への関わり方という観点から，個人レベルの局所的な影響をみることができる．そこで「関東甲信越健康調査」では信頼と寛容に，「長野調査」では一般化された互酬性に着目し，それらの一般的態度を説明する通常的な（個人を集計単位とする）重回帰分析を行う．表 2-1 がその結果である．統制変数は教育年数と居住年数を投入している．

全体にモデル適合度はよくないが，その中で共同性が比較的強い規定力を示

表 2-1　態度一般化に対する弱い紐帯の効果（重回帰分析，数値はベータ）

説明変数 \ 被説明変数	関東甲信越健康調査 信頼	関東甲信越健康調査 寛容	長野調査 一般化された互酬性
（定数）	(5.25)**	(6.07)**	(1.65)**
居住年数	−0.07*	−0.09**	0.03
教育年数	0.09**	0.11**	0.01
共同性	0.29**	0.17**	0.20**
弱い紐帯			
団体多様性	0.06*	0.08**	0.03
知人多様性	0.04	0.09**	0.07+
R^2	0.10**	0.07**	0.06**
弱い紐帯による R^2 増	0.01*	0.02**	0.01**

注：** は 1% 有意，* は 5% 有意，+ は 10% 有意（以下同様）．

している．とくに一般的信頼に対する規定力が強い．そのうえで，弱い紐帯は共同性をコントロールしてもなお，信頼，寛容，そして一般化された互酬性を促進する有意な効果を示している．とりわけ「関東甲信越健康調査」では共同性と対照的に，その規定力はむしろ寛容に対してより明瞭である[7]．

　市民性に関わる態度の一般化としてパットナムが強調したのは，一般化された互酬性であることはすでに述べた．「長野調査」で一般化された互酬性と他の一般的態度との相関をみると，信頼 0.24 に対して寛容 0.46（どちらも 1% 有意）であり，寛容とより強く共変する．けれども表 2-1 と同様の重回帰分析では，どちらかといえば信頼の規定構造に近く，共同性の効果がきわだった．市民性を，これらが複合した態度としてみることができるならば，共同性と弱い紐帯は同じものを補強し合うというよりは，それぞれ異なる側面から市民性を醸成する仕組みをもっているといえるかもしれない．とくに一般化された互酬性については居住年数や教育年数などの基本属性が寄与しないので，弱い紐帯（知人多様性）がもつ効果は弱いながらも稀少だといえる．

　「関東甲信越健康調査」における信頼と寛容については，都市度による違いを確認しておこう．ここでは流動性を用いて市区町村を高流動地域と低流動地域に区分けし，それぞれのグループごとに表 2-1 と同じ重回帰分析を施す．表 2-2 がその結果である．こうしてサンプルを分割すると，弱い紐帯の一般的信頼に対する規定力は統計的有意性を失うが，寛容に対しては有意な規定力を示

表 2-2 態度一般化効果の都市度による違い(「関東甲信越健康調査」,重回帰分析,数値はベータ)

	高流動地域		低流動地域	
	信頼	寛容	信頼	寛容
(定数)	(4.71)**	(6.41)**	(5.87)**	(5.60)**
居住年数	−0.06	−0.05	−0.09*	−0.12**
教育年数	0.13**	0.11**	0.04	0.10*
共同性	0.31**	0.11*	0.24**	0.21**
弱い紐帯				
団体多様性	0.06	0.06	0.07	0.09*
知人多様性	0.02	0.08*	0.06	0.09*
R^2	0.11**	0.04**	0.08**	0.10**
弱い紐帯によるR^2増	0.00	0.01*	0.01*	0.02**

す.それは低流動地域において,より明瞭である.一方,共同性の信頼に対する規定力はどちらかといえば低流動地域よりは高流動地域において強い.共同性は寛容に対しても有意な規定力を示すが,それは低流動地域で顕著である.

以上のように,共同性(すなわち結束型ソーシャル・キャピタル)と弱い紐帯(すなわち橋渡し型ソーシャル・キャピタル)は,信頼と寛容に対してそれぞれやや異なる影響のプロセスをもつことが示唆される.そして,そのどちらの影響プロセスが顕在化するかは,都市度によっても異なる.全般に強い共同性→信頼の影響プロセスが,より顕在化しやすいのは都市度の高い地域である.一方,弱い紐帯の付加的な影響プロセスが顕在化しやすいのは寛容に対してであり,また,都市度の低い地域においてである.

(2) 態度一般化の市民性

態度の一般化はそれ自体がゴールではない.それをミクロレベルの媒介としてよりよい市民社会が促される可能性において,それは意義をもつ.そこで最後に,これまでにみた一般的態度が市民社会につながるものであるかどうかを吟味しよう.

「関東甲信越健康調査」では,近所の奉仕活動や市区町村でのボランティアなどの頻度を質問している.これらはやや狭い居住地域レベルの諸活動ではあるが,それなりに積極的に公共に関わる行動として,市民性の指標たり得るだ

表 2-3　一般的態度の市民性（重回帰分析，数値はベータ）

被説明変数	関東甲信越健康調査	被説明変数	長野調査	
説明変数	地域貢献行動	説明変数	投票行動	政治関心
（定数）	(−1.79)**	（定数）	(−2.71)**	(−2.04)**
年齢	0.22**	年齢	0.269**	0.302**
教育年数	0.00	教育年数	0.122**	0.119**
信頼	0.09**	信頼	0.134**	0.086**
寛容	0.05+	寛容	0.056+	−0.058+
		一般化された互酬性	0.083**	0.056+
R^2	0.06**	R^2	0.12**	0.10**

ろう．そこでそれらから4項目をとりあげ，主成分分析で総合得点化したものを地域貢献行動スコアとする．一方「長野調査」では，より政治的な側面から市民性に関わる投票行動や政治関心を，市区町村，都道府県，国に分けて質問している．これらの質問項目を主成分分析にかけると2つの主成分が析出される．それらをそれぞれ，投票行動スコア，政治関心スコアとする．こうして得られた3つの市民性指標を被説明変数として重回帰分析を行う．その結果が**表2-3**である．コントロール変数は，教育年数はこれまで通りだが，より政治態度を規定しやすい年齢を居住年数に差し替えている．

　これらを指標とした市民性により反応がよいのは，信頼である．寛容も弱いながら（10%水準の有意性）どの指標に対しても一定の規定力を示している．ただし，「長野調査」における政治関心に対する効果は負である．これが，従来的な政治とは異なる公共関心を示唆するものであるかどうかは，今のところ何ともいえない．同じく「長野調査」では，一般化された互酬性が投票行動に明白な規定力を示していることが留意される．このように，総じていえば，本章でみてきた一般的態度はそれなりに市民社会につながる実質性をもっているといえるだろう．

5──おわりに

　これまで，共同体のウチなる市民という問いに対して，人びとが弱い紐帯をもつことが，態度の一般化の趣旨で地域社会の市民力を増す効果に着目してき

た．要するにこれはコミュニティの検証という手垢のついた主題の衣替えに過ぎない，といわれるかもしれない．確かに主題は重なる．問題は衣替えの意義がどこにあるかである．従来のコミュニティ研究の課題は，コミュニティの条件に関わる社会的仕組みの特定に向けた研究蓄積が弱かった．本章の問題設定に則していえば，共同性と市民の両立条件に関わる社会的仕組みの探求である．グローバライゼーションと融合したアーバニズムの圧倒的な力の中に息づく，その仕組みを見いだすためには，都市概念から視点をずらす必要がある．本章のアプローチによるソーシャル・キャピタル論はそこに，関係基盤という視点から社会構造を分析する明確な測定理論をもちこむ．

この測定理論に則して本章では2つの調査データの分析を行い，以下のことを確認した．

態度の一般化に対して，共同性は全般に強い正の規定力を示す．これは，地域社会構造の中に結束型ソーシャル・キャピタルが蓄積されていることの結果とみることができる．とりわけ都市度の高い地域において信頼に対するこの蓄積効果が際立っていたことは，注意に値する．ここでいう信頼は不特定の他者に対する一般的信頼であるが，そうした信頼は，近隣が壊れがちな都市化が進んだ社会ほど近隣レベルの共同性に支えられていることが示唆されるからである．

共同性の効果に比べると弱いが，橋渡し型ソーシャル・キャピタルの蓄積場である弱い紐帯も，態度の一般化に対して一定の規定力を示す．すなわち，個人が複数の多様な関係基盤を橋渡しする弱い紐帯特性をもつとき，そのマージナル性は信頼や寛容，一般化された互酬性等の態度の一般化を促すことが，ある程度はいえる．弱い紐帯のこの蓄積効果は，とりわけ都市度の低い地域において，寛容に対してより際立っていた．一般に都市度が低い低流動地域では，古くからの住民が伝統的な地域共同体を保持し，外来者との間に分断線が引かれがちである．このとき，個人が多様な関係基盤に関わり弱い紐帯特性をもつことは，そうした分断を橋渡しする蓋然性を高める．その，必ずしも移動を伴わない越境体験が，寛容的態度を育んでいることが示唆されるのである．

以上の議論をふまえて，ソーシャル・キャピタルと市民社会に関してやや一般的に，以下のようにまとめられる．第1に，結束型ソーシャル・キャピタル

は必ずしもウチ向きの資本蓄積だけでなく，一般的態度の醸成から市民社会を条件づける．第2に，橋渡し型ソーシャル・キャピタルの蓄積場として社会構造が弱い紐帯をより多く含むことは，共同性とは独立に一般的態度の醸成から市民社会を条件づける．第3に，結束型と橋渡し型の効率的配合のような最適社会状態のあり方を探求するとき，地域条件（本章では都市度）とともに，一般的態度（それが担保する市民社会）の多面性を考慮する必要がある．

1) パットナムの研究の大きな影響力の理由として測定法もある．とくに，マクロ統計と個人レベルの質問紙調査データの集計値を組みあわせたソーシャル・キャピタル総合指標（Putnam, 2000）は，多くの類似の試みを刺激した．日本でも内閣府国民生活局市民活動促進課（2003）が日本総合研究所に委託した調査レポートをはじめ，山内・伊吹（2005），農村におけるソーシャル・キャピタル研究会（2007），日本総合研究所（2008）等，測定法の工夫を含めて継続的な試みが続いている．総括的にいえば，わが国でも90年代後半からソーシャル・キャピタルは衰退傾向にあり，「30年遅れのボウリング・アローン」が危惧されている（坂本，2010: 15）．
2) ソーシャル・キャピタルの議論は古くて新しい問題を照射することが多いが，地域共同体のウチなる市民という問題もそうである．そこにおける本章のスタンスは，都市コミュニティ研究において，奥田（1971）の三鷹モデルに対して，鈴木広の研究グループ（鈴木編，1978）が展開したコミュニティ・モラールの問題意識に近い．
3) ソシオセントリック・ネットワークは，常にそれを包摂するより大きな社会ネットワークをもち，そこからみれば部分ネットワークにすぎない．このように考えればマクロな社会構造を捉える万能な方法はない．その意味でも多様な測定理論の開発が必要である．先駆的には Blau (1977)，Blau and Schwartz (1984) をみよ．
4) 20–79歳の長野県民を二段層化無作為抽出．2010年11–12月，郵送法で実施．計画標本2400に対して回収1464（回収率61.0%）．
5) 個数ではなく職業威信レンジによっても検討したが，分析結果はほとんど変わらなかった．
6) この質問は，長期的な自己利益に近い意識として一般化された互酬性の指標としたが，もともとは寛容の測定項目として考案されたものであり，実際に寛容3項目との共変動は小さくない．この点注意が必要だが，理論的には一般化された互酬性が寛容の一要素であるとは限らないので，経験的に寛容や信頼との概念的布置関係を検討する意義はある．測定の妥当性としていえば，この質問には長期的な自己利益だけでなく，奉仕精神（利他的動機）が混在している可能性が留意される．
7) 表2–1には示していないが，「長野調査」では共同性の信頼に対する規定力が非常に強く，その相対的な意味において，やはり弱い紐帯は寛容の説明により強く寄与していた．

文 献

Blau, Peter M., 1977, *Inequality and Heterogeneity: A Primitive Theory of Social Structure*, New York: Free Press.
Blau, Peter M. and Joseph E. Schwartz, 1984, *Crosscutting Social Circles: Testing A Macrostructural Theory of Intergroup Relations*, Orlando: Academic Press.
Burt, Ronald S., 1992, *Structural Holes: The Social Structure of Competition*, Cambridge: Harvard University Press（安田雪訳，2006，『競争の社会的構造——構造的空隙の理論』新曜社）.
Coleman, James S., 1988, "Social Capital in the Creation of Human Capital," *American Journal of Sociology*, 94: S95–S120（野沢慎司編・監訳，2006，『リーディングス ネットワーク論——家族・コミュニティ・社会関係資本』勁草書房：6章）.
Coleman, James S., 1990, *Foundations of Social Theory*, Cambridge: Belknap Press of Harvard University Press（久慈利武監訳，2004-2006，『社会理論の基礎』（上・下）青木書店）.
郷田實，1998，『結いの心——綾の町づくりはなぜ成功したか』ビジネス社.
Granovetter, Mark S., 1973, "The Strength of Weak Ties," *American Journal of Sociology*, 78: 1360–1380（野沢慎司編・監訳，2006，『リーディングス ネットワーク論——家族・コミュニティ・社会関係資本』勁草書房：4章）.
Granovetter, Mark, 1974, *Getting a Job*, Chicago: University of Chicago Press（渡辺深，1998，『転職——ネットワークとキャリアの研究』ミネルヴァ書房）.
原田博夫，2012，「東日本大震災とソーシャル・キャピタル（社会関係資本）」『社会関係資本研究論集』3，専修大学社会関係資本研究所：5-20.
Marschall, Melissa J. and Dietlind Stolle, 2004, "Race and the City: Neighborhood Context and the Development of Generalized Trust," *Political Behavior*, 26(2): 125–153.
三隅一人，2005，「仮想ホールネットとしての社会関係基盤——社会関係資本の分析法試論」三隅一人編『フォーマライゼーションによる社会学的伝統の展開と現代社会の解明』科研費報告書：17-34（改訂翻訳版：Kazuto Misumi, 2008, "Social Capital on Net-bases: A Methodological Note,"『比較社会文化』14: 49–63）.
三隅一人，2013，『社会関係資本——理論統合の挑戦』ミネルヴァ書房.
Molm, Linda D., Jessica L. Collett and David R. Schaefer, 2007, "Building Solidarity through Generalized Exchange: A Theory of Reciprocity," *American Journal of Sociology*, 113(1): 205–242.
内閣府国民生活局市民活動促進課，2003，『ソーシャル・キャピタル——豊かな人間関係と市民活動の好循環を求めて』.
日本総合研究所，2008，『日本のソーシャル・キャピタルと政策——日本総研2007年全国アンケート調査結果報告書』.
農村におけるソーシャル・キャピタル研究会，2007，『農村のソーシャル・キャピタ

ル——豊かな人間関係の維持・再生に向けて』農林水産省農村振興局.
奥田道大, 1971, 「コミュニティ形成の論理と住民意識」磯村英一・鵜飼信成・川野重任編『都市形成の論理と住民』東京大学出版会：135-177.
Portes, Alejandro, 1998, "Social Capital: Its Origins and Applications in Modern Sociology," *Annual Review of Sociology*, 24: 1–24.
Putnam, Robert D., 1993, *Making Democracy Work: Civil Traditions in Modern Italy*, Princeton: Princeton University Press（河田潤一訳, 2001, 『哲学する民主主義——伝統と改革の市民的構造』NTT 出版）.
Putnam, Robert D., 2000, *Bowling Alone: The Collapse and Revival of American Community*, New York: Simon & Schuster（柴内康文訳, 2006, 『孤独なボウリング——米国コミュニティの崩壊と再生』柏書房）.
坂本治也, 2010, 「日本のソーシャル・キャピタルの現状と理論的背景」坂本治也ほか（市民参加研究班）『ソーシャル・キャピタルと市民参加』関西大学経済・政治研究所研究双書第 150 冊.
Stolle, Dietllind, 1998, "Bowling Together, Bowling Alone: The Development of Generalized Trust in Voluntary Associations," *Political Psychology*, 19(3): 497–525.
鈴木広編, 1978, 『コミュニティ・モラールと社会移動の研究』アカデミア出版会.
Takahashi, Nobuyuki, 2000, "The Emergence of Generalized Exchange," *American Journal of Sociology*, 105(4): 1105–1134.
Wellman, Barry, 1979, "The Community Question: The Intimate Networks of East Yorkers," *American Journal of Sociology*, 84: 1201–1231（野沢慎司編・監訳, 2006, 『リーディングス ネットワーク論——家族・コミュニティ・社会関係資本』勁草書房：5 章）.
山岸俊男, 1998, 『信頼の構造——こころと社会の進化ゲーム』東京大学出版会.
Yamagishi, Toshio and Karen S. Cook, 1993, "Generalized Exchange and Social Dilemma," *Social Psychology Quarterly*, 56(4): 235–248.
Yamagishi, Toshio, Nobuhito Jin and Toko Kiyonari, 1999, "Bounded Generalized Reciprocity: Ingroup Boasting and Ingroup Favoritism," *Advanced in Group Processes*, 16: 161–197.
Yamagishi, Toshio and Toko Kiyonari, 2000, "The Group as the Container of Generalized Reciprocity," *Social Psychology Quarterly*, 63(2): 116–132.
山内直人, 2011, 「防災・災害復興におけるソーシャル・キャピタルの役割」『連合総研レポート DIO』24(11), 265 号：4-7.
山内直人・伊吹英子, 2005, 『日本のソーシャル・キャピタル』大阪大学大学院国際公共政策研究科・NPO 研究情報センター.

3章
自治体間競争と社会関係資本論
政策格差との関連を中心として

―――― 福 島 康 仁

1――はじめに

　経済停滞期の国・地方の財政危機を契機として，地方分権改革が加速・進展したが，これには政治的意義と経済的意義がある．

　分権の政治的意義は，より住民に身近なところで政策決定とその実施をするとの政治的理想への接近であり，民主主義的志向が強まった点である．すなわち，ジェームズ・ブライス（James Bryce）が唱えるように，「地方自治は民主主義の最良の学校，その成功の最良の保証人」であり（Bryce, 1921），アレクシス・トックヴィル（Alexis-Charles-Henri Clérel de Tocqueville）が「地方自治制度の自由に対する関係は，小学校の学問に対する関係と同じである」という（Tocqueville, 1835, 1840），民主政治の基礎を築くのに重要な役割を担っている．

　一方，分権の経済的意義は，より新自由主義的な志向が強調された点である．すなわち，欧米諸国の生活水準にキャッチアップするために，ナショナル・ミニマムを達成することを使命とした，「全国総合開発計画」のもとで全国画一的な発展が意図され経済発展が遅れている地方圏を中心に，各省庁主導によるハード面，ソフト面の充実整備が実施されてきた．ここでは「結果の平等」こそが最優先され，公共投資の重点的投下が行われてきた．しかしながら，1980年代後半からは逼迫する財政事情のもとで国家の役割が見直され，先進諸国は「小さな政府論」を標榜し，公的領域から撤退するといった政策転換がなされ，その経済的理論背景としての新自由主義的思潮がある．やがてその思潮の波は

わが国の中央地方関係に影響を与えることとなり，併せてニューパブリックマネジメント[1]と呼ばれる自治体経営改革が促進され，民間的手法・思考へと傾斜している．

このような環境変化のなかで，"横並び"状況を常識としてきた自治体間に"競争"なる机上の語が現実化し，国への陳情合戦による産業拠点の誘致政策から住民満足度を向上させることによる定住人口の獲得競争が始動した．自治体は住民満足度が高く，かつ効率的な行政運営を踏まえた政策展開を余儀なくされている．

本章ではこうした制度環境により拡大する経済的な意味における地域格差の現実を認識しながらも，経済指標から住民幸福度への重視に政策の軸足を移すうえで，ソーシャル・キャピタルの充実が喫緊の課題である点を論じるものである．

2 ─── 制度改革と政策格差

(1) 民主主義的側面の改革

1995年から2001年まで設置された地方分権推進委員会による5次にわたる勧告は，「地方分権推進法」や「地方分権一括法」として具現化された．自治体に対する中央政府の関与は大幅に廃止・緩和され，自治体は中央政府のコントロールから解放され真の地方自治を進める環境が整ったのである．

ナショナル・ミニマムの達成のために，国は全国画一的・統一的な行政サービスを供給してきたが，主として基礎的で必需的なハード面での政策が施され，これらは欧米諸国へのキャッチアップ過程においては後進地域の「物質的な豊かさ」の底上げには大きく寄与し，公共投資による所得再分配機能としての意義も高かった．しかし，現在では各地域特有の多様な住民ニーズや価値観に対応できないとの批判が見られるようになった．住民の高度で多様なニーズに対応するためには，住民に最も身近な自治体において，「自己決定・自己責任」により行政サービスが提供され，地域の創意工夫により個性豊かな分権型社会が構築される必要があるとされたのである．

2000年4月より施行された地方分権一括法を基軸として，国から地方への

表 3-1　中央地方関係の類型

事務配分 \ 国による地方支配	分 権	集 権
分 離	分権・分離型	分権・集権型
融 合	分権・融合型	集権・融合型

注：西尾（2012）の分類による．

権限移譲や中央地方間関係は大きく変革に向けて動き出した．機関委任事務の廃止に象徴されるように，中央地方間関係は上下主従関係から対等協力関係へとドラスティックで動態的な変化を遂げることとなる．自治体は国が企画立案した政策を補助金などの誘導策に応じた政策を実施する事業主体としての性格から脱却し，政策形成主体との認識のもと企画立案から実施に至るまでを担う地域総合行政機関へと変貌を遂げた．すなわち，自治体は「頭脳（＝中央省庁）と手足（＝自治体）」という中央地方間関係の呪縛から解き放たれ，自由裁量と自己責任のもとに地方行政を遂行する地域主体となったのである．

このことは，ナショナル・ミニマムの達成のための国による全国画一的な政策展開から，自治体は地域特性や事情を鑑み，住民の意を十分に汲み上げた政策展開が可能になったことを意味する．地域住民は全国一律的な行政サービスでは享受できなかった住民ニーズを満たすきめ細かな行政サービスが供給されるものと期待し，地方分権社会が到来すれば直ちに全国各地の住民には多大な幸福感がもたらされるものと信じられた．

中央地方間関係は，ナショナル・ミニマムを大概は達成したとの認識の下で，ヨーロッパ大陸型（集権融合型）からアングロサクソン型（分権分離型）へとシフトを目指した改革が進んでいる．分権分離型とは分権と同時に，自治体が所轄し得る事務や権限を個別かつ明確に制限列挙するとともに，国，広域的自治体，基礎的自治体の間の事務配分を明確に区分するというものである．法定受託事務として自治体に国に関わる事務の一部が残存しつつも，自治事務が拡大し，国は地方行政から撤退し，国・地方の垂直的補完関係を減少することが志向されたのである[2]．

一方で，自治体は国からの失われた資源配分を補完するため，その代替案として他の自治体などのアクターとの水平的補完関係を模索している．もっとも，

```
┌─────────────────────┐ ↕ 地　方
│  ローカルオプティマム  │
└─────────────────────┘
┌─────────────────────────────┐ ↕ 国
│       ナショナル・ミニマム       │
└─────────────────────────────┘
```

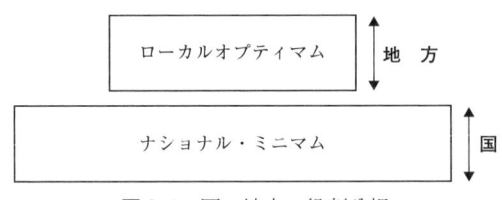

図 3-1　国・地方の役割分担

地方分権改革後も地方行政における国の役割分担が消滅するわけではなく，依然としてナショナル・ミニマムを提供する役割を免れない．

地方自治法によれば，自治体及び国は，それぞれの機能と責任を明確に分かちつつ，国は国際社会における主権国家としての一貫性を必要とする事務，全国的に統一して処理すべき事務及び生命，安全等の基準の設定に関する事務に専念し，自治体はその他の国内の行政に関するすべての事務を所掌するものとされている．

したがって，開発基調，量的拡大を指向する全国総合計画は時代遅れとの認識のもとで策定された国土形成計画によって，ナショナル・ミニマムを基底としながら均衡ある国土の発展から地域の個性ある発展ということへと政策転換が図られた．そこでは，自治体が自らの選択と責任によって地域ごとに最適な政策を探求・実現し，各地域が選択する地域ごとの最適状態である「ローカル・オプティマム」を設定できるよう意図した地方分権改革が進められているところである．

しかしながら，財源移譲問題をはじめ十分な地方分権改革が必ずしも進んでいるわけではない．

(2) 新自由主義的側面の改革

一方，国の政策意図は，きめ細かな行政サービスによる住民の幸福度の拡大とは別の視点である，財政的見地からの政策意図を見出すことができる．地方分権は国による負担縮減体制の構築を視野にいれた改革という側面があり，先述したように国は本来の業務に純化した形の運営というスリム化を目指している．

しかしながら現実には権限移譲によるスリム化は財源移譲を十分に伴わず，

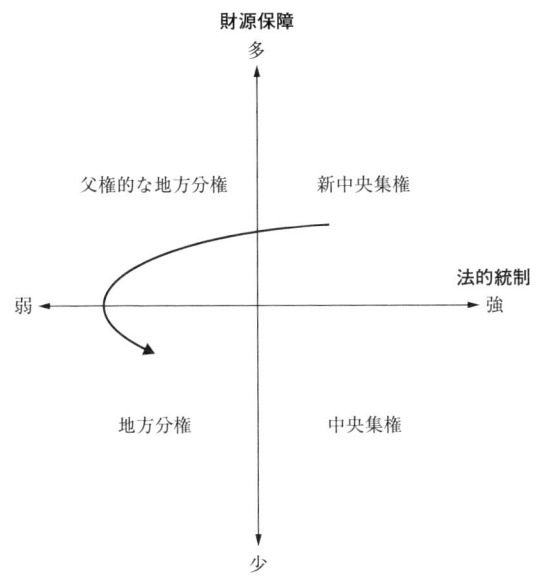

図 3-2　新中央集権から地方分権へ

国から地方への事業の負担転嫁が先行してなされている．後述するように，権限移譲のみの分権は行政資源が脆弱な政策主体では大幅な負担増となることから，これへの対処が不可能な自治体では県などの広域自治体による垂直的補完が必須となっている．制度的に保障される自治制度は，時宜を踏まえ適正な財源保障と法的統制の微妙なバランスの上に成立し発展を遂げてきたが，競争的地方分権体制へと急進的に進んでいるのが現状である（金井，2009）．

3────三位一体改革と格差の拡大

(1) 改革の理想像と自治体の虚像

ところで，新自由主義的改革が積極的に推し進められたのは三位一体の改革の時期であったといえよう．

当時の小泉政権の背景には新自由主義的な趣向があり，市場原理を優先する経済政策の実施は所得格差など貧富の差を拡大させ，日本にある程度の格差社会が到来することを容認した政策遂行がされたとの批判がある．そもそも新自

由主義はサッチャリズム，レーガノミックス，そして 1980 年代の中曽根政権下での 3 公社の民営化など市場原理を導入した抜本的な行政改革であった．それに続く 1990 年代「失われた 10 年」の不況下の経済的局面においても新自由主義的政策が進められた．新自由主義の経済政策は，政府が「小さな政府」論を展開する一方で，市場への介入を回避・撤退することで民の競争力を高め，経済成長を狙ったものである．しかし規制緩和による自由競争が激化すると「勝ち組」「負け組」に二極分化が進み，「格差」社会の拡大という弊害にも繋がった．この風潮は自治体を取り巻く環境や地域社会にも悪影響を及ぼした．

そもそも地方財政の三位一体改革とは，補助金の縮減，国から地方への税源移譲，地方交付税改革を一体で行うという，国から地方へ財源移転を施すものである．中央集権型の財政構造から脱却し分権社会型の財政構造への転換を図る中央地方間の税財政関係における抜本的改革と位置付けられる．2002 年 6 月に閣議決定された「経済財政運営と構造改革に関する基本方針 2002」(「骨太の方針第 2 弾」) において，「国庫補助負担金，地方交付税，税源移譲を含む税源配分のあり方を三位一体で検討し，具体的な改革案を今後一年以内を目途にとりまとめる」と記されたことで，これ以降，国と地方の財政関係の改革は「三位一体改革」と呼ばれている．

しかし，三位一体の改革は国庫補助負担金の削減は実施されたものの十分な財源措置を講じることなしに権限移譲による事務量の増加により財政状況が一層厳しくなる自治体が出現し，自治体間に財政格差が拡大する可能性をもたらした．

地方税には，租税原則としていわゆる「普遍性の原則」がある．この原則にしたがえば，地方税収は特定の団体に偏ってはならない．しかし，都市圏と地方圏とでは企業の集積や個人所得にも事実上の地域差が存在し，この差が税収の地域間格差を生むことに繋がる．税収の偏在が財政力の地域間格差をもたらしている．とりわけ小泉政権で進められた公共事業縮減は，公共事業への依存度が高い地域にとって，地域経済の構造的問題となっている．1 人当たりの県民所得のジニ係数や変動係数によれば，2001 年以降，地域間の経済格差は，拡大する傾向がある (梶，2006)．

定住人口が多い三大都市圏を中心に財政力の高い自治体の場合には，税収が

大きく拡大する一方で，移転財源の縮減が軽微にとどまることによって，財政状態には影響なく現行の行政活動を継続できる．しかし，三大都市圏に位置しない，定住人口の少ない小規模自治体では，国庫補助負担金が大幅に削減されるのに対して，財源移譲の効果は非常に限定的であることは死活問題である．小規模自治体にとって国から交付される地方交付税や補助金など依存財源の縮小は，依存度の高さに比例して財政状況が悪化の一途を辿ることとなる．三位一体の改革は，自治体間の財政力格差を一層拡大させた可能性が指摘できよう．

小規模自治体は，自主財源である税収が少なく，国庫補助金の減少から政策面ではハード面の整備・充実を中心とした政策を実施することは困難である．このことから，費用負担が少ないソフト面の政策への転換を図ることとなる[3]．

(2) 不十分な地方分権による理想と現実の間隙

分権社会を理想とする制度環境の改革・国の地方に対する姿勢の転換は地域間格差を拡大，固定化させる可能性を孕んでいる．すなわち，自らの責任において特色を打ち出しながら個性を競い合って発展できる，「自立できる自治体」と上位団体の垂直的補完がなければ運営できない「自立できない自治体」が存在するのは事実だからである．

ここで，自立できる自治体とは，第1に，ローカル・オプティマムを政策形成するだけの政策形成能力を有する自治体ということができよう．全国総合開発計画の全国画一政策の下では，自治体の多くは自らの地域の遅滞性や資源不足，地理的な不利条件を理由として国への依存関係を自ら強め，政策の企画立案機能を放棄し事業体へと傾斜していった．しかし，1970年代は「地方の時代」の到来と揶揄されるように，強い自治意識を有する自治体が存在した．これらの自治体の特徴は，地域の主体となるという住民自治の意識が高く，これに呼応するように職員の自立的意識も高く団体自治に関わる意識も高い．そのため，国等の上位団体に依存しない政策立案機能を発揮する土壌がある．

第2に，自治体の財政健全度は財政力指数が高いこと，あるいは不交付団体であることが望ましいが，極端に財政力指数が高くなくとも，自治体独自の政策展開をするだけの自主財源に恵まれていることである[4]．すなわち，政策実施をするための自主財源（＝税収など）があり，地方交付税，国からの補助金

の多寡にかかわらず，政策実施が可能であるということである．また，財政の硬直性が高い自治体では強い影響を受けることが顕著であるため，より柔軟な予算編成が望まれる．そのため，自治体の多くは硬直化した予算編成・既存の事務事業の恒常的な見直しを図るために行政評価システムを導入するなどの工夫がなされている．

第3に自治体が地域の政策主体として行政資源とりわけ十分な権能を有していることである．わが国の地方自治制度は二層制を採用しているが，都市の規模に応じて権限も大きくなるほど，政策の独自性を発揮できる領域が増加する．すなわち，行政資源である権限，財源，人的資源，情報はほぼ自治体の規模に比例するため三大都市圏は比較優位性を有し集積の経済により事項や産業の集中，高い経済効率性を有する．したがって，政策立案能力がない，あるいは権限がない自治体は国や県などの垂直的補完を受け政策実現に努めざるを得ない．

第4に，専門的知識を有する人的資源がある．高い政策形成能力を有する人材の確保が可能であることである．総合研究開発機構の調査[5]によれば，規模と権限の大きな自治体ほど専門家の確保がしやすい．そのため，政策形成から政策実施に至るまでの自治体独自の政策展開が容易であるといえよう．一例を挙げれば，地域保健法施行令第1条第3号で指定される都市を除き原則として中核市以上でなければ保健所を有することができない．これらの都市では住民に対する健康サービスを都道府県との連携を模索することなしに一元的に管理することが容易になる．保健所を設置する根拠によって処理できる事務に差はあるものの，保健所を核とした地域の衛生行政分野に関する権限を有して事務を行うことができる[6]．保健政策を展開すると同時に専門知識を有する保健師の確保も相対的に容易である．ソーシャル・キャピタルと密接な関係がある健康にかかる政策展開は保健所政令市，とくに中核市以上の市において展開されやすい環境があるといえよう[7]．

このように，権限，財源，人的資源の有無は上位団体への依存度が相対的に低く，補完性の原理に基づいた自治型社会環境に適合し個性を活かした地域づくり，創造的政策展開が可能である．

表 3-2 政令指定都市・中核市・特例市の権限の比較

	政令指定都市	中核市	特例市
福祉	・児童相談所の設置（中核市が担う事務に加えて）	・身体障害者手帳の交付 ・母子相談員の設置 ・母子・寡婦福祉資金の貸付 ・養護老人ホームの設置認可・監督	
衛生	中核市と同じ	［保健所設置市が行う事務］ ・地域住民の健康保持，増進のための事業の実施 ・飲食店営業等の許可 ・浄化槽設置等の届出の受理 ・温泉の供用許可	
環境	中核市・特例市と同じ	［保健所設置市が行う事務］ ・一般廃棄物処理施設，産業廃棄物処理施設の許可（特例市が担う事務に加えて） ・ばい煙発生施設，一般粉じん発生施設の設置の届出の受理	・騒音を規制する地域，規制基準の指定 ・悪臭原因物の排出を規制する地域の指定 ・振動を規制する地域の指定
産業	中核市と同じ	特例市と同じ	・計量法に基づく勧告，定期検査
まちづくり	（中核市・特例市が担う事務に加えて） ・都道府県道，産廃施設，流通業務団地等に関する都市計画決定 ・市街地開発事業に関する都市計画決定 ・市内の指定区間外の国道の管理 ・市内の県道の管理	（特例市が担う事務に加えて） ・屋外広告物の条例による設置制限	・市街化区域又は市街化調整区域内の開発行為の許可 ・市街地開発事業の区域内における建築の許可 ・都市計画事業の施行地区内における建築等の許可 ・市街地再開発事業の施行地区内における建築等の許可 ・土地区画整理組合の設立の許可 ・土地区画整理事業の施行地区内の建築行為等の許可 ・住宅地区改良事業の改良地区内の建築等の許可 ・宅地造成の規制区域内における宅地造成工事の許可

注：ただし，近年，制度改革により中核市制度と特例市制度は統合の方向にある．

4──自立できない自治体への国の対応と自治体の戦略

(1) 水平的ネットワークの形成──合併と定住自立圏構想

　これらの条件を有しない自治体が自立困難な自治体となるが，政策形成能力が脆弱な自治体に対しては，国は自主的に市町村が合併するように誘導政策を実施した．基礎自治体の行財政基盤確立のため，全国的に市町村合併が推進され，合併による財政力などを強化した足腰が強い効率的な自治体を形成するように合併特例法による各種の特例措置，その後の新合併特例法では国・都道府県の積極的な関与による市町村合併を促したのである．合併の効果としては，専門職員の配置など住民サービス提供体制の充実強化，適正な職員の配置や公共施設の統廃合など行財政の効率化など効果が確認された（総務省，2010）．しかし，経済的に困窮し自立的な自治体として存立困難度が高い自治体ほど，危機的現状のまま放置されることとなる．過疎化が進み，財政力指数が低い自治体は合併先を見つけることが容易ではなく，国の誘導政策などを活用できず，そのまま放置・残存することとなった．したがって，新しい枠組みでは，市町村合併による行財政基盤の強化，共同処理方式による周辺市町村間での広域連携，都道府県による補完など各市町村が最も適した仕組みを自ら選択するよう模索している．

　政策形成能力，財政力に差を抱えながらの自治体間競争は自治体格差を生じさせ，その格差に対する不安感を地域の様々なアクター間に増大させることとなる．高度成長期以降，「国土の均衡ある発展」から「地域の自立的発展」を求める国土形成計画への改定は，「個性ある地域づくり」という地域間の競争関係を激化させているが，社会資本の整備充実や公共事業が大幅に削減され，地方債の発行が自由化されたものの，市場の信頼性の確保などの面からも小規模自治体を取り巻く環境は厳しい．

　今後，展開される政策競争は少子高齢化で減少する定住者人口の壮烈な獲得競争である．定住人口の獲得は地域の経済的活性化をもたらし，税収増，新政策の展開，利便性の高い地域への人口移動による定住人口の増加というプラスのスパイラルをもたらすことが期待される．高度経済成長期が終わる1970年

半ばまで地域間の所得格差を背景に1961年をピークに地方圏から大都市圏に人口移動が進展した[8]が，安い労働力を都市圏に提供する見返りに地方圏は果実の一部を地方交付税により再分配を受けるなど相互依存しながら成立していた．

　また，従来，地方圏の自治体が行う相対的格差の是正[9]への活動は，企業誘致，財政移転，公共事業を3点セットとして，国の各省庁への陳情活動，地元選出の国会議員ルートを通じて政治的圧力により地域に経済的基盤の構築のための国の政策を誘導し，定住人口を獲得しやすい状況を作り出してきた．すなわち，各省から補助金を獲得したり，国の重点的開発拠点地域に指定されたりすることで，産業を興し労働者＝定住人口の確保を成し遂げてきた．しかしながら，公共事業費の大幅な削減など政策転換により国への依存度を高めても定住人口の増加は期待できない．もっとも，このような経済的格差がかならずしも精神的な格差や幸福度の格差を生むとは限らない．財源確保が難しく定住人口政策からの転換を余儀なくされた自治体は，交流人口政策を加味した政策転換を行うなど創意工夫を凝らしている．すなわち，ハーバード大学教授のジョセフ・ナイ（Joseph Nye）によって唱えられたハードパワーからソフトパワーへの政策転換を図っている．幸福感，満足度の高さと経済的豊かさが一致するものではないとの認識において政策創造をおこなうこととなる．生きがいの創出，地域の互助機能の強化施策などもその一例である．

　また，合併が進まない地域について，国は定住自立圏構想を打ち出し，協創（協力し創造する）のまちづくりのしくみを提案し誘導している．定住自立圏構想は，あくまでも市町村の主体的取組として位置付けられ，「中心市」の都市機能と「周辺市町村」の農林水産業，自然環境，歴史，文化など，それぞれの強みを活かし，新しい公共を構築すべくNPOや地域企業など民間アクターとの相互の連携や役割の再構築により，圏域での生活機能を確保し，都市圏に対抗して地方圏への人口定住を促進する政策である．

(2)　自治体の戦略的なネットワーク形成政策の整備

　自治体間競争で，自治体がとるべき戦略的なネットワークは組織外ネットワークと組織内ネットワークがあるといえよう．組織外ネットワークは，先述し

た定住自立権構想等に見られるような自治体間での水平的補完関係の構築である．機能的なネットワーク形成により他の自治体と資源交換を通じて財源不足を補填するものである．これに対して，組織内ネットワークは，区域内でのローカル・ガバナンスの形成や協働戦略である．すなわち，ローカルガバメントという観点から多様な地域アクターによる地域統治へと移行を目指すものである．そのため，自治体の多くが協働を基軸とした政策展開を模索している．官民交流や民民交流を促し多元的かつ重層的なネットワーク形成によりあらゆる政策過程での活用を目指している．

　こうした政策過程で地域アクター間での双方向的なコミュニケーション，パブリックリレーション，協働関係がソーシャル・キャピタルの醸成にも寄与する．すなわち，近隣組織，共同組合，スポーツクラブ，政党などの参加によって構成されるネットワークと，そこで涵養される連帯意識，相互信頼，寛容の精神などであり，市民の公的活動を支える価値や規範，制度等を形成する．これまでも自治体はコミュニティ力，住民力の強化の必要性を認識しながらも，ソーシャル・キャピタルの蓄積が進むような環境整備には自治体間で差があった．

　ソーシャル・キャピタルは今後自治体が政策展開するうえで不可欠な要素なのであろうか．

　第27次地方制度調査会「今後の地方自治のあり方に関する答申」（平成15年11月13日）で「協働」という言葉が取り上げられてから，それは「自治体と住民の関係性の再編を軸に，地域の変革と自治体の変革をめざす」民主主義の新しい形として注目され，都市計画の策定や施策の策定などもその一例である．民主主義的思考を地域に強めるパートナーシップは行政と民間の双方が一定の役割を分担し，あらゆる協力体制を包含する概念と考えられる．住民だけではなく，地域内に存在し住民が参画する，特性も活動領域も様々な団体がある．地縁団体としての自治会・町内会，テーマ型コミュニティとしてのNPO，ボランティア団体，PTA，福祉団体などがあげられる．新しい公共空間が拡大するなかで，政策への満足度や幸福度を高めるためには官民連携を通じてソーシャル・キャピタルを増加させることが重要である．そのためには，住民などの協働主体が活動しやすい制度環境を構築することが自治体の責務となる．

　ケネス・アロー（Kenneth Joseph Arrow）によれば，社会における問題に

際しての選択には，選挙によって選ばれた政治体制による政治的決定，市場メカニズムによる経済的決定，比較的小さな社会単位に適用される伝統的規則や習慣，の3つがある．政治的決定は，十分に機能していない場合も多く，経済的決定についても政治的決定から取り残された分野を補うというよりも，コミュニティを崩壊にさえ追い込んでしまう危険性がある．すなわちそれは政治的決定という権限と強制力を持つ第三者が統制することで解決を図る「ヒエラルキー・ソリューション」，経済的決定という問題を経済的に解決しようとする「マーケット・ソリューション」に加え，コミュニティにおける自由で自発的な参加を前提に解決にあたる「コミュニティ・ソリューション」（金子，1999: 160; 2002: 148–149）であるが，コミュニティ・ソリューションは，個人と問題の存在するコミュニティの中で解決を図ろうとする解決手法である．解決の効率と深くかかわるのが，信頼，連帯に裏打ちされた伝統的規則や慣習と開放的なコミュニティである．それらは衰退した地域の再生に有効である．伝統的規則や慣習は，近代化の過程で失われてきているものの，開放的なコミュニティの再生にとって有効な公共財として関心が集まっている．

　その有効性の理由として3点が指摘できよう（大守，2004: 92–107; Borzaga and Defourny, eds., 2004: 427–437）．

　第1に，協働する関係者間の取引コストを抑制する機能があることである．協働のための調整費用の低減が期待できる．ソーシャル・キャピタルがない場合，交渉から始めることになる．こうした時間コストやコンフリクトリスクを解消し，両者の信頼を高める上で重要であろう．すなわち，信頼の存在は自発的かつ能動的な協働関係が確保できる．

　第2に，ソーシャル・キャピタルの存在が協働システムの構築のための生産コストの低減をもたらす機能があることである．協働する相手が，NPOとボランティアを統合することで，寄付や贈与を活用することが可能となる．また，社会的支援のネットワークの活用や形成にもつながる．そして，多様な専門性を協働システムの中に導入することが可能となる．

　第3に，民主主義の深化を促進する機能があることである．協働の目的は公共善の実現にあり，協働するものはあたらしい公共空間の一部を担うこととなる．ソーシャル・キャピタルは組織や個人を媒介し具体的な参加を通じながら

コミュニティへの帰属意識を高め，コミュニティの成員の相互理解を生み，地域の課題への自律的な参加へとつながる蓋然性が高い．

　以上みてきたように，協働の政策の効果を出すにはソーシャル・キャピタルを高めることが必要である点が理解できよう．また協働が進めばソーシャル・キャピタルの蓄積が進むという相乗効果がある．

　そこで，ソーシャル・キャピタルの蓄積あるいは協働をすすめるために自治体のとるべき施策としてはどのようなものが考えられるのであろうか．つぎのものが検討できると思われる．

　第1に，ローカル・ガバナンスの下で，自治体は条件整備型の地方政府へと移行し，ソーシャル・キャピタルを進めるべき環境整備として協働・パートナーシップを促進するための条例の制定や様々なしくみが包摂されるべきである．市民協働推進条例，自治基本条例はNPOなどの地域団体が協働のための補助金を取得できる環境などを整備することで，地域にソーシャル・キャピタルを蓄積することに資する[10]．

　第2に，公共施設の地域内配置に対する配慮である．地域の公共施設を拠点として活用しながら，地縁的な活動とボランティア・NPO活動の接点の創出を支援することが，ソーシャル・キャピタル向上に繋がると考えられることから，コミュニティ政策として拠点整備がなされる．たとえば，コミュニティセンターは協働主体がネットワークや活動拠点となっている．その数，配置場所は効果に影響を及ぼすため，どの程度のコミュニティ規模を想定し，施設を配置するかという問題がある．概して，小学校区ないし中学校区の規模を取るのが通常である．また，場所により学区を分割しながらも地縁団体やNPOなどの活動やコミュニティ形成が容易な場所にすべきなどの配慮が重要である．昨今では平成の大規模な市町村合併による影響で，従前のコミュニティに配慮することも重要となっている[11]．

　第3に，施設の構造に関する問題であるが，ソーシャル・キャピタルを増進するための構造設計になっているかという点である．文化施設という側面に，より住民交流が進むように複合的施設にするなどの構造設計が必要である．たとえば，長野県下條村では文化施設が中学生，小学生が利用しやすいよう，また，村民の文化施設としても複合的に目的達成できる構造設計がなされている．

多世代交流を促進する複合組織になっていることで地域力を増進させている．

　第4に，施設の管理・運営方法の工夫である．管理運営方法を指定管理者制度によりNPOや住民団体などに委託することでより地域密着を目指すものである．政策過程の構築の工夫が重要である．長野県茅野市では，茅野市の中学生，高校生世代の居場所として中高校生と若者を応援する市民が話し合いながら建設された「CHUKOらんどチノチノ」は子ども建設委員を募集し，中学生18名，高校生9名計27名で会議を重ね機能や配置，利用上の規則や運営について意見交換を行い，2002年4月にオープンした．その後も運営主体は子ども運営委員会が行い，規則の見直しや大きなイベントを計画した場合には，考え方や内容を市民のサポート委員会との合同会議により意見交換を行いながら実施している．

　このような手法は都市内分権とよばれ，都市内部においてなるべく住民に近いところに権限の移譲をするまちづくりの手法である．

　一般に「分権」という場合，これまで行政内部における権限委譲が想定されてきたが，本当の意味で地方分権を進めるためには，市民が地域行政のあり方に具体的に関わる「手法と力量の獲得」をエンパワーメントして「地域内の分権」を進めることが必要である．そのためには，地域の自己決定を保障するような行政体制の整備が求められるのであり，市内各地域に対する権限の委譲が求められる．こうした市民分権の課題が，地域コミュニティのあり方と密接な関係をもっていることはいうまでもない．これには民との協働によるまちづくりと総合的な行政サービスを提供するために，本庁に集中している権限をより地域の住民に近い行政機構に，専決権と事務を一緒に分権し，創意工夫や処理を完結することのできる体制を整備するという「分権（decentralization）」を意味する．

　これにより，地域の個性や特徴を活かしたまちづくりを進めやすくなることが想定される．地域に身近で総合的なサービスを提供する拠点となる地域に根付いた行政機構を整備し，地域で企画立案し，その計画を実現することを可能にさせ，さらに住民との協働によるまちづくりを実現するための体制を構築する．地域行政機構は，地域に身近な行政サービスが完結することができ，総合的な権限を保持することができる．都市基盤整備が一定程度進んだ結果，本庁

からの集権的な指示による行政区域内で一律の施策展開と各地域の最低限の基盤整備や施策展開する必要性が減った現状において，むしろ地域の特性と実情にあった政策決定と施策の展開が求められるようになるのは，中央地方の関係とまったく同様である．

　以上の政策過程におけるソーシャル・キャピタルの醸成のため，自治体による協働政策は政策過程の各段階における仕掛けが必要なことが理解できる．行政により供給される公共サービスは，計画・決定，執行，評価の3段階の政策過程に分けることができるが，協働とは事業の執行過程のみで行われるのではない．公共的サービスの計画・決定，執行，評価，改善のそれぞれの段階において，行政と相互に連携することである．各種主体や住民自身が公共的サービスの計画・決定，執行，評価，のそれぞれの段階に参画する機会が提供され，多様な参加が行われることである．

5 ── 結びにかえて　政策形成・実施能力の格差とソーシャル・キャピタル

　これまで地域の問題の多くは地域経済を活性化することで解決が図られてきた．そのため，自治体は地域経済の活性化政策を主たる政策の中心としてきた．しかしながら，これまで論じてきたように自治体には行政資源量の差が著しく，地域経済の活性化政策で地域の問題を解決できる自治体は限定されることが理解できよう．とりわけ，地方分権社会の進展は政治的な意義においては有意義であっても，経済的な意義においては自立困難な自治体にとってはより不利益な状況が生じることとなろう．そこで，自治体の多くは経済的な活性化政策を前提としないで地域問題を解決する第3の道をとることになるが，それは経済的に豊かであるという物質的幸福ではなく，住民の精神的幸福度（満足度）を高めることで，地域問題に対処することである．

　住民幸福度を高めるには，経済的・社会的にプラットフォームがあり，ナショナル・ミニマムが達成されていることを前提とするものの，これに加え自治体が住民幸福度を向上させる政策を独自に展開することである．

　そして，住民幸福度を向上させ地域の課題解決能力を高めていくには地域の多種多様なアクターが政策過程で協働することが重要である．この協働体制が

構築されやすい環境をつくるには，ソーシャル・キャピタルの蓄積が十分でなければならずその醸成が肝要であろう．ソーシャル・キャピタルを醸成するためには少なくとも以下の点において施策上留意が必要であろう．

　第1に，ソーシャル・キャピタルを向上させる場の提供の必要性である．地域の課題を解決するために，地域主体がネットワークを構築しやすいように，地域主体が集合する場（プラットフォーム）の整備が必要である．この場には施設などのハード面などだけでなく，集会の機会などの提供を含む．

　第2に，その環境が自律的でサステナブルな発展的な仕組みがなければならない．水平的ネットワークが張り巡らされ，互酬性・信頼性をもとに永続的に展開がしやすい環境であることが重要であろう．

　第3に，地域力の基礎となる人づくりの重要性である．補完性の原則に従えば，コミュニティの役割は大きく，そこでの人づくりが有効であり，自治体は条件整備型政府としての役割を担うこととなる．

　ソーシャル・キャピタルが強い自治体は，協働が進みやすい環境があり，地域の課題解決能力が強く，住民満足度が高いあるいは住民幸福度の高い政策形成・実施が為され，定住人口の確保ないしその維持に成功する．さらに，人口が集積すれば，人口配分による地方交付税や税収など財源的にも安定しより発展が望まれる．一方で行政資源が相対的に不足するだけでなく，ソーシャル・キャピタルを高めることができない自治体においては，住民の不満足度が上昇し，チャールズ・ティブー（Charles Tiebout）の唱える「足による投票」[12]が現実化し，人口流出が始まる．そうなれば，行政資源不足が助長されるなどマイナスのスパイラルに陥り，最悪の場合，自治体存続が困難な状況に追いやられることとなる．

　このように，今後，経済的格差に加えてソーシャル・キャピタルの低い自治体と高い自治体との間に格差が創出される．すなわち，ソーシャル・キャピタルの蓄積により地域の課題解決能力を高めることが，自立的に政策形成するためには標準装備すべき地域基盤なのではなかろうか．

1) 成果志向への一連の行政改革の包括的概念を「ニューパブリックマネジメント（NPM）」と呼ぶ．1980年代以降，イギリス，オーストラリア，ニュージーランド

などアングロサクソン諸国でその潮流がうまれ，その後，日本にも強い影響を与え，現在の国，地方の行政マネジメントの源流にもなっている．NPM を最初に取り上げたのは Hood（1991）であり，NPM の特徴としては，成果志向，顧客志向，市場メカニズムの活用，分権化としている（大住，2003）．

2) 地方出先機関の統合や引き上げもその傾向の1つである．二重行政の解消や行政の簡素，効率化の観点から国の出先機関の廃止，縮小されることが求められる．2007 年 4 月に地方分権改革推進委員会が発足し，同年 5 月，「地方分権改革推進に当たっての基本的な考え方」において，「行政の重複の排除と事務・事業の見直しにより，国の地方支分部局等を廃止・縮小する」方針が明確にされた．

3) ソフト面の政策の一例をあげれば，R. パットナムの研究グループ Saguaro Seminar のホームページで紹介されている「Interesting Research on Social Capital or Related Topics」の項目が参考となる．ソーシャル・キャピタルに関する政策分野は，地域再生，地域経済，社会イノベーション，安心・安全，健康・福祉，コミュニティ，市民社会，社会病理など実に多様であるが，その大部分は経費負担が少ないソフト面の政策で対応可能なものである．

4) 財源不足額の算定は地方交付税法の規定に基づく一定の計算方法により行われるが，基準財政需要額に対して基準財政収入額が超過しているとされた地方自治体に対しては地方交付税は交付されない．平成 25 年度の不交付団体は，都道府県 1，市町村 48 であった（合併特例の適用により交付税が交付される団体数を含み，特別区を含まない）．

5) 日本都市センター（2010: 17）参照．その他，同センター（2011）参照，総合研究開発機構（2000）に掲載のアンケート結果 167-174 頁．

6) 保健所の設置は，地域保健法などで，人口 30 万人以上の市に設置することを1つの基準とし，地域保健法施行令で個々の都市を指定していた．また，人口 30 万人以上を条件とする地方自治法第 2 章大都市等の特例にある中核市，法令で人口 50 万人以上が移行条件とされている政令指定都市も地域保健法施行令で指定する都市は広義の保健所政令市又は保健所設置市であり，政令で指定する市を狭義の保健所政令市といっている．

7) 地域保健法施行令第 1 条で，政令指定都市（第一号），中核市（第二号）及び第三号で個別に小樽市，八王子市，藤沢市，四日市市，呉市，大牟田市及び佐世保市が指定されている．第三号によって指定されている市に限って，狭義の「保健所政令市」という．

8) 1970 年代後半からは所得格差を理由とした人口移動ではなく，産業基盤整備よりも生活基盤整備のウェイトが高い大都市圏に地方から人口流入が再び始まった．吉村（1991）参照．

9) 格差には経済的格差，社会的格差があり，ここでは経済的格差を主たる対象としている．また，絶対的格差とは地域間にある指標の差額を基本に格差を表すもの．

10) 大阪大学グリーンアクセスプロジェクトにおいて，2011 年 11 月から 2012 年 3 月まで，全国の 1660 自治体（岩手県・宮城県・福島県内の自治体を除く）を対象

に全国調査を実施した．これによれば，条例制定3割・検討中は2割でほとんどが協働の取り組みの必要性を感じているとの結果であった．具体的には，市民参加・協働に関する条例（自治基本条例，市民参加条例，市民活動支援条例等）を制定済みの自治体は全体の約3割で人口規模が大きい自治体ほど制定率が高い．また検討中の自治体も2割を数える．
11) 地方自治法202条の4第1項によれば，住民自治の強化等を推進する観点から市町村内の一定の区域を単位とする「地域自治区」を市町村の判断により設置することができる．
12) ティブー・モデルは，住民が明確な選好を有し，複数の自治体間での相違を認識して選択することができ，そして自らの選好を最も満たしてくれる自治体に居住するというものである．「足による投票」とは住民は自己の選好を満足させてくれる自治体に住むことを望み，そうではない自治体からは離れることにより，意思表明をすることである．

文　献

Borzaga, C. and J. Defourny, eds., 2004, *The Emergence of Social Enterprise*（内山哲朗・石塚秀雄・柳沢敏勝訳，2004，『社会的企業——雇用・福祉のEUサードセクター』日本経済評論社）．
Bryce, J., 1921, *Modern Democracies*（松山武訳，1929，『近代民主政治』岩波書店）．
Hood, Christopher, 1991, "A Public Management for All Seasons?" *Public Administration*, 69: 3-19.
梶善登，2006，「地域間格差の推移とその背景」『レファレンス』663: 83-104．
金井利之，2009，「自治の最悪のシナリオ」『地方自治研修』42(1): 14-16．
金子郁容，1999，『コミュニティ・ソリューション』岩波書店．
金子郁容，2002，『コミュニティ・ソリューション』［新版］岩波書店．
日本都市センター，2010，『都市自治体行政の専門性確保に関する調べ』．
日本都市センター，2011，『都市自治体行政「専門性」』．
西尾勝，2012，『行政学』有斐閣．
大守隆，2004，「ソーシャル・キャピタルの経済的影響」宮川公男・大守隆編『ソーシャル・キャピタル』東洋経済新報社．
大住荘四郎，2003，『NPMによる行政革命——経営改革モデルの構築と実践』日本評論社．
齊藤由里恵，2010，『自治体間格差の経済分析』関西学院大学出版会．
総合研究開発機構，2000，『地方政府のガバナンスに関する研究』．
総務省，2010，「平成の合併について」．
Tocqueville, A. de, 1835, 1840, *De la démocratie en Amerique*（松本礼二訳，2005，『アメリカのデモクラシー』岩波文庫）．
吉村弘，1991，「サービス経済化と大都市圏への経済力集中」『地域経済研究』2: 57-78．

4章
地方自治体の政策の成否と社会関係資本
長野県下條村の合計特殊出生率をめぐって

———— 辻　竜平

1———下條村の概況と問題

　21世紀初頭の日本は「地域の特色のある発展」というスローガンのもと，それぞれの風土や資源などの特徴を活かしながら独自の発展が模索された．1990年代から続く長期的な不況にあって，日本全国が一様に発展していくという考え方は全く立ち行かなくなり，財源不足の地方自治体[1]は，それぞれの強みを活かした政策や強みを生み出す政策を求められることになった．そうとはいえ，各市町村では，あらゆる住民に公平にという観点から，なかなか特定の層を厚遇するような思い切った政策を取れないのが現状であり，財政的にもなるべく公平に分配するように配慮せざるをえない．

　そんななか，ここ20年，子育て支援政策に思い切って舵を切っているのが，長野県下伊那郡下條村である．下條村は，合計特殊出生率が2を超える村として全国的にも有名で，2008-2012年の合計特殊出生率（村による試算）は，1.86人である[2]．2012年10月現在，人口4100人に占める年少人口は660人で，その割合は16.1%（長野県2位）である．一方，高齢者人口は1176人で，その割合は28.7%である．年少人口比は，全国平均や周辺自治体の平均と比べて高く，一方，高齢者人口比は，周辺自治体の平均と比べて低い．子育て支援政策をはじめたのは，1992年に就任し，現在5期目を務めている伊藤喜平村長である．彼は，高齢者対策を行うよりも，若年者人口を増やす政策を行うことによって高齢者比率を抑えようとしたのである．当時では珍しい「逆転の発想」であった．それが軌道に乗り，最近10数年ほど，合計特殊出生率が2

を超える年があるという状態を維持してきている．

　下條村では，若い夫婦の定住政策を進めている．その政策の柱として，賃貸の一戸建て住宅を 1990 年から 1996 年までに 54 戸，1997 年から 2006 年までに「メゾン」と呼ばれる賃貸の集合住宅を毎年 1 棟くらいのペースで 10 棟（9 棟は 3 階建て 12 戸，1 棟は 4 階建て 16 戸）建設し，いずれも 3.5 万円ほどの低料金で提供している．この家賃は隣接する飯田市の同程度の賃貸住宅が 7 万円ほどすることを考えれば，格安であると言える．これらは，国からの補助金を借りずに村の独自資金のみで建てられたものである．このように住宅建設によって若者の流入を図る政策は効果を上げ，多くの若者が周辺自治体から流入した[3]．当初は，ウェイティング・リストに名前があふれる状態であったが，次第に沈静化したため，住宅建設を 2006 年で取りやめ，一転して若者に対する行政サービスを向上する政策を始めた．まず，2004 年から医療費を中学生まで無料，2010 年からは高校生まで無料とした．2007 年からは保育料を次第に下げ，2012 年には，収入等によっては 2006 年以前よりおよそ半額程度になっている．また，義務教育の給食費を 2011 年から 3 割，2013 年から 4 割補助したり，2012 年から若者定住促進住宅の家賃を 2000 円引き下げたりした．また，村内に 45 歳以下の人が新築・増改築する際に，新築は 10％（上限 100 万円）まで，増改築は 10％（上限 50 万円）までの工事費用を補助している．

　しかし，これらの政策に関わる費用は少なくない．そこで下條村では，たとえば住宅周りの道路の舗装工事を，材料だけは役場で提供するが近隣住民で行ってもらうなどして，村の財政から人件費を削減するといった工夫を行っている．

　また，下條村では，小中学校と，「あしたむらんど下條」という図書館・アートギャラリー等の複合施設，「コスモホール」という舞台と結婚式・披露宴会場の複合施設，「ヤングコミューハウス」という各種イベントができる広いフロアを持つ施設を至近距離に作り，放課後に児童・生徒が図書館で学んだりクラブ活動を行ったり，村民同士が一箇所に集って各種の交流を行いやすくするといった仕掛け作りもしている．特に図書館は，蔵書 8 万 3000 冊あまりのうち，児童書が占める割合が 3 万 1000 冊あまりの 35％ 以上と多くなっている．このほか，「いきいきらんど」という診療所，デイサービス，保健センター等

の機能を持つ福祉施設でも広いフロアを備えたり,「インドアスポーツセンター」を設立するなど,村民同士の交流を促進している.

全国からも,下條村に学ぼうと,多くの町村から視察が来ており,ここ10年ほどの間に300件を超えている.これらの視察では,総務課長の説明の後,メゾンや一戸建て住宅の視察を行うそうである.視察にやってきた町村において,その後若者定住促進住宅を造ったり,医療費の無料化を行ったりするところは多い.しかし,それほどめざましい効果があるわけではないようである[4].では,何が下條村をそれほど特異なものにしているのだろうか? その理由を探っていくことが本章の課題である.

その理由の一端を探るために,「長野子育て支援調査」を用い,下條村と他の市町村との比較を行う.比較は,大きく個人単位と自治体単位で行う.

個人単位の比較は,3つの側面から行う.第1に,生活の利便性(それには,行政によるものも民間によるものもある)という物理的な環境がどのくらい子どもの人数を増加させることになるのかを検討する.品田知美(2010)は,子育て環境と都心からの距離との関係について考察しているが,記述的な分析にとどまっており,要因統制をした分析を行っていない.ここでは,職場や日常的に利用する施設等への距離が近いほど,子どもの数は増えるだろうと予想しこれを検討する.

第2に,各市町村の子育てを含めた行政サービスが,実際にどのくらい利用されたり評価されたりしているのかに違いがあるかといった行動や評価的側面を検討する.自治体の施設が多く利用され,評価が高いことは,その自治体の行政機能がうまく働いており,その意味で住みやすいことを表していると考えられる.したがって,そのような自治体においては,子どもの数は増えるだろうと予想される.

第3に,個人の持つ社会関係資本と子どもの数との関係を検討する.松田茂樹(2008)は,育児とネットワークとの関係性について,世帯外のネットワーク規模が増えるほど育児不安度が低下し,またその規模が一定数以上になると育児満足度が上昇すること,さらに,ネットワーク密度が中庸である場合に,育児満足度が高いことを示した.しかし,松田の分析は,静的なネットワークのあり方,すなわち受動的な人的環境要因を説明変数としており,具体的なサ

ポート内容にまで踏み込んでいない．本書第7章（渡邉大輔）では，サポート内容を情緒的・手段的・情報的の3種類に分類し，誰によるどのようなサポートが，家庭内あるいは外部支援不足のストレスを増大ないし低減させるのかを分析している．松田や渡邉の研究は，子どもの数を直接に従属変数とした分析ではないが，少なくとも子どもを1人以上持つ人々にとっては，2人目・3人目を持つかどうかの選択に影響を与えている可能性は十分にあり，その結果は示唆的である．星敦士（2008）は，子どもの数を従属変数とした分析を行っており，サポートネットワークにかんする要因（非親族の数，親族割合，母親の有無，平均接触頻度，平均居住距離，同居メンバー数，全メンバー数）や，家庭環境にかんする要因（夫の家事参加，夫が9時以降に帰宅する日数，親との同別居，手助けが必要な親の有無）の効果が検討されているが，福岡市と徳島市で行われた調査では一貫した結果は見られていない．星の分析もまた静的で受動的なネットワークや家庭環境要因を説明変数としており，そこから実質的なサポートを受けられているかどうかは検討されていない．この点，本書第6章は，受動的ではあるが，「家族・親戚・友人・知人の中で，ふだん手伝いや手助けをしてくれる人の数」という実質的なサポート資源が子どもの数に及ぼす影響について検討しており，実際にその効果を確認している．本章では，ネットワークそのものではないが，積極的に地域参加をすることが子どもの数に与える効果を検討する．すなわち，地域参加が多いほど，近隣の他者との交流が増えることによって子育てについての安心感が生じ，子どもの数が増えるだろうと予想する．また，上述のように，下條村では行政が住民の交流を促進する仕掛けを作ることもあると考えられるため，施設利用と地域参加との交互作用についても検討する．そのため，前段落で述べた第2の側面とここで述べた第3の側面は，同時に検討することとする．以上のように，3つの側面，すなわち，物理的環境，行政サービス，社会関係資本が相まって，下條村の合計特殊出生率が高く維持されているのではないかと予想している．これらのことを調査データを用いて検討していく．

　自治体単位の比較は，まず，個人単位の分析でも使用した変数について自治体単位で平均値を取って，自治体間で差があるかどうかを検討する．そのうえで，後述するように，下條村で特に顕著である自治体サービスの評価について，

その各自治体内の平均値が，子どもの数に与える影響について検討する．

2 ──── 使用するデータ

本章で使用するのは，「長野子育て支援調査」である．この調査の概要は，本書「まえがき」の同調査の説明を参照してもらいたい．以下の分析では，有意抽出した下條村データと，ランダムに抽出した6市町村のデータを比較することにする．調査対象者の年齢は20歳以上54歳以下である．また有意抽出した飯田市のデータは使用しない．

3 ──── 個人単位の分析

まず，各市町村の子どもの数の単純集計結果とその一要因分散分析の結果は表4-1のとおりである．各市町村での回答者数が少ないため，合計特殊出生率の順序にはなっていないが，相関係数は，$r = 0.598$ と，有意ではないがまずまずの当てはまりであると言えるだろう．

次に，個人の子どもの数を従属変数とし，デモグラフィック変数，各市町村のダミー変数（下條村が基準カテゴリ），物理的環境の側面として利便性に関わる得点を独立変数としたトービット回帰分析[5]を行った．「小中学校への距離」は，通学区の公立小中学校までの距離を500 m以内，1 km以内，2 km以内，4 km以内，4 km以上であるかを1-5点で測定し，小学校と中学校までの平均値を取ったものである．職場，日常的施設，非日常的施設については，各施設までの片道の所要時間を分単位で尋ねた．ここで「日常的施設」には，食料品を買う商店・スーパー，最寄りのコンビニ，最寄りの郵便局，最寄りの金融機関，最寄りの診療所・かかりつけ医，市町村役所・役場（支所を含む）が含まれる．また，「非日常的施設」には，デパート・大型ショッピングセンター，最寄りの総合病院が含まれる．なお，ここでの「婚姻」状態は，離別，死別のほか，婚姻状態の質問に答えていないが子どもがいる場合を含むが，子どもはいるが未婚である場合は含まない．また，子育てにおける母親の役割の大きさと職場への距離に関係があると考え，性別と職場までの時間の交互作用

表 4-1 「長野子育て支援調査」における各市町村の子どもの数

市町村	子どもの数 (子育て支援調査)	合計特殊出生率 (2003-2007 年)
塩尻市	0.92	1.49
佐久市	1.17	1.57
小諸市	0.84	1.52
下條村	1.43	1.71
長和町	1.63	1.57
喬木村	1.04	1.61
青木村	1.00	1.53

注:「子どもの数」に関わる一要因分散分析:$F(6,433)=3.73, p<.01$.
事後検定(Tukey)で子どもの数に 5% 水準で有意差が認められたのは,塩尻市と長和町,および小諸市と長和町とのあいだ.

を含めてある.

　表 4-2 より,年齢が上がるほど子どもの数が多いのは当然であるが,婚姻やいくつかの市町村の有意な効果や傾向が認められるほか,職場への時間の効果が大きい.すなわち,職場への時間がかかるほど,子どもの数が有意に減少する.しかし,性別と職場への時間の交互作用の効果は認められなかった.

　次に,物理的な距離や時間といった要因ではなく,個人の自治体の施設利用や行政に対する評価,そして地域活動と地域への評価といった地域の社会関係資本に関わる要因が子どもの数に与える効果を検討してみよう.「長野子育て支援調査」には,役所・役場の窓口,図書館,公民館・コミュニティセンター,スポーツ施設などの「自治体の施設の利用」(5 段階尺度,5 項目,うち主成分分析で 1 主成分としてまとまる 4 項目の平均値),居住する市町村について,重要な政策を決定する際には住民の意見を取り入れようとする,まちづくりや景観保全に積極的に取り組んでいる,出産・子育てに関する相談サービスが充実している,といった「自治体サービスの評価」(4 段階尺度,21 項目,うち主因子法による因子分析で 1 因子としてまとまる 13 項目の平均値),地域の公園や公民館の清掃や美化の活動,ゴミ出しの監視やリサイクルの取り組み,地区の運動会や地区の祭りへの参加といった「地域活動参加」(4 段階尺度,主因子法による因子分析で 1 因子としてまとまる 6 項目の平均値),地域と住民に愛着を感じている,地域の人はみんな仲間だという感じがするといった「愛

表 4-2 子どもの数に対する利便性の効果（トービット回帰分析）

	係　数	標準誤差	z
定　数	1.548	0.059	26.36***
性別（男0，女1）	−0.084	0.124	−0.67
年　齢	0.044	0.007	6.45***
教育年数	−0.022	0.024	−0.90
世帯所得（自然対数）	0.122	0.093	1.31
婚姻（無0，有1）	0.224	0.130	1.73†
下條村（基準カテゴリ）			
塩尻市	−0.401	0.212	−1.89†
佐久市	−0.181	0.224	−0.81
小諸市	−0.379	0.245	−1.55
長和町	0.269	0.211	1.27
喬木村	−0.501	0.221	−2.27*
青木村	−0.322	0.220	−1.46
小中学校への距離	0.014	0.069	0.21
職場への時間	−0.011	0.004	−2.43*
日常的施設への時間	−0.016	0.016	−1.03
非日常的施設への時間	0.001	0.009	0.14
性別×職場への時間	−0.011	0.009	−1.25

注：$N=278$, $LR\ \chi^2(16)=83.07$, $p<.001$, Pseudo $R^2=.092$.
　　係数は，子どもの数の実現値における限界効果．
　　†: $p<.10$，*: $p<.05$，***: $p<.001$．

着・一体感」（4段階尺度，主因子法による因子分析で1因子としてまとまる4項目の平均値），地域の人々はたいていは知り合い同士だ，近所のどこにどのような人が住んでいるか知っているといった「人間関係情報」（4段階尺度，8項目，うち主因子法による因子分析で1因子としてまとまる6項目の平均値）のほか，「一般的信頼」（4段階尺度，3項目の平均値）や「寛容性」（4段階尺度，6項目のうち4項目の平均値）についての心理尺度を測定した．

　子どもの数を従属変数，上述の自治体の施設利用，行政に対する評価，地域活動と地域への評価を独立変数としたトービット回帰分析を行った結果が，表4-3である．

　表4-3のモデル1より，デモグラフィック変数としては，表4-2と同様，年齢，婚姻，各市町村の効果や傾向のほか，世帯収入の効果が認められる．「自治体施設の利用」と「地域活動参加」は，子どもの数に対していずれも大きな正の効果を持っているが，居住地域への「愛着と一体感」は，負の傾向を持っ

表 4-3 子どもの数に対する個人の施設利用・行政に対する評価・地域活動と評価の効果（トービット回帰分析）

	モデル 1			モデル 2		
	係　数	標準誤差	z	係　数	標準誤差	z
定　数	1.526	0.052	29.51***	1.525	0.051	29.66***
性別（男0，女1）	0.021	0.108	0.20	0.017	0.108	0.16
年　齢	0.035	0.006	5.59***	0.034	0.006	5.54***
教育年数	−0.018	0.020	−0.93	−0.020	0.020	−1.04
世帯所得（自然対数）	0.146	0.078	1.87†	0.152	0.078	1.96†
婚姻（無0，有1）	0.212	0.116	1.82†	0.236	0.116	2.03*
下條村（基準カテゴリ）						
塩尻市	−0.282	0.180	−1.57	−0.315	0.180	−1.75†
佐久市	−0.028	0.188	−0.15	−0.032	0.188	−0.17
小諸市	−0.176	0.204	−0.86	−0.174	0.203	−0.86
長和町	0.445	0.191	2.33*	0.433	0.193	2.25*
喬木村	−0.419	0.180	−2.33*	−0.460	0.180	−2.56*
青木村	−0.288	0.190	−1.51	−0.255	0.190	−1.34
自治体施設利用	0.402	0.070	5.74***	0.397	0.071	5.59***
自治体サービスの評価	−0.024	0.090	−0.27	−0.011	0.090	−0.12
地域活動参加	0.247	0.098	2.51*	0.291	0.099	2.93**
愛着・一体感	−0.162	0.096	−1.69†	−0.178	0.097	−1.83†
人間関係情報	0.057	0.092	0.63	0.034	0.092	0.37
自治体施設利用×地域活動参加				−0.069	0.097	−0.71
地域活動参加×愛着・一体感				−0.263	0.115	−2.28*
一般的信頼	−0.107	0.095	−1.13	−0.100	0.095	−1.05
寛容性	−0.120	0.103	−1.17	−0.086	0.104	−0.82

注：モデル 1：$N=337$, $LR\ \chi^2(18)=143.32$, $p<.001$, Pseudo $R^2=.131$.
　　モデル 2：$N=337$, $LR\ \chi^2(20)=150.69$, $p<.001$, Pseudo $R^2=.138$.
　　係数は，子どもの数の実現値における限界効果.
　　†：$p<.10$, *：$p<.05$, **：$p<.01$, ***：$p<.001$.

ている．「地域活動参加」と「愛着と一体感」の符号が逆であることは，理解しにくい．ここで，その要になっているのが「地域活動参加」であると思われるため，「自治体施設利用」と「地域活動参加」の交互作用，および「地域活動参加」と「愛着と一体感」の交互作用を含めたのがモデル2である[6]．下條村のように，自治体が施設利用を促すことで地域活動を活発にするといった交互作用効果は認められなかった．下條村のような取り組みは，他の自治体では一般的でないのかもしれない．一方，「地域活動参加」と「愛着と一体感」の交互作用項が負で有意な値となった．その様子は図4-1のとおりである．すな

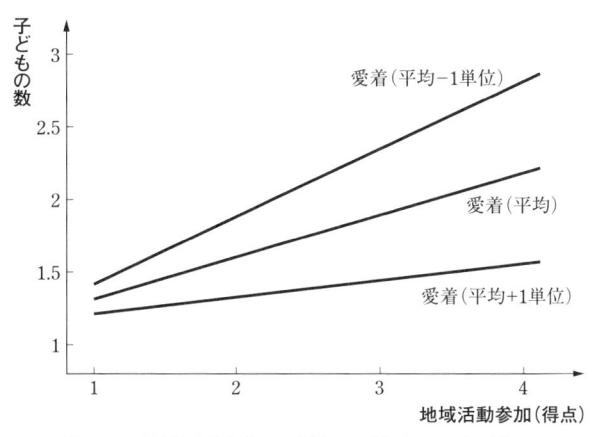

図4-1 地域活動参加と愛着・一体感との交互作用

わち，地域活動参加が低い場合には，愛着・一体感の程度によらずに子どもの数は少ないが，地域活動参加が多い場合には，愛着・一体感が高いほど子どもの数の増加量は小さく，低いほど増加量は大きい．地域活動には参加しつつも，地域での人づきあいにあまり深入りしすぎないような場合に，子どもの数は最も多くなるわけである．このことについては，第5節で総合的に考察する．

4——自治体単位の分析

次に，各市町村で，上の個人単位の分析で使用した変数（要因）の値にどのような違いがあるかを一要因分散分析によって検討する（表4-4）．その結果，有意差が見られた変数についてTukey法による事後検定を行い，下條村が他の自治体と比較して有意に高い／低い値を取るものを抽出した．

ここから，下條村では，非日常的施設までの時間で市部より時間がかかるといったことはあるが，その一方で，自治体サービスの評価はたいへん高く，自治体施設の利用も市部と比べて多く，地域活動への参加や愛着・一体感，人間関係情報といった地域への評価も市部と比べて高い．この中で注目すべきは，自治体サービスの評価である．これは，市部のみならず町村と比較しても高くなっており，これが下條村の際だった特性であると言えるだろう．

表 4-4　自治体間比較と下條村の特性

	F	R^2	Adj. R^2	下條村の方が以下に記された自治体より値が高い（低い）
小中学校への距離	$F(6,446)=5.71^{***}$	.071	.059	青木村
職場への時間	$F(6,388)=0.80$	.012	−.003	
日常的施設への時間	$F(6,439)=3.90^{***}$	.051	.038	（長和町）
非日常的施設への時間	$F(6,438)=28.54^{***}$	.281	.271	塩尻市，佐久市，小諸市，喬木村
世帯所得（自然対数）	$F(6,426)=0.38$	.005	−.009	
自治体施設利用	$F(6,463)=5.68^{***}$	.069	.056	塩尻市，小諸市，長和町
自治体サービスの評価	$F(6,464)=13.81^{***}$	.152	.141	他の全市町村
地域活動参加	$F(6,431)=4.34^{***}$	.053	.041	佐久市，小諸市
愛着・一体感	$F(6,460)=4.94^{***}$	.061	.048	佐久市，小諸市
人間関係情報	$F(6,458)=8.50^{***}$	.100	.088	塩尻市，佐久市，小諸市
一般的信頼	$F(6,459)=1.05$	.014	.001	
寛容性	$F(6,465)=0.43$	.006	−.007	

注：***: $p<.001$.

　この点について，より詳細に見てみよう．「自治体サービスの評価」は，もともと 21 項目あり，そのうち主因子法による因子分析で 1 因子としてまとまる 13 項目の平均値であった．そこで，これら 13 項目を個別に分析してみよう（表 4-5）．

　13 項目の中で自治体間の差がどこかに見られるのが 12 項目あり，下條村は，そのうち 11 項目において，特に都市部との比較において評価が高いことがわかる．残りの 1 項目である「雇用」については，下條村は隣接する飯田市に働きに行くことを前提としているところがあるため，この評価は高くなくても納得できる．結局のところ，下條村のサービスは，ほぼあらゆる項目で村民に高く評価されていることがわかる．

　ここで，7 つの自治体の行政サービスに対する評価の平均値と，当該自治体の合計特殊出生率，および「長野子育て支援調査」における子どもの数の平均値との相関係数を調べてみると，行政サービスに対する評価と合計特殊出生率との相関係数は $r=.927$（$p<.01$），行政サービスに対する評価と子どもの数との相関係数は $r=.580$（n.s.）であった．また，自治体施設利用と合計特殊出生率との相関係数は $r=.921$（$p<.01$），自治体施設利用と子どもの数との相関係数は $r=.364$（n.s.）であった．7 自治体のデータのため，統計量が不安定なようでもあるが，行政サービスの評価や自治体施設利用と合計特殊出生率との

表 4-5　自治体サービスの評価にかかわる自治体間比較と下條村の特性

	F	R^2	Adj. R^2	下條村の方が値が高い（低い）
私の市町村では重要な政策を決定する際には，住民の意見を取り入れようとしている	$F(6,380)=5.15^{***}$	0.075	0.061	塩尻市
私の市町村では，意見や要望を出すとちゃんと回答してくれる	$F(6,289)=5.68^{***}$	0.106	0.087	塩尻市，佐久市
地域組織（自治会，町内会，子ども会，老人会など）の活動への支援が充実している	$F(6,341)=11.22^{***}$	0.165	0.150	塩尻市，佐久市，小諸市，長和町
私の市町村では，まちづくりや景観保全にとても積極的に取り組んでいる	$F(6,402)=4.53^{***}$	0.063	0.049	佐久市
公共の図書館を利用するのに不便を感じることが多い	$F(6,336)=9.16^{***}$	0.141	0.125	（佐久市，小諸市）
公共のスポーツ施設を利用しやすい	$F(6,267)=5.79^{***}$	0.115	0.095	佐久市，小諸市
市民講座・生涯学習講座が充実している	$F(6,277)=5.98^{***}$	0.115	0.096	長和町，喬木村
出産・子育てに関する相談サービスが充実している	$F(6,462)=6.82^{***}$	0.081	0.069	塩尻市，小諸市，喬木村
学校に関する金銭的支援（奨学金・学用品・給食費など）が充実している	$F(6,264)=10.34^{***}$	0.190	0.172	塩尻市，佐久市，小諸市，喬木村
民生委員が積極的に戸別訪問を行っている	$F(6,218)=1.52$	0.040	0.014	
定住支援サービス（住宅取得支援，就労支援など）が充実している	$F(6,237)=7.77^{***}$	0.164	0.143	塩尻市，佐久市，小諸市
雇用に関する支援サービス（就職相談，労働相談など）が充実している	$F(6,237)=2.97^{**}$	0.070	0.046	
自治会・町内会の活動への支援が充実している	$F(6,276)=6.58^{***}$	0.125	0.106	佐久市，小諸市

注：$^{**}: p<.01, ^{***}: p<.001$.

相関係数は有意となっており，また子どもの数との相関係数も正の関係を示しており，行政が施設の利用を促したりサービスを向上させたりすることで，当該自治体における合計特殊出生率や子どもの数が押し上げられるものと考えら

表 4-6　子どもの数に対する行政サービス等の効果（トービット回帰分析）

	係　数	標準誤差	z
定　数	1.524	0.562	27.09***
性別（男 0，女 1）	−0.010	0.120	−0.08
年　齢	0.039	0.007	5.97***
教育年数	−0.051	0.023	−2.26*
世帯所得（自然対数）	0.168	0.087	1.94†
婚姻（無 0，有 1）	0.224	0.125	1.79†
職場への時間	−0.004	0.004	−0.90
自治体施設利用	0.351	0.077	4.58***
自治体サービスの評価（個人）	−0.058	0.096	−0.61
自治体サービスの評価（自治体内平均）	0.348	0.189	1.84†
地域活動参加	0.248	0.106	2.33*
愛着・一体感	−0.068	0.104	−0.66
一般的信頼	−0.177	0.104	−1.71†
寛容性	−0.088	0.112	−0.78

注：$N=286$, $LR\ \chi^2(13)=126.78$, $p<.001$, Pseudo $R^2=.136$.
　　係数は，子どもの数の実現値における限界効果.
　　†: $p<.10$, *: $p<.05$, ***: $p<.001$.

れる．

　次に，各自治体の行政サービスに対する個人的評価と自治体内の平均値（自治体内の全体的評価），および，これまで理論的な重要性や統計的に有意であることが確認された変数（主効果のみ）を独立変数とし，それらが個人の子どもの数に及ぼす影響について，トービット回帰分析を試みたところ，次のような結果となった[7]．

　表 4-6 に見られるように，これまでと同様，年齢と自治体施設利用の効果は大きい．自治体サービスの評価については，個人的評価は子どもの数に対して効果がないが，有意水準 10％ ながら，同じ自治体内の全体的な評価は子どもの数を増やす傾向があることが確認された．すなわち，個人の評価はさておき，各自治体ですぐれたサービスを提供し，それが人々にある程度きちんと評価されると，子どもの人数の増加につながる可能性があると言えそうである．

5──考　察

　これまでの結果をまとめよう．

まず，物理的環境の利便性については，職場への時間がかかるほど，子どもの数が少ないことがわかった．これは，長野県内の自治体に限った話ではあるまい．東京都の合計特殊出生率は全国最低であるが，それは，都心物件が高額であり，郊外から通わなければならないという事情によるところもあるのだろう．

　役所・役場の窓口，図書館，公民館・コミュニティセンター，スポーツ施設などの「自治体の施設の利用」は，利用する人ほど子どもの数が多かった．図書館やスポーツ施設については，子どもがいると送り迎えをしたりするから，自分も利用するという逆因果の可能性もあるが，他の施設については，そのような因果関係はあまり考えられない．下條村では，「私の市町村では，意見や要望を出すとちゃんと回答してくれる」とか「出産・子育てに関する相談サービスが充実している」という行政サービスに対する評価が高いように，気軽に役場に意見を言いに行ったり，育児相談に行ったりするのではないだろうか．

　地域の公園や公民館の清掃や美化の活動，ゴミ出しの監視やリサイクルの取り組み，地区の運動会や地区の祭りなど「地域活動への参加」をする人ほど，子どもの数が多い．ここでもまた，子どもがいるから，地区の運動会や祭りに参加するという逆因果の可能性はある．しかし，そのような活動に参加して，利用可能な地域の社会関係資本が蓄積されることによって，いざとなれば子どもを預かってもらうといったことがしやすくなり，子どもをもう1人産んでもやっていけるのではないかと思えるような環境が形成されていくのではないだろうか．事実，下條村の若者促進住宅「メゾン」は12戸からなる集合住宅だが，その中で子どもたちが互いの家の間を駆け回ったり，親に用事があるときには子どもを預けたりといったことが起きているそうである．そのメゾンでは，子どもが2人，3人いるという家族も多く，これが下條村の合計特殊出生率の高さを形成していると考えてよい．しかし，都市部の集合住宅においては，隣の人も知らないということが多いので，下條村のような状況は想像しにくいかもしれない．それを可能としているものの1つは，メゾンへの入居条件である．入居条件には，消防団への加入が半強制的に義務づけられている．このことは，母親だけでなく父親同士の交流を促進することになっているのである．親子ぐるみで12戸の人々と交流し生み出される安心感の効果は，とても大きなもの

であると考えられる．また，既述のとおり，住宅周りの道路の舗装工事を近隣住民で行う制度も，住民参加の協力行動を促進することになる．このように，下條村では，ただ単に若者促進住宅を安価で提供して若者を集めるだけではなく，その中や周辺の近隣地域において頻繁な交流を促し，社会関係資本を蓄積する機会を提供しているわけである．若者促進住宅を建築する自治体は多くなっているが，住宅を建てるだけでは，若者は入居しても子どもは増えないかもしれない．行政がその中で人間関係が促進されるような仕組み作りをすることが重要なのだろう．

　ただ一方で，地域活動への参加と，愛着・一体感の負の交互作用について注意することも必要だろう．適度に地域活動には参加しつつも，地元でのどっぷりとした人づきあいにはまり込んでしまうことは，地域活動への参加の効果を下げることにもなる（図4-1）．あまりにお互いのプライバシーに踏み込みすぎると，他人の悪い側面が気になってしまうといったことがあるのかもしれない．松田（2008）も，育児について，中庸なネットワークが重要であると述べているが，やはり，適度な距離感は必要なのだろう．これは，社会関係資本の負の側面の1つと言えるかもしれない．

　最後に，自治体の立場から，子どもを増やすためにどうすればよいかを，下條村という特異な事例と，その特異さを明らかにした統計分析から考えておこう．まず，自治体が，若者促進住宅を建設したり，魅力的な公共施設を作ってそこに人々を集わせたりすること，役所・役場や子育て支援施設などサービスのよさが，子どもを増やすことにつながっていくだろう．また，そのような公営の施設の中で，住民同士が関係を構築していく仕掛け作りをしていくことが，さらなる効果を生むのである．次々と「箱物」を新改築するよりも，豊かな社会関係資本を醸成し，実質的にもう1人子どもを持ってよいかなと思わせるような仕組みを考えることの方が重要なのではないだろうか．

1) 財源不足の1つの指標としては，地方自治体が地方交付税の交付を受けているかどうかがある．東京都を除くと，以下で示す「長野子育て支援調査」を行った2010年に地方交付税の交付を受けなかったのは，全国で74市町村で，長野県内では軽井沢町の1町のみであった．交付／不交付に毎年の変動はあまりなく，財源不足の地方自治体は，慢性的に財政不足であると言える．

2) 実際には，下條村よりも合計特殊出生率の高い町村はある．日本全体で見れば，西高東低の傾向があり，特に沖縄県や九州地方などで高い．しかし，本州においては，合計特殊出生率が 2 を超える自治体は多くない．下條村は人口が 4000 人強と少なく年によって変動があるため，毎年 2 を超えているわけではないが，そのような年もある．
3) 下條村内から，親と独立する形で若者定住促進住宅に入居する人も多かった．
4) 視察した自治体のリストはもらえないので，あくまでも下條村の担当者の説明による．
5) 「長野子育て支援調査」においては，末子から順に 3 人の子どもを挙げてもらう質問形式を取っているため，3 人以上子どもがいる場合が区別できない．このような打ち切りデータを分析するための分析法として，トービット回帰分析を利用する．
6) 交互作用項作成のさいには，モデル 1 の各変数に欠損値がない状態で，当該 2 変数についてセンタリングを行った．
7) 行政に対する個人的評価と全体的評価を投入しているが，多重共線性の問題は生じていない．

文　献

星敦士，2008，「出生行動とサポートネットワーク」安河内恵子編『既婚女性の就業とネットワーク』ミネルヴァ書房：158-175．
松田茂樹，2008，『何が育児を支えるのか——中庸なネットワークの強さ』勁草書房．
下條村，2013，「行政視察資料"ようこそ下條村へ"」．
下條村，2013，「下條村立図書館概要」．
品田知美，2010，「居住環境と親子生活」松田茂樹・汐見和恵・品田知美・末盛慶『揺らぐ子育て基盤——少子化社会の現状と困難』勁草書房：61-87．

II

家族格差とソーシャル・キャピタル

5章
結婚とソーシャル・キャピタル
何人と恋愛すれば結婚できるのか

――― 小 林　　盾

1 ――― 結婚格差

(1) 結婚・未婚をめぐる統計

　日本社会における結婚は，50年ほど前まで「お見合いによる」というパターンが中心だった．出生動向基本調査によれば，1930年では新規結婚のうち69.0%が「見合い結婚」で，恋愛にもとづく「恋愛結婚」は13.4%だった．その後，1960年代後半に見合い結婚を恋愛結婚が上回った．現在では2005年で見合い結婚6.4%にたいして恋愛結婚87.2%となり，恋愛結婚化がすすんでいる．

　そのため，いわば「大学に入学するまえに高校にかよう」ように，現代社会ではだれかと恋愛することが結婚の前提条件となっているのかもしれない．そうだとすると，「恋愛から結婚への移行」をスムーズにおこなえない人は，結婚市場において不利となる可能性がある．

　一方，日本はかつてほぼすべての人が一度は結婚する「皆婚社会」であった．社会保障・人口問題研究所人口統計資料によれば，生涯未婚率（50歳時未婚率）は，1920年代以降男女とも1%台だった．ところが，1980年代から未婚者がふえはじめ，2010年には男性19.4%，女性9.8%へと上昇して未婚化がすすんだ．なお，人口動態統計によれば，平均初婚年齢は2011年で男性30.7歳，妻29.0歳だった．

　では，未婚化はすべての人に平等に訪れているのだろうか，それとも特定の人に集中しているのだろうか．2000年国勢調査によれば，35-39歳男性では，

未婚率は高卒者のうち 26.8%，短大・高専卒者 24.9%，大卒者 22.2% であった．女性では，高卒者 11.9%，短大・高専卒者 14.1%，大卒者 18.1% であった．したがって，学歴によって結婚格差が生じているようである．

(2) 先行研究

このように，「結婚の恋愛化」と「未婚化」が並行して進行し，さらに「結婚格差」が生じているようである．では，恋愛と結婚はどのように関連しているのだろうか．なぜ，結婚できる人がいる一方で，結婚できない人がいるのだろうか．学歴はどのような役割をはたすのだろうか．

これまで，異性との交際経験がある人ほど結婚のための活動（婚活）をおこなっていること（村上，2010），さまざまな影響を統制すると高学歴者ほど結婚しやすいこと（佐藤・永井・三輪編，2010）がわかっている．

恋愛と結婚の関連については，内閣府（2011）がはじめて大規模な量的調査をおこなった．その結果，恋人として交際した人数（現在の配偶者をふくむ）は全体で平均 2.9 人で，交際経験のない人は 20.9% いた．未既婚別では未婚者で平均交際人数 2.6 人（男性 2.4 人，女性 2.9 人），既婚者 4.2 人（男性 4.1 人，女性 4.2 人）であった．したがって，交際人数が多いほど，結婚できるようにみえる．

(3) 解くべき問題

ただし，国勢調査によれば学歴による結婚格差が存在するのに，ここでは学歴の役割が分析されていない．そのため，学歴によってメカニズムが異なったとしても，見逃しているかもしれない．さらに，性別や年齢といった属性を統制していないため，それらがおおきく影響している可能性がある．そこで，この章では次の問題を解いていくこととする．

解くべき問題 性別や年齢などの影響を統制したとき，恋愛から結婚への移行に，学歴がどのような役割をはたすのか．

より多くの人と交際すればするほど，結婚のチャンスがふえるのだろうか．

```
恋愛から結婚への移行
恋愛への投資  →  結婚からの回収
```

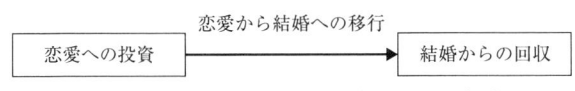

図 5-1　結婚市場における資本としての恋愛

学歴にかかわらず，同じメカニズムがはたらくのだろうか．性別や年齢は影響するのだろうか．

　この問題を解決できないと，ともすれば結婚前の人が「恋愛しないと結婚できない」とやみくもにプレッシャーをかんじ，誤った努力をするかもしれない．その結果，かえって結婚を困難にするかもしれない．一方，行政などが結婚支援をするとき，本来なら異なる対応がもとめられているのに，一律に同じサポートを提供してしまう可能性がある．

2 ── 結婚市場におけるソーシャル・キャピタル

(1)　「恋愛への投資」と「結婚による回収」

　ここでは，結婚を株式市場のように人びとが競争する場である「結婚市場」としてとらえてみよう．現代のように恋愛結婚化が進展すると，結婚市場における結婚の成立とは，誰かと恋愛関係になり，そこから配偶者を見つけることとなる．

　結婚を市場における競争ととらえるなら，結婚前の恋愛関係は「資本」（キャピタル）への投資として概念化できるだろう．結婚前に，どのような人とどのように交際するかで，結婚しやすさが左右されるかもしれないからである．

　資本というからには，かぎられた資源を「投資」し，そこから成果を「回収」する必要がある．現代社会の結婚市場では，人びとは異性との交際に時間，労力，感情，金銭などを投資し，その見返りとして結婚という成果を回収するとみなすことができるだろう（図 5-1 参照）．もし無事結婚に移行できれば，いわば株式への投資が成功したように，恋愛への投資が成功したことになる．

(2)　恋愛による配偶者候補の蓄積

　では，人びとはどのように恋愛から結婚へと移行しているのか．ここでは，

一度恋人と別れたあと，また恋人にもどるという「復縁」の可能性についてかんがえたい．ゼクシィの調査によれば，52％ の人が復縁したことがあるという（ゼクシィ net ユーザーアンケート「元カレとの復活愛や初デートのお誘いについて」2011 年 7 月実施，有効回答 113 人の女性）．さらに，復縁した人のうち，29％ が結婚にいたったという（ゼクシィ net ユーザーアンケート「未来の子どもの名前や同棲と結婚の違いについて」2010 年 6 月実施，有効回答数 277 人の女性）．そうだとしたら，（52％ のうち 29％ で）およそ 15％ の 6 人に 1 人が，復縁から結婚へと移行したことになる（この調査はモニタを対象とするためランダムサンプリング調査ではないが，他に復縁に関するデータがないため 1 つの目安にはなろう）．

　たしかに，恋人と別れたあと，没交渉となることもある．その一方で，「友達以上，恋人未満」としてゆるやかな関係がつづき，何かのきっかけで「焼け棒杭に火がつく」ことも起こりうる（上記調査によれば 52％ が経験）．復縁の結果，結婚にいたることも期待できる（同 15％）．牛窪恵は復縁による結婚を「リサイクル婚」とよび，「過去の彼氏・彼女を活用するほうが，負荷もリスクも少ない」という（週刊新潮，2013: 126）．

　したがって，人びとは恋愛によって異性との関係作りをし，たとえ別れても一定の割合で関係を維持することで，配偶者候補を蓄積しているといえるだろう．その場合，候補者プールは，完全に疎遠とならないかぎりアクセス可能なものとして所持され，（同窓会，集団での会合など）きっかけがあれば再利用できることになる．

(3)　ソーシャル・キャピタルとしての恋愛

　では，恋愛関係は結婚市場においてどのような資本として役立つのだろうか．もし恋愛関係が豊富なほど経験値があがるとしたら，一見すると恋愛関係は人的資本（ヒューマン・キャピタル）のようにみえる．ゲイリー・ベッカー（Gary S. Becker）は人的資本を「人びとのもつ資源を増大することによって，将来の貨幣的および精神的所得の両方に影響をあたえるような諸活動」とし，例として「学校教育，職場訓練，医療，労働移動」をあげる（Becker, 1964: 11）．

とすると，人的資本とはあくまで個人が自分のなかに蓄積するものであり，他人との関係や相手の意向は必要でなくなる．しかし，それでは「人間関係に投資する」という恋愛関係の特徴を，とらえることができなくなってしまう．

他方，ナン・リン（Nan Lin）はソーシャル・キャピタルを「市場のなかで見返りを期待して社会関係に投資すること」であり，「アクセスし動員される，社会構造に埋め込まれた資源」とみなす（Lin, 2001: 24, 38）．したがって，人びとが結婚市場において恋愛関係に投資し，配偶者候補を蓄積し，結婚という見返りを期待するのならば，そうした「人間関係に投資する」という恋愛関係の1つの側面をソーシャル・キャピタルとしてとらえることができるだろう．

(4) 恋愛関係は学歴でどう異なるか

一般に，恋愛関係のあり方は多様だろう．そこでここでは，結婚前に何人と交際したかという「交際人数」に着目し，量的に把握する．では，何人と恋愛すれば，もっとも結婚しやすいのだろうか．つまり，何人の恋人への投資が，結婚チャンスを最大化させるのだろうか．多数と交際するほど，結婚できるのだろうか．むしろ「ほどほど」や少ないほうがよいのか．学歴によって違いはあるのだろうか．

リンは，人びとがソーシャル・キャピタルをもちいることで，「社会関係への投資が資源を豊かにし，それが結果としてよりよい見返りをあたえる」とする（Lin, 2001: v）．ただし，グループによって投資の仕方が異なるかもしれない．リンによれば，労働市場において高階層の人ほど多くの知人がいて「大きなネットワーク」をもち活用しているという（Lin, 2001）．これに対して，小林盾によれば中卒高卒者ほど，家族や親族という「小さなネットワーク」に頼りがちであった（小林，2008）．

つまり，高階層は一般に高学歴者であるから，労働市場では高学歴者ほどネットワークが広く，低学歴者ほど小さい．そしてそうしたネットワークをソーシャル・キャピタルとして活用して，就職したり転職しているようだ．

労働市場におけるこうした傾向が，結婚市場でも当てはまるとすれば，高学歴者では配偶者候補の蓄積が多く，それをソーシャル・キャピタルとして活用するので，多数と交際するほど結婚チャンスが上昇すると予想できる．一方，

低学歴者では蓄積が少なく，そのため少数と恋愛関係になるほど結婚しやすいだろう．そこで，以下の2つの仮説をたてて検証していこう．

　仮説1　低学歴者では，配偶者候補の蓄積が少なく，少数と交際する人ほど結婚しやすいだろう．
　仮説2　高学歴者では，配偶者候補の蓄積が多く，多数と交際する人ほど結婚しやすいだろう．

3 ── 方　法

(1) データ

　データとして「東京子育て支援調査」をもちいる．これは2011年9月に実施された郵送調査である．母集団は東京都内在住25-54歳男女個人であり，標本はランダムサンプリングされ，有効回収数1230人，有効回収率51.0％であった（調査の目的，基礎集計は本書「まえがき」，金井（2012）も参照）．分析では，離死別者を除き，以下の変数で欠損値のなかった1058人を対象とする．

　標本1058人の構成は，男性46.2％，女性53.8％，平均年齢39.4歳，中卒1.5％，高卒38.1％，短大卒12.3％，大卒43.2％，大学院卒4.9％，既婚者68.7％，未婚者31.3％であった．

(2) 変数と分析方法

　従属変数は，結婚できたかどうかをしりたいので，結婚経験者＝1，未婚者＝0とし，結婚経験の有無をあらわすこととする．

　独立変数は，最初の結婚までの交際人数とする．「あなたは，初めての結婚までに（未婚の場合はこれまでに）何人くらいと，恋人としてつきあったことがありますか」と質問した．選択肢は「0人」「1人」……「9人」「10人以上」とした．回答は，平均3.3人，標準偏差2.5人だった（交際経験なし11.2％，1人12.9％，2人19.5％，3人20.2％，4人7.8％，5人13.5％，6人3.5％，7人3.0％，8人2.5％，9人0.4％，10人以上5.4％，以下の分析では度数をそろえるため6人以上をまとめる）．内閣府（2011）では全国を対象とし2.6人だっ

たので，おおむね一致している．さらに，曲線的な効果をしらべるため，交際人数の二乗を独立変数とする．

仮説で低学歴者と高学歴者を比較しているので，グループ変数として学歴をもちいる．ここでは低学歴者を，中卒と高卒をあわせた「高卒以下」39.6％とする．高学歴者は，短大卒，大卒，大学院卒をあわせた「短大卒以上」60.4％とする．

統制変数には，性別（男性＝1，女性＝0の男性ダミー）と，年齢をもちいる．現在の職業，収入，家族構成は，結婚した時点よりあとのものである可能性があるので，独立変数とはできない．

従属変数が「結婚経験の有無」という2値なので，ロジスティック回帰分析をおこなう．

4──結婚経験にかかわる分析結果

(1) 学歴グループ別の記述統計

第1に，学歴グループ別に従属変数である「結婚経験者の比率」を比較しよう．すると，高卒以下のうち67.1％，短大卒以上69.8％が結婚を経験していた．短大卒以上のほうが比率が高いが，カイ二乗検定の結果，差は有意ではなかった（有意確率0.349）．したがって，高卒以下でも短大卒以上でも，同じように結婚できていた．

第2に，学歴グループ別に独立変数である「交際人数」を比較すると，高卒以下では平均3.2人，短大卒以上2.9人と交際していた．分散分析の結果，この差は統計的に有意であった（有意確率0.004）．したがって，高卒以下のほうが，多くの恋人と交際していた．

(2) 交際人数別の記述統計

では，交際人数は結婚経験とどうかかわるのか．そこでつぎに，交際人数別に結婚経験者の比率を比較した．結果は図5-2のとおりである．60％前後からいったん70％前後に上昇し，そのあと60％前後に下降している．ただし，カイ二乗検定の結果，これらは有意な差ではなかった（有意確率0.113）．した

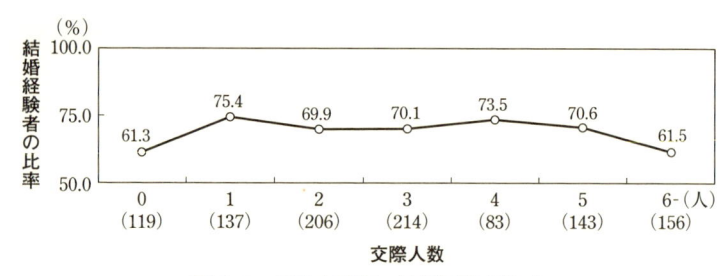

図 5-2　交際人数別の結婚経験者比率
注：（ ）内は人数．

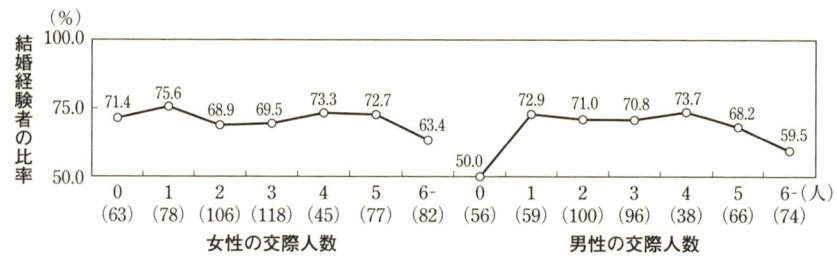

図 5-3　男女別で比較した，交際人数別の結婚経験者比率
注：（ ）内は人数．

がって，何人と交際していても，結婚できる程度に違いはなかった．

このように，標本全体では交際人数は結婚経験と無関係だった．それでは，性別グループにわけるとどうなるだろうか．そこで，男女にわけて，交際人数別の結婚経験者比率をしらべた．結果は図 5-3 のとおりである．男女ともに一度上昇してから，下降しているようにみえる．カイ二乗検定の結果，女性では有意な差はなかった（有意確率 0.741）．男性では差の傾向がみとめられた（有意確率 0.056）．

学歴グループ別ではどうだろうか．高卒以下と短大卒以上にわけて，交際人数別の結婚経験者比率をしらべた結果が，図 5-4 である．高卒以下はおおむね上昇しつづけ，短大卒以上は上昇してから下降する．ただし，カイ二乗検定の結果，高卒以下での差は有意でなかった（有意確率 0.688）．短大卒以上では差は有意だった（有意確率 0.005）．

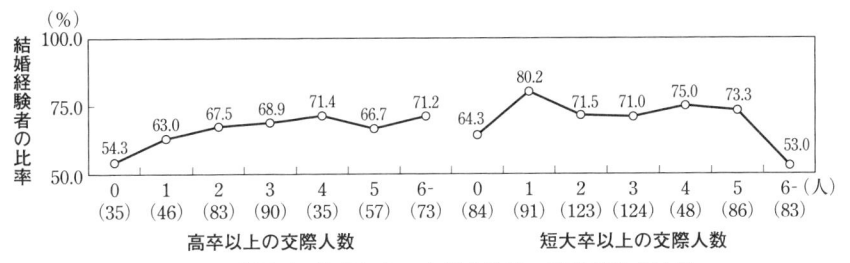

図 5-4 学歴別で比較した，交際人数別の結婚経験者比率

注：（ ）内は人数．

表 5-1 結婚経験の有無についてのロジスティック回帰分析結果（学歴別）

	高卒以下	短大卒以上
男性ダミー	0.700	0.894
年齢	1.070***	1.136***
交際人数	1.425†	1.451*
交際人数の二乗	0.961	0.933*
N	419	639
−2対数尤度	501.6	658.8

注：係数はオッズ比． †$p<.10$; *$p<.05$; ***$p<.001$．

(3) 学歴別のロジスティック回帰分析結果

 それでは，性別と年齢の効果を統制したらどうなるだろうか．そこで，学歴グループ別にロジスティック回帰分析をおこなった．結果は表 5-1 のとおりである．表中の係数はオッズ比を表し，1未満なら負の効果，1より大きいなら正の効果を意味する．

 属性の影響をみると，男女で結婚しやすさに違いはない．年齢は，あがるほど，高卒以下でも短大卒以上でも結婚のチャンスが有意にふえた．これらは自然な結果だろう．

 では，交際人数の影響はどうか．高卒以下では，交際人数が正の傾向をもった．したがって，多くの異性と交際するほど，結婚しやすかった．オッズ比をみると1.425なので，恋人が1人ふえると，結婚のチャンスが1.4倍上昇した．

 これにたいして，短大卒以上では交際人数の「二乗項」のオッズ比が1未満で有意なので，有意な負の効果をもった．ということは，逆U字型で上に凸

5章 結婚とソーシャル・キャピタル——99

表5-2 結婚経験の有無についてのロジスティック回帰分析結果（学歴別，男女別）

	高卒以下		短大卒以上	
	女性	男性	女性	男性
年齢	1.062**	1.081***	1.106***	1.169***
交際人数	1.241	1.686†	1.147	1.727*
交際人数の二乗	0.983	0.935	0.962	0.914*
N	233	186	336	303
-2 対数尤度	272.8	227.9	365.6	287.5

注：係数はオッズ比．†$p<.10$; *$p<.05$; ***$p<.001$.

な二次曲線となっていることがわかる．そのため，結婚チャンスを最大化するような交際人数が存在するはずである．最大点をもとめたところ，2.7人と交際すると結婚のチャンスが最大となった．

なお，標本全体で分析したところ，短大卒以上は高卒以下より有意に結婚チャンスが高かった（1.9倍）．また，交際人数，その二乗項は，それぞれ学歴と有意な交互作用をもっていた．したがって，交際人数の効果が，学歴によってたしかに異なることが確認された．

(4) 学歴別，男女別のロジスティック回帰分析結果

男女比較をした図5-3から，「もしかしたら男女でメカニズムが異なるかもしれない」という可能性が示唆される．そこで，学歴別グループをさらに男女別にわけて同じ分析をした．その結果が表5-2である．

ここから，表5-1の「高卒以下では交際人数がふえるほど，短大卒以上では少数と交際するほど，結婚の可能性が上昇する」という傾向は，男性に顕著だとわかる．女性では効果が有意でなくなり，男性には表5-1と同様の効果があった．

ただし，学歴別で「性別と交際人数の交互作用」と「性別と交際人数の二乗の交互作用」をしらべたが，有意な効果はなかった．したがって，学歴ごとの男女の違いは，統計的には無視できる範囲であった．

学歴別，男女別，交際人数別の結婚経験者比率は図5-5となる．ただし，カイ二乗検定の結果，短大卒以上の男性のみ差が有意だった（有意確率0.010）．

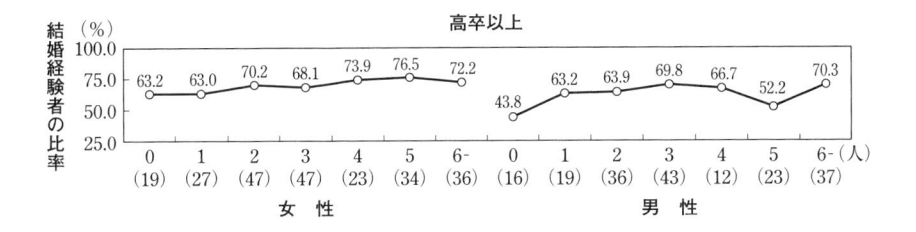

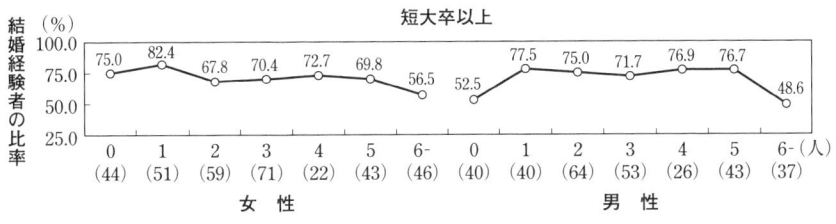

図5-5 学歴別，男女別で比較した，交際人数別の結婚経験者比率
注：（ ）内は人数．

(5) 頑健性のチェック

結果の頑健姓を確認するため，離死別者をいれて分析したが，結果は同じであった．交際人数の「三乗項」は有意な効果をもたなかった．

以上から，2つの仮説はどちらも支持されなかった．むしろ，予想とは逆の効果をもっていることが明らかになった．

5 ── 交際人数と結婚

(1) 恋愛への投資方法の違い

この章では，恋愛関係をソーシャル・キャピタルととらえることで，恋愛から結婚への移行を結婚市場における「恋愛への投資」と「結婚による回収」としてデータ分析した．その結果，スムーズに移行できるのは，予想に反して低学歴者だと多数の恋人と交際した人，高学歴者では少数と交際した人であった．具体的には，高卒以下では交際人数がふえると結婚チャンスが上昇しつづけ，1人恋人がふえるごとに1.4倍可能性がひろがった．短大卒以上では，結婚チャンスが最大となる交際人数があり，それは2.7人だった．ただし，男女にわ

けたら男性に明確な効果があらわれた．

　なぜだろうか．1つの解釈は，結婚市場において恋愛にどのように投資するかが，学歴グループによって異なるのかもしれない．そうだとすれば，低学歴者ほど，資源を分散して投資し，より多くの配偶者候補を蓄積し，そこから満遍なく投資を回収することをめざすといえよう．一方，高学歴者は，集中して投資し，より少ない蓄積からピンポイントに投資を回収しているのだろう（ベッカーによれば，出産人数を決定するとき，低階層ほど子どもへの投資を分散させ，高階層ほど集中させるという（Becker, 1981））．

　この傾向は男性に顕著だった．男性ほど初婚年齢が遅く，未婚率も高い．そのため，（女性とくらべ）男性の内部の散らばりが大きく，その結果学歴ごとの違いがあらわれやすかったのかもしれない．

(2) 交際人数とネットワークの大きさ

　労働市場では，高階層ほど大きなネットワークから，職業達成という利益をえることがしられる．一方，低階層ほど小さなネットワークを活用している．

　では，今回の分析結果から，「結婚市場においては，高階層ほど小さいネットワークから，他方低階層ほど大きいネットワークから，結婚という利益をえている」といえるだろうか．仮説では，交際人数が多く配偶者候補を多数蓄積することを，「ネットワークが大きいこと」と等しいとみなした．しかし，もしかしたらこのことは自明ではないかもしれない．

　恋人は，たしかにその人のネットワークの一部ではある．ただし，恋人は特別に親密な関係であるから，かならずしも交際人数とネットワークの大きさが比例しない可能性もあろう．

　今回のデータでは，「携帯電話・PHSのアドレス帳に何人登録されているか」を質問している（平均124.0人）．交際人数別では交際0人でアドレス帳に78.1人，交際1人118.8人，交際2人106.8人，交際3人120.7人，交際4人119.8人，交際5人156.1人，交際6人以上163.3人とおおむね増加した（分散分析の結果0.1％水準で有意）．相関係数は0.178だった（0.1％水準で有意）．

　他に，医師や弁護士の知り合いがいるか，困ったときに手助けしてくれる人

がいるかも質問した．ただし，どれも現在のネットワークについてであり，結婚の原因を分析するには結婚前の情報が必要である．したがって，結婚市場におけるネットワークのサイズの役割については，今回の結果から確定的な結論をだすことは難しいだろう．

(3) 実践的含意と課題

結婚市場におけるソーシャル・キャピタルの役割は，学歴によって異なることがわかった．したがって，もし行政や非営利団体（NPO）が結婚支援をおこなうのなら，対象者の学歴によって異なるメニューを用意する必要があるだろう．たとえば，ある人びとにはできるだけ多くの相手を紹介することを重視し，別の人びとにはマッチングのよさを重視するというようにできるかもしれない．

今後の課題として第1に，この論文ではソーシャル・キャピタルとしての恋愛関係を「交際人数」として量的にとらえた．そこで，「どのような人とどのように付きあったか」という質的な情報もあわせて考慮すれば，ネットワークの多様性がわかり，より豊かなストーリーを提示できるだろう．

第2に，今回の分析では結婚したかどうかを従属変数としたが，結婚の帰結は問わなかった．幸福な結婚となったかもしれないし，そうでなかったかもしれない．今後は，結婚した後までふくめて分析することが期待されるだろう．

文　献

Becker, Gary S., 1964, *Human Capital: A Theoretical and Empirical Analysis, with Special Reference to Education*, National Bureau of Economic Research（佐野陽子訳，1976，『人的資本――教育を中心とした理論的・経験的分析』東洋経済新報社）．
Becker, Gary S., 1981, *A Treatise on the Family*, Harvard University Press.
金井雅之，2012，「結婚と子育て支援にかんする東京都民調査――標本設計と回収状況」『専修人間科学論集社会学篇』2(2): 185-190．
小林盾，2008，「学歴か縁故か――初職と転職への効果」『成蹊大学文学部紀要』43: 121-134．
Lin, Nan, 2001, *Social Capital*, Cambridge University Press（筒井淳也ほか訳，2008，『ソーシャル・キャピタル――社会構造と行為の理論』ミネルヴァ書房）．
村上あかね，2010，「若者の交際と結婚活動の実態」山田昌弘編『「婚活」現象の社会

学』東洋経済新報社.
内閣府,　2011,『結婚・家族形成に関する調査報告書』.
佐藤博樹・永井暁子・三輪哲編,　2010,『結婚の壁――非婚・晩婚の構造』勁草書房.
週刊新潮,　2013,「『再会愛』が加速する当世風の恋愛事情」10月17日号：124-126.

6章
出生機会格差とソーシャル・キャピタル
自治体の家族政策によるサポート資源格差の是正

――――金井雅之

1――はじめに

(1) 出生機会のマクロな格差

バブル経済期以降の日本社会では，少子化の進行の背後で出生率の地域間格差が高止まりしている．都道府県単位[1]での合計特殊出生率の平均と変動係数[2]の推移を示した図6-1によれば，1960年代に急速に低下した出生率の地域間格差（変動係数）は1980年代後半に急上昇した後，20年近くほぼ一定の水準で推移している．この時期は1990年の「1.57ショック」を受けて本格的に始動した日本の少子化対策の歴史（堀田，2011）とほぼ重なる．

地方自治体における少子化対策すなわち家族政策の実施状況にかんする最近の研究によれば，2003年に制定された次世代育成支援対策推進法によって自治体に策定が義務づけられた前期行動計画（2005-09年度）をきっかけに各種施策の実施割合は全体に増加傾向にある．しかし，人口規模が大きく財政力がある自治体ほど多くの対策を実施しているという自治体ごとの差は依然として解消されていない（鎌田，2011；松田，2007；2013b）．

人口規模や財政力の大きい自治体は都市的な地域に多く，これらの地域は一般に出生率も低い（松田，2013a）．もしこれらの自治体の対策が出生率の向上に寄与しているならば出生率の地域間格差は縮小の方向に向かうはずであるから，変動係数がほとんど変化していないという事実は，自治体の家族政策がマクロレベルでの出生力の回復および地域間格差の是正には今のところ効果を発揮していない可能性を示唆している．

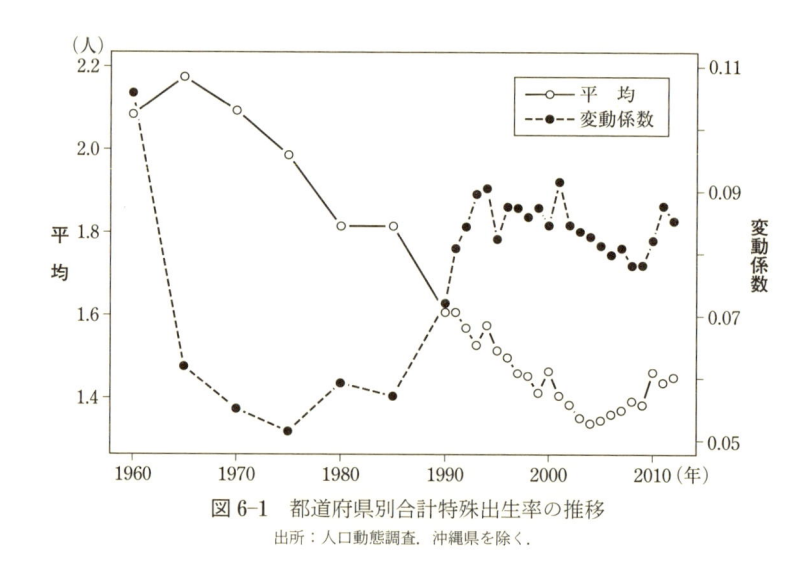

図 6-1　都道府県別合計特殊出生率の推移
出所:人口動態調査.沖縄県を除く.

(2) 出生機会のマイクロな格差

ところで，個人のライフコースからみたときの出生行動の機会格差を生む原因は，都市に住むか地方に住むかというマクロな社会環境の差だけではない．出生行動のマイクロな規定要因にかんする計量的先行研究によれば，所得や雇用形態のような経済的要因（福田，2011），女性の就業継続などワーク・ライフ・バランスの達成状況（吉田，2011），育児を物理的・心理的に支援する家族・親族をはじめとするサポート資源の多寡（星，2007; 松田，2010）などが影響することが知られている．

こうした個人レベルでの出生機会の促進要因に対応して，国や自治体の家族政策も，「子育ての経済支援」と「仕事と育児の両立支援」という「2 本の柱」（阿藤，2005）に加えて，地域や友人・知人など親族以外のサポート資源を構築し活用することを 3 本目の柱としてきた（浅井，2004; 髙野編，2013）．

これらの家族政策は本来マクロな出生率の向上を目的としたものであり，マクロないしマイクロな機会格差の是正を意図したものではない．しかし，副次的な効果として機会格差を是正する可能性はあるだろう．このうちマクロな格差是正効果についてはすでに触れたので，本章ではマイクロな格差是正効果，

すなわち同じ自治体内での個人間の機会格差に注目したい．

　自治体の政策がその自治体内でのマイクロな機会格差を軽減する効果をもつかどうかを経験的に検証するためには，政策の実施状況の異なる複数の自治体同士を比較する必要がある．しかしこれまで，自治体の家族政策の違いにかんする質的研究は存在したものの（岩間，2004；相馬，2005など），マイクロデータの計量的分析において居住する自治体の政策的取り組みの度合いを明示的に考慮に入れた研究は存在しなかった．

　そこで本章では，本書全体のテーマであるソーシャル・キャピタルすなわちサポート資源と，居住自治体の家族政策の充実度との交互作用を分析することによって，この問題を計量的に検討する．

2───理論的予想

　ソーシャル・キャピタルという概念は多義的であり，使用にあたっては用法の特定が必要である．佐藤嘉倫の整理によれば（Sato, 2013），ソーシャル・キャピタルの定義水準は，個人レベル（Lin, 2001），コミュニティレベル（Coleman, 1988），社会レベル（Putnam, 1993）の3つに大別される．そしてこれら3つの水準は，稲葉陽二（2007）による私的財，クラブ財，公共財という3種類の財の区別に対応させるとわかりやすいという．

　自治体の家族政策によって供給されるソーシャル・キャピタルとは保育ママ制度やファミリー・サポート・センター事業などの，地域レベルでの子育て支援制度である（鎌田，2011；髙野編，2013）．これらは，一定額の受益者負担を求められることはあっても，基本的には住民であれば誰でも利用できるサービスであり，公共財もしくはクラブ財としての性格が強い．つまり，コミュニティないし社会レベルのソーシャル・キャピタルと考えられる．

　そして，こうした制度を利用する可能性が高いのは，共働きの核家族世帯など，家族や親族による子育て支援をあまり期待できない人たちだろう．家族や親族によるサポートは，そこに属する人にのみ排他的に提供される私的財であり，個人レベルでのソーシャル・キャピタルである．これは通常属人的かつ偶有的なものであり，マイクロな出生機会格差の原因となる．

以上より，自治体の家族政策によって提供される公共財としてのソーシャル・キャピタル（地域の子育てサポート資源）は，私的財としてのそれ（属人的ネットワークによるサポート資源）に恵まれない人びとにより多く利用されることによって，マイクロな出生機会格差を是正する効果をもつことが理論的に予想される．具体的には，「私的サポート資源に恵まれた人ほど子どもを多く持ちやすい」という傾向自体はどういう自治体でもある程度予想されるけれども，家族政策が充実していない自治体ではその傾向がより強く観察されるのに対して，家族政策が充実している自治体ではあまり強く観察されないだろう．

3——データと分析方法

(1) 分析地域とデータ

　家族政策の地域差にかんする最近の研究では，都市部と地方部とで，少子化の進行状況や自治体の財政状況が異なるため，求められる対策も異なることが知られている[3]（松田，2013a）．

　そこで本章では，地方部の事例として長野県で2010年に実施した「長野子育て支援調査」を，都市部の事例として東京都で2011年に実施した「東京子育て支援調査」を用いて分析する[4]．

　2012年の人口動態統計によれば（表6-1），都道府県別の合計特殊出生率は全体として「西高東低」の傾向にある（松田，2013a）．道県庁所在都市に人口が集中して都市的な性格が強い北海道と宮城を除けば，首都圏（南関東）の1都3県と近畿の2府1県，すなわち都市的な都府県で出生率が低い．

　今回分析する長野県の出生率は1.51であり，東日本ではトップクラスの高さである．一方東京都は1.09であり，京都府（1.23）や北海道（1.26）と比べても顕著に低い．よって，少なくとも東日本の範囲において，この2つの都県は都市部と地方部の状況をそれぞれよく代表していると考えられる．

(2) 分析方法

　いずれのデータにおいても，「子ども数」を従属変数，居住自治体の「家族政策」と本人の「サポート資源」を独立変数とし，独立変数間の交互作用も考

表 6-1 都道府県別合計特殊出生率（2012年）

順位	合計特殊出生率	北海道	東北	北関東	首都圏	北陸	中部	近畿	中国・四国	九州・沖縄
1	1.90									沖縄 1.90
…										
2	1.68								島根 1.68	
3	1.67									宮崎 1.67
…										
4	1.64									鹿児島 1.64
5	1.63									長崎 1.63
6	1.62									熊本 1.62
7	1.61									佐賀 1.61
8	1.60					福井 1.60				
…										
9	1.57								鳥取 1.57	
10	1.56								香川 1.56	
	1.55									
11	1.54								広島 1.54	
12	1.53							滋賀 1.53 和歌山 1.53		大分 1.53
15	1.52						静岡 1.52		山口 1.52 愛媛 1.52	
18	1.51						長野 1.51			
…										
19	1.47					石川 1.47	三重 1.47		岡山 1.47	
22	1.46						愛知 1.46			
23	1.45						岐阜 1.45			
24	1.44		岩手 1.44 山形 1.44						徳島 1.44	
27	1.43			栃木 1.43		新潟 1.43	山梨 1.43		高知 1.43	福岡 1.43
32	1.42					富山 1.42				
33	1.41		福島 1.41	茨城 1.41	（全国平均 1.41）					
35	1.40							兵庫 1.40		
36	1.39			群馬 1.39						
	1.38									
37	1.37		秋田 1.37							
38	1.36		青森 1.36							
…										
39	1.32							奈良 1.32		
40	1.31				千葉 1.31			大阪 1.31		
42	1.30		宮城 1.30		神奈川 1.30					
44	1.29				埼玉 1.29					
…										
45	1.26	北海道 1.26								
…										
46	1.23							京都 1.23		
…										
47	1.09				東京 1.09					

慮に入れた一般化線形モデルを用いる．「世帯所得」，「年齢」，「教育年数」を統制する．

4────地方部における家族政策とソーシャル・キャピタル　長野子育て支援調査より

(1) 変数と記述統計

長野調査における使用変数と記述統計は表 6-2 のとおりである．

自治体の「家族政策」は，少子化政策の質的検討によって有意抽出した「先進自治体」（飯田市と下條村）と，それ以外の全市町村から無作為抽出した「一般自治体」（6つの市町村）との比較によって表す[5]．

独立変数の「サポート資源」は，「家族・親戚・友人・知人の中で，ふだん手伝いや手助けをしてくれる人の数」を対数変換したものを用いる[6]．これは先に触れた私的財としてのソーシャル・キャピタルに相当する．

表 6-2 における「子ども数」から「教育年数」までの 5 つの変数のうち，先進自治体と一般自治体との間で平均に有意な差があったのは，「子ども数」と「教育年数」のみである．「サポート資源」の平均は自治体間で有意な差はないことに注意したい．

それぞれの自治体での子ども数の分布をもう少し詳しく見てみよう（図 6-2）．前述のように，先進自治体での子ども数の平均は一般自治体でのそれよりも有意に大きい．しかし図 6-2 からわかるように，子どもがいない人と 1 人の人の人数は両者でほとんど差がないのに対して，2 人と 3 人の人数で両者の差が開いていく．つまり，先進自治体の家族政策は，2 人目以降の子どもをもうけることを特に促進している可能性がある．

ちなみに，今回「先進自治体」として選定した自治体でおこなっている主な施策は，飯田市では「人材誘導プロジェクト（結い［UI］ターン）」，下條村では「若者定住促進プロジェクト」というものである．下條村の場合は医療費・保育料の軽減や学童保育事業など出生後の子育て支援策も一部含まれるものの，全体としては出産適齢期を迎える若い人びとを自治体外から呼び寄せることを意図した政策であり，2 人目以降の出産を直接奨励するようなものではない．このことからも，これらの自治体の政策の意図がマクロな結果に直接反

表 6-2 長野調査の記述統計

変数名	全体		先進自治体		一般自治体	
	平均	標準偏差	平均	標準偏差	平均	標準偏差
従属変数						
子ども数（人）	1.24	1.17	1.35	1.19	1.12	1.14
独立変数						
サポート資源	1.54	1.03	1.55	1.00	1.54	1.07
統制変数						
世帯所得（万円）	631	375	631	386	631	362
年齢（歳）	40.5	9.46	40.5	9.13	40.4	9.83
教育年数（年）	19.1	1.86	18.9	1.80	19.3	1.92
N	525		281		244	

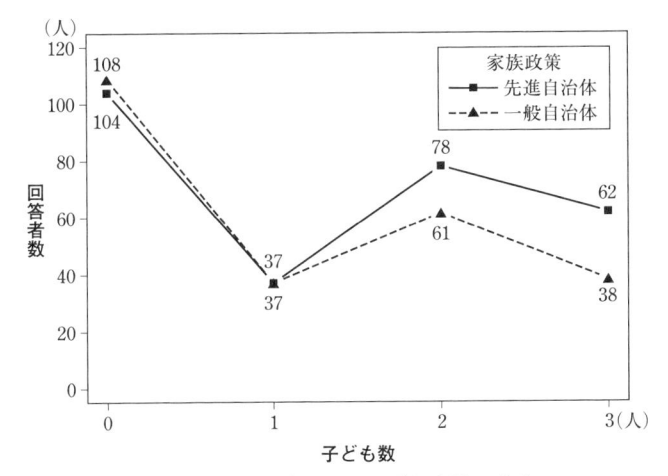

図 6-2 長野調査における子ども数の分布

映しているかどうかは，現時点ではまだ評価しにくいことがわかる．

(2) 多変量解析

つぎに，子ども数を従属変数とした多変量解析を見てみよう．従属変数にポアソン分布を仮定した一般化線形モデルを用いた（**表 6-3**）．「家族政策」と「サポート資源」および両者の交互作用が有意になっている．

交互作用の効果をわかりやすくするために，それ以外の変数が平均値をとる

表 6-3 長野調査の多変量解析（ポアソン一般化線形モデル）

独立変数	係　　数	標準誤差
家族政策（先進自治体ダミー）	0.418**	0.151
サポート資源	0.158**	0.058
家族政策×サポート資源	−0.135†	0.077
年　齢	0.049***	0.005
教育年数	−0.017	0.022
世帯所得	0.0001	0.0001
切　片	−1.989***	0.490

注：従属変数は子ども数．$N=525$，$-2LL=625$，モデル$\chi^2=137$***．*** < .001，** < .01，† < .10．

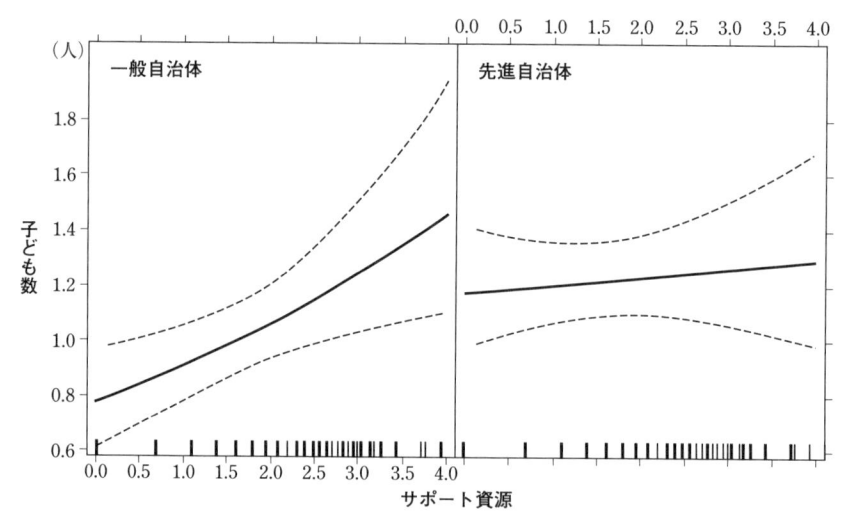

図 6-3 長野調査におけるサポート資源と家族政策との交互作用

と仮定した場合の効果プロットを見てみよう（図 6-3）．2つのパネルは左が一般自治体，右が先進自治体を表し，横軸はサポート資源，縦軸は予想される子ども数である．

　左の一般自治体では（他の条件が等しければ）サポート資源が増えるにつれて子ども数が多くなる傾向が強いのに対し，右の先進自治体ではサポート資源が増えても子ども数はそれほど増加しない．これは，自治体の家族政策が手厚いほど私的なサポート資源の量が子ども数に与える影響が緩和される，という理論仮説を支持する結果である．

表 6-4　東京調査の記述統計

変数名	平　均	標準偏差
従属変数		
子ども数（人）	0.98	1.06
独立変数		
家族政策数（個）	4.56	1.37
サポート資源	4.39	0.96
統制変数		
世帯所得（万円）	699	372
年齢（歳）	39.4	8.24
教育年数（年）	20.2	2.08
N	1,059	

5 ── 都市部における家族政策とソーシャル・キャピタル　東京子育て支援調査より

(1) 変数と記述統計

つぎに，都市部の事例として東京子育て支援調査のデータを分析する．使用変数と記述統計は**表 6-4**のとおりである．

東京子育て支援調査では東京都内の49区市すべてを調査対象に含めているので，自治体の家族政策の程度はそれぞれの自治体で実施している家族政策の個数（「家族政策数」）で測定する．具体的には8つの政策[7]のうち実施しているものの個数であり，平均は4.6個である．

地理的な分布としては5個以上実施している自治体は区部やそれに隣接した武蔵野市，三鷹市，調布市などの市部東部に多く，4個以下の自治体はそれより西の多摩地区に多い[8]．周知のように，東京都における区市レベルの出生率の分布は，区部で低く市部で高い「西高東低」型であり，自治体の家族政策数は出生率の高さとほぼ逆比例している．実際，東京子育て支援調査での個人レベルの子ども数の平均を見ても，家族政策数が多い自治体に住んでいる人ほど子ども数が低くなる傾向が読み取れる（**図 6-4**）．これは，先進自治体で子ども数が多かった長野とは逆の傾向であり，都市部では家族政策がマクロ（自治体）レベルでの出生機会格差を十分に是正できていない可能性を示唆する[9]．

再び**表 6-4**に戻り，独立変数の「サポート資源」は，「携帯電話やPHSの

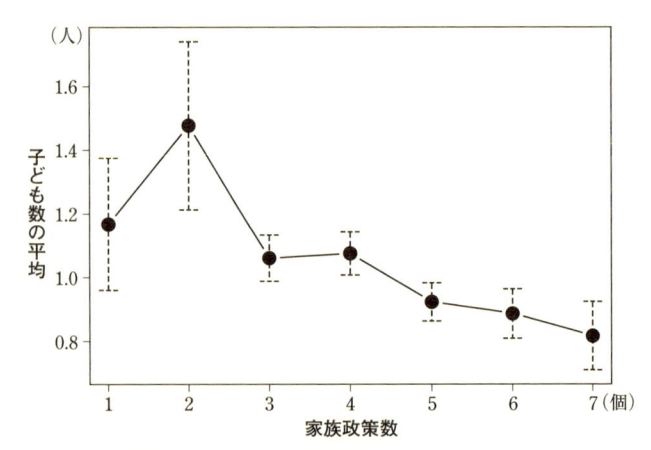

図6-4 東京調査における子ども数の分布（エラーバーは標準誤差）

『アドレス帳』に登録されている番号とメールアドレスの件数」[10]を対数変換したものを用いる[11]．これは先に触れた私的財としてのソーシャル・キャピタルに相当する．

(2) 多変量解析

子ども数を従属変数とした多変量解析に進もう．ここでは子ども数を0人（47％），1人（18％），2人以上（36％）の3つにカテゴリー化した上で，子ども数1人を基準カテゴリーとする多項ロジスティック回帰分析をおこなった（表6-5）[12]．

子ども数2人以上との比較では「家族政策数」も「サポート資源」も有意にならなかったが，子ども数0人との比較では両変数およびそれらの交互作用が有意になった．

図6-5は交互作用の効果プロットである．左右に並ぶ7枚のパネルは自治体の家族政策数を表しており，右に行くほど家族政策が手厚い．各パネルの横軸はサポート資源，縦軸は子ども数の確率である．

子ども数0人の確率と1人の確率との相対比率を注意深く観察すると，

家族政策が手薄な自治体では私的サポート資源に恵まれた人ほど1人目の

表 6-5　東京調査の多変量解析（多項ロジスティック回帰）

	0人		2人以上	
	係　数	標準誤差	係　数	標準誤差
家族政策数	−0.398*	0.173	−0.278	0.184
サポート資源	−0.668***	0.188	−0.074	0.193
家族政策数×サポート資源	0.140***	0.041	0.060	0.043
年　齢	−0.048***	0.011	0.061***	0.011
教育年数	0.103*	0.041	−0.086*	0.043
世帯所得	−0.0009***	0.0003	0.0004	0.0003
切　片	3.257***	0.052	0.017	0.055

注：従属変数は子ども数（0人，1人，2人以上に再編．基準カテゴリーは1人）．
$N=1,059$．$-2LL=1,965$，モデル$\chi^2=220^{***}$．$^{***}<.001$，$^{*}<.05$．

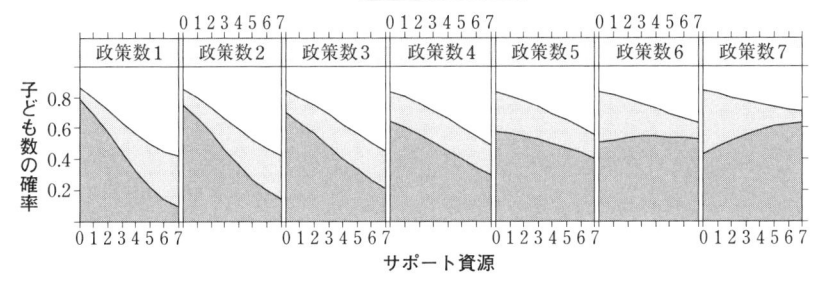

図 6-5　東京調査におけるサポート資源と家族政策数との交互作用
注：横方向に並ぶ7枚のパネルは居住自治体の家族政策数を表わす（一番左が家族政策数1個，一番右が家族政策数7個の自治体）．各パネルの横軸はサポート資源を表わす．

子どもをもうける確率が高くなるが，家族政策が手厚い自治体では私的サポート資源に恵まれた人ほど子どもをもうける確率が低くなる．

あるいは，同じことの裏返しではあるが

　私的サポート資源に恵まれない人は家族政策が手厚い自治体に住んでいるほど1人目の子どもをもうける確率が高くなるが，私的サポート資源に恵まれている人は家族政策が手厚い自治体に住んでいるほど子どもをもうける確

率が低くなる

傾向があることがわかる．

これも長野子育て支援調査と同様，自治体の家族政策が手厚いほど私的なサポート資源の量が子ども数に与える影響が緩和される，という理論仮説を支持する結果である．

6 ── 考　察

以上の分析より，都市部においても地方部においても，自治体の家族政策がマイクロなサポート資源格差を是正する効果をもつことが明らかになった．本章冒頭での問題提起を逆順にさかのぼって，この知見の意味を考察する．

第1に，ソーシャル・キャピタル理論との関係では，今回の知見は社会レベルでのソーシャル・キャピタルと個人レベルでのそれとを分析上区別し，その相互作用を考えることの重要性を示唆する．

国であれ自治体であれ，ある政治的共同体の公共政策によって提供されうるソーシャル・キャピタルがあるとすれば，それは第一義的には公共財としてのそれであって，私的財としてのソーシャル・キャピタルを選択的に増大させる公共政策というのは考えにくい．そして，公共財としてのソーシャル・キャピタルは私的財としてのそれよりも個人にとっての利用コストが安いので，前者が潤沢になれば後者への投資は減少し，私的財としてのソーシャル・キャピタルは次第に衰退していくことが予想される．

家族政策の文脈に引きつけて言い換えるならば，次世代育成支援のためにサポート資源が必要なことは明らかだが，自治体が提供できるサポート資源は住民全員が利用できるものに限られる．そしてそのことは，住民がもともともっていた個人的な，あるいはコミュニティレベルでのサポート資源を衰退させる危険と常に隣り合わせになっている．これは，ソーシャル・キャピタルもしくは「絆」のような一見聞こえのよい言葉を政策立案において安易に使うことへの警鐘でもあるだろう．

しかしながら第2に，マイクロな出生機会格差との関係で言えば，次世代育

成支援という政策目標を達成するにあたって公共財としてのサポート資源と私的財としてのそれのどちらを重視すべきかは自明な問題ではない．次世代再生産の機会の平等という価値を重視するならば前者を充実させるべきだろうし，個人の自助努力など別の価値を重視するならば公共財としての資源提供の優先順位は下がるだろう．

　そして第3に，マクロな出生機会格差，つまり自治体間の出生機会格差については，出生率の低い地域で家族政策が相対的に充実しているにもかかわらず出生率が回復しないことの1つの原因として，公共財としてのサポート資源と私的財としてのそれとが互いに補完関係にあるため，全体としての出生率の底上げ効果が思ったように得られていない可能性を考える必要があるだろう．しかし，このことの具体的な検討は今後の課題である．

1) 1970年以前のデータが存在しない沖縄県はすべての年次で除外している．出生率が一貫して高い沖縄県を含めたときの1975年以降の平均および変動係数はここで示したデータよりも高い値をとるが，長期時系列的な傾向はほぼ変わらない．
2) 変動係数とは標準偏差を平均で除した値であり，データの尺度の影響を除いた実質的なばらつきの大きさを知ることができる．
3) 具体的には，都市部では①若年非正規雇用者の待遇改善や②民間サービスを活用した待機児童対策が，地方部では①若年層の雇用創出や②子育てに対する経済的支援や③親族や地域による子育て支援（ソーシャル・キャピタル）の維持が求められるという（松田，2013a）．
4) それぞれの調査の概要は，本書の「まえがき」を参照．
5) 計画標本上はこの2つのグループの標本サイズは同一（600人ずつ）である．回収率も先進自治体が53.6%，一般自治体が51.7%と大きな差はなかった．
6) 対数変換するのは，分布が大きくゆがんで右裾野が長くなっているからである．対数変換する前の分布では，中央値が4であるのに対し，平均は7.12，最大値は130である．変換前の分布の歪度は5.34であるのに対し，変換後の歪度は0.14になる．
7) ①一時保育，②休日保育，③24時間保育，④3人目からの保育料の無料化，⑤認可外保育所への当該自治体独自の補助制度，⑥保育ママ制度，⑦区（市）立幼稚園での預かり保育，⑧産前又は産後支援のヘルパー派遣．データはリクルートホールディングス（2011）による．
8) 詳細は金井（2013: 3）の図2を参照．
9) 逆向きの因果，すなわち出生率が低いのでそれを改善するために自治体が家族政策に力を入れる，という可能性ももちろん考えられる．さらに，人口規模が大きいか

ったり失業率が低かったり財政力があったりする自治体ほど多くの少子化対策を実施しているという知見（松田，2007）も加味すれば，こうした都市部の自治体に多く見られる基礎条件が共通の原因になって出生率の低さと家族政策の充実との間の疑似相関を生み出している可能性も考えられよう．しかし本章のテーマは自治体の家族政策が出生率の向上にどのように役立ちうるかであり，家族政策の発動メカニズムの考察を目的としているわけではないので，こうした諸々の可能性はあえて捨象して議論を進める．

10) 都市部におけるパーソナル・ネットワークサイズの測定指標としてアドレス帳登録数を使うことの理論的根拠は石黒・辻（2006）を参照．なお，アドレス帳登録数によって推定されるのはもっとも広義のパーソナル・ネットワークとしての知人数であり，これが育児という場面に限定したサポート資源の量をどの程度反映しているのかは自明ではない．この調査で尋ねた「あなたの友人・知人の中で，ふだん手伝いや手助けをしてくれる人はいますか」という別の設問では，「いる」と答えた人は全回答者中の42％であった．さらに，本章の分析の焦点である子ども数との関連をみると，子ども数が0人の人では「友人・知人の中で手助けをしてくれる人がいる」割合が46％であるのに対し，1人の人では34％，2人以上の人では40％であり，統計的に有意な差が見られた（アドレス帳登録者数自体には子ども数による有意差はない）．しかしながら，アドレス帳登録者には育児におけるサポート資源となる可能性の高い家族や親族も含まれることも考え合わせると，子どものいる人に手助けしてくれる知人が少ないことは，手助けしてくれる家族・親族が相対的に多いことを意味する可能性がある．また，本章では未婚者も含めた分析をおこなっているので，育児の場面に限定したサポート資源を直接測定するのはかえって不都合でもある．よって，都市社会におけるサポート資源の近似値としてアドレス帳の登録者数を用いる．

11) 対数変換するのは，分布がゆがんで右裾野が長くなっているからである．対数変換する前の分布では，中央値が90であるのに対し，平均は122，最大値は1115である．変換前の分布の歪度は2.91であるのに対し，変換後の歪度は−0.34になる．

12) 長野子育て支援調査の分析ではポアソン一般化線形モデルを使ったのに対して東京子育て支援調査では多項ロジスティック回帰分析をおこなったのは，従属変数である子ども数の分布が質的に異なるからである．長野子育て支援調査では全回答者のうち子ども数2人が26％，3人（以上）が19％であるのに対して，東京子育て支援調査では2人は27％であるものの，3人（以上）は9％しかいない．つまり，地方部では3人以上も含めた量的な比較が意味を持ちうるのに対し，都市部では0人か1人か2人以上かという質的な比較の方がより妥当と考えられるため，（順序ロジスティックでもなく）多項ロジスティック回帰分析を用いた．

文献

浅井春夫，2004，『「次世代育成支援」で変わる，変える子どもの未来——子育てを応

援する「行動計画」づくり』山吹書店.
阿藤誠, 2005,「少子化と家族政策」大淵寛・阿藤誠編『少子化の政策学』原書房：38–53.
Coleman, J. S., 1988, "Social Capital in the Creation of Human Capital," *American Journal of Sociology*, 94 (Supplement): S95–120.
福田亘孝, 2011,「子育ての経済的負担感と子ども数」阿藤誠・西岡八郎・津谷典子・福田亘孝編『少子化時代の家族変容——パートナーシップと出生行動』東京大学出版会：161–182.
星敦士, 2007,「サポートネットワークが出生行動と意識に与える影響」『人口問題研究』63(4): 14–27.
堀田学, 2011,「少子化対策の展開とその課題」『早稲田政治公法研究』96: 69–81.
稲葉陽二, 2007,『ソーシャル・キャピタル——「信頼の絆」で解く現代経済・社会の諸問題』生産性出版.
石黒格・辻竜平, 2006,「アドレス帳の利用率と登録人数のネットワーク・サイズの指標としての妥当性」『理論と方法』21(2): 295–312.
岩間暁子, 2004,「育児コストの地域差と社会的支援」目黒依子・西岡八郎編『少子化のジェンダー分析』勁草書房：150–173.
鎌田健司, 2011,「多様化する次世代育成支援対策——前期行動計画の事業実績評価と政策波及パターンの測定」『人口問題研究』67(4): 39–61.
金井雅之, 2013,「自治体の家族政策による出生行動の機会格差の是正」『専修人間科学論集』3(2): 1–10.
Lin, N., 2001, *Social Capital: A Theory of Social Structure and Action*, Cambridge: Cambridge University Press（筒井淳也ほか訳, 2008,『ソーシャル・キャピタル——社会構造と行為の理論』ミネルヴァ書房）.
松田茂樹, 2007,「市町村の次世代育成支援の現状」『Life design report』180: 4–15.
松田茂樹, 2010,「子育てを支える社会関係資本」松田茂樹・汐見和恵・品田知美・末盛慶『揺らぐ子育て基盤——少子化社会の現状と困難』勁草書房：91–113.
松田茂樹, 2013a,『少子化論——なぜまだ結婚，出産しやすい国にならないのか』勁草書房.
松田茂樹, 2013b,「市町村の少子化対策に関する調査」『Life design report』206: 4–15.
内閣府政策統括官（共生社会政策担当），2012,『都市と地方における子育て環境に関する調査 報告書』(2013年9月17日取得 http://www8.cao.go.jp/shoushi/cyousa/cyousa23/kankyo/index_pdf.html).
Putnam, R. D., 1993, *Making Democracy Work: Civic Traditions in Modern Italy*, Princeton, NJ: Princeton University Press.
リクルートホールディングス, 2011,「行政区別 子育てサポート＆教育環境 徹底リサーチ」suumo (2012年11月20日取得 http://suumo.jp/edit/kyotsu/gyosei_child/index.html).

Sato, Y., 2013, "Social Capital," *Sociopedia*, International Sociological Association.
相馬直子,2005,「少子高齢化と都市生活——次世代育成とジェンダーに敏感な都市政策へ向けて」植田和弘ほか編『グローバル化時代の都市』岩波書店:101-136.
髙野良子編,2013,『少子社会の子育て力——豊かな子育てネットワーク社会をめざして』学文社.
吉田千鶴,2011,「子育てコストと女性の就業継続」阿藤誠・西岡八郎・津谷典子・福田亘孝編『少子化時代の家族変容——パートナーシップと出生行動』東京大学出版会:97-130.

［付記］　本研究は,JSPS 科研費 22330149, 24330160 および,二十一世紀文化学術財団の「平成 22 年度二十一世紀文化学術財団学術奨励金」（研究代表者：金井雅之）の助成を受けており,その研究成果の一部です.

7章
子育てストレスと社会的サポート

———— 渡　邉　大　輔

1 ──── 問題の所在　子育てをめぐる社会変化と社会的サポートの役割

　本章の目的は，家族や友人・知人，自治体などによる社会的な支援によって，子育て期のストレスを緩和させることができるかについて，様々な子育てへのサポート資源の1つである社会的サポートという観点から分析することにある．

　渡辺秀樹（1994）によれば，近代以降，家族という共同体が地域共同体から区分されるようになる．そして，子どもの養育は，両親，とくに母親を中心として，家族という孤立した空間において営まれるようになる．

　この近代的な養育環境において起きる問題の1つが育児不安である．牧野カツ子（1982）は，孤立した育児のなかで起きる不安を「育児不安」と呼び，健康的な育児を阻害する現代的な現象とした．牧野が指摘した1980年代に，育児におけるストレスが社会問題となる．そして，母親への育児の一極集中は，女性の社会進出がすすむとともに，また不況によって共働きの世帯が増えるなかで（内閣府，2010），孤立した子育ては大きな心理的ストレス要因となっている．ストレスは養育者本人だけでなく，子にも悪影響をあたえ，ときには虐待につながる（井上，2005）．現代的な環境における子育てというストレスフルな状況に対して，いかなる資源の動員によってこのストレスを低減させるかが，現在の子育て支援における重要な課題の1つとなる．

　この子育てに限らず，当事者がかかえる問題を支援するネットワークのあり方とストレスについての研究には，大きく2つの対立する仮説が立てられている（Lin and Ensel, 1989; 松田，2008）．

1つ目はソーシャルサポート仮説であり，社会的ネットワークが持つ情緒的サポートの側面を重視する．この仮説では，ネットワーク構造が緊密であるほどサポートする力は強くなると主張し，密なネットワークを形成する他者たる家族や親族によるサポートが，疎なネットワークを形成する友人や知人よりも重要であるとする．この仮説に対立するもう1つの仮説が，社会的資源仮説である．社会的資源仮説は，ネットワークの多様性が高い疎なネットワーク構造のほうがサポートする力は強くなると主張する．ソーシャルサポート仮説はおもに情緒面を，対して社会的資源仮説はおもに情報面や手段面に注目し，当事者をとりまくネットワークのあり方に注目している．

子育てストレスを対象とした研究では，この2つの仮説を踏まえ，密なネットワークを形成する他者たる配偶者の役割に注目する研究と，友人などのネットワークに着目する研究がある．それらの知見としては，一方でソーシャルサポート仮説を支持し，配偶者や親族によるサポートを重視する研究が多くみられるが（牧野・中西，1985），他方で社会的資源仮説を支持し，社会的サポートの規模や密度といった量的側面が育児ストレスの低減をもたらすといった実証研究もある（星，2012；前田，2004）．また，いずれか一方に偏りすぎない「中庸なネットワーク」の重要性も指摘されている（松田，2008）．

だが，この双方の仮説を同時に検証する研究は少なく，さらに，それぞれの仮説が子育てストレスに対して情緒面と情報・手段面という別の側面から注目していることを考えると，サポート主体の違いによる子育てストレスへの影響を同時に分析するだけでなく，ストレスの質の違いを含めて分析する必要がある．また，従来の研究はパーソナル・ネットワークに注目するため，実際の子育て支援において中核をになう自治体の役割は等閑視されてきた．そこで本章は自治体によるサポートや施策も含めて分析を行う．

以上を踏まえ，本章では，以下の3つの仮説と2つのサブ仮説をたて，子育てストレスと社会的サポートのあり方について分析する．仮説1はソーシャルサポート仮説に，仮説2はサポート主体に自治体を含めた上で社会的資源仮説に対応する．仮説3は，ストレスの質の違いを踏まえてソーシャルサポート仮説と社会的資源仮説が両立する要因を検証する仮説となる．

仮説1　配偶者や親族によるサポートが，子育てストレスを低減させる
仮説2　自治体や友人・知人によるサポートが，子育てストレスを低減させる
仮説3　子育てストレスの質的な違いによって，サポート主体の違いによるストレス低減効果は異なる
　仮説3-1　情緒面にかかわるストレスは，配偶者や親族によるサポートが子育てストレスを低減させる
　仮説3-2　情報・手段面にかかわるストレスは，配偶者や親族以外の主体によるサポートが子育てストレスを低減させる

2───データと変数

(1) 使用するデータ

　データは，2011年夏に実施された「東京子育て支援調査」を用いる[1]．このデータは，東京都49区市（23区および26市）に居住する25-54歳の男女を母集団として，各区市50人ずつ，計2450人を計画標本とした郵送質問紙調査である．最終的な有効回収数は1230人（有効回収率は51.0%）であった．本章では，子育てストレスについて分析するため，回答者の中で子どもがいると答えた623人のうち，分析項目に欠損値のない548人を分析対象とした．548人の平均年齢は42.15歳（標準偏差7.28），男女比は女性355人（64.8%）であった．

　なお，本調査では，現在子育てをしている人だけでなく，すでに子育てを終えた人も分析対象としており，分析対象内において回顧データと現在進行形のデータが混在していることとなる．現在子育て中のデータに限ると分析できる対象者数が少なくなるため，合わせて分析している．そのため，結果の解釈には注意が必要である[2]．

(2) 従属変数──ストレス得点

　従属変数として，子育てストレス得点を作成した．これは，安河内恵子ら（2009）が世田谷区に居住する小学生以下の子どもを持つ母親を対象として行

った調査における，子育てストレスにかんする設問を参考にして作成した尺度である．具体的には，「最近（またはお子さんが小さかった頃），以下のようなことをどれくらい感じますか（感じましたか）」という設問について，「(a)家庭での自分の負担が大きすぎる，(b)育児から解放されたい，(c)子供の養育費・教育費が家計を圧迫している，(d)自分の子育て努力を配偶者が理解してくれない，(e)職場で育児への理解が不足している，(f)行政の子育て支援が不足している」の6項目を4件法（1がよく感じる，2がときどき感じる，3がごくまれに感じる，4が全く感じない）にて聞いている．6項目の回答を反転させて，合算し，平均をとった値がストレス得点である．なお，配偶者がいない場合，働いていない場合にはそれぞれ(d)，(e)の項目が非該当となるため，これらに該当するケースはこの変数を除いて残る変数を用いて平均値を求め，最小値1，最大値4となる．

(3) 独立変数，統制変数

独立変数として，サポートする主体の多様性を測定するために，家族によるサポート，自治体によるサポート，友人やサークルの仲間などのインフォーマルな人間関係によるサポートとしての友人・知人サポートの3つのサポート主体を設定した．さらに，サポートの内容として，情緒的サポート（子育てをする上での悩みの相談にのってくれる人），手段的サポート（必要なときに，お子さんを預かってくれる人），情報的サポート（子育て支援情報の提供元）を設定した[3]．そして，**表7-1**に示したように，サポートの主体とサポート内容を組み合わせた9つの区分にあてはまる15項目を設定した．いずれも該当する場合を1，しない場合を0としたダミー変数とした．

自治体の子育て施策に対する満足は，「(a)家賃や住宅取得にかんする支援，(b)出産・子育てにかんする支援，(c)子どもへの医療費の助成」の3項目を4件法（1が不満，2がやや不満，3がやや満足，4が満足，5がよくわからない）にて聞いている．1と2を「不満」，3と4を「満足」，「よくわからない」の3値に分け，「満足」を参照カテゴリとするダミー変数とした．

統制変数は，男性を1とする男性ダミー，等価所得（世帯収入の中央値を世帯人員の平方根で除した）の対数変換，就労を1，非就労を0とする就労ダミ

表 7-1 サポートの種類

	情緒的サポート (悩みの相談にのってくれる人)	手段的サポート (必要なときに子どもを預かってくれる人)	情報的サポート (子育ての情報を提供してくれる人)
家族	・配偶者 ・家族・親戚	・配偶者 ・家族・親戚	・配偶者や家族
自治体	・区市の育児相談サービス ・保育士・先生	・保育所・学童保育 ・一時保育サービス	・区市の広報誌 ・区のホームページ
友人・知人	・友人や子育てサークルの仲間	・育児を通じて知り合った友人 ・それ以前から知っている友人	・友人や子育てサークルの仲間

一，育児負担を考慮するため現時点での子ども数の 4 変数を用いた．

3 ── 子育てストレスの多変量解析

(1) 記述統計

表 7-2 は，独立変数ごとのストレス得点の記述統計を示した．全体の平均は 2.37（標準偏差 0.70），男性の平均は 2.04（標準偏差 0.64），女性の平均は 2.55（標準偏差 0.66）だった．男女別，就労の有無別でいずれも違いがみられた．また，自治体間で差があるかを確認するため 49 区市を独立変数とした一元配置分散分析を行ったが，有意差はみられなかった（$F=0.993$, $n.s.$）．

独立変数となる家族，自治体，友人・知人サポートの 3 つのサポート主体について，情緒的サポート，手段的サポート，情報的サポートのそれぞれについて助けてくれる人がいると答えた人数と比率を表 7-3 にまとめた．家族によるサポートは，配偶者による情緒的サポートは男性が，配偶者以外の家族・親族による情緒的サポートは女性のほうが受けることができていた．これは，女性のほうが家庭内において情緒的な役割をになうという男女の非対称性によるものと考えられる．情報的サポートについては男女差がみられ，配偶者や家族から子育ての情報をえている女性はわずかに 19.7% であった．

自治体によるサポートは，男女差はそれほどみられず，保育士や幼稚園・学校の先生による情緒的サポート，区市の広報誌による情報的サポートは女性が

表 7-2　子育てストレス得点の記述統計

	平均	標準偏差	p
全体　　($N=548$)	2.37	.70	—
男性　　($N=193$)	2.04	.64	***
女性　　($N=355$)	2.55	.66	
就労　　($N=401$)	2.33	.71	*
非就労　($N=148$)	2.49	.65	

注：$^*p<.05$, $^{**}p<.01$, $^{***}p<.001$, 検定は t 検定.

表 7-3　3つのサポート主体ごとのサポートしてくれる人の人数と比率

	全体	男性	女性	p
家族・情緒：配偶者	439 (80.1%)	170 (88.1%)	269 (75.8%)	***
家族・情緒：配偶者以外の家族・親戚	315 (57.5%)	95 (49.2%)	220 (62.0%)	**
家族・手段：配偶者	328 (59.9%)	124 (64.2%)	204 (57.5%)	
家族・手段：配偶者以外の家族・親族	374 (68.2%)	134 (69.4%)	240 (67.6%)	
家族・情報：配偶者や家族	178 (32.5%)	108 (56.0%)	70 (19.7%)	***
自治体・情緒：区市の育児相談サービス	60 (10.9%)	18 (9.3%)	42 (11.8%)	
自治体・情緒：保育士や幼稚園・学校の先生	165 (30.1%)	48 (24.9%)	117 (33.0%)	*
自治体・手段：保育所・学童保育	161 (29.4%)	53 (27.5%)	108 (30.4%)	
自治体・手段：一時保育サービス	75 (13.7%)	20 (10.4%)	55 (15.5%)	†
自治体・情報：区市の広報誌	369 (67.3%)	110 (57.0%)	259 (73.0%)	***
自治体・情報：区のホームページ	137 (25.0%)	47 (24.4%)	90 (25.4%)	
友人・情緒：友人や子育てサークルの仲間	343 (62.6%)	77 (39.9%)	266 (74.9%)	***
友人・手段：育児を通じて知り合った友人	133 (24.3%)	33 (17.1%)	100 (28.2%)	**
友人・手段：それ以前から知っている友人	27 (4.9%)	12 (6.2%)	15 (4.2%)	
友人・情報：友人や子育てサークルの仲間	250 (45.6%)	51 (26.4%)	199 (56.1%)	***

注：$^†p<.10$, $^*p<.05$, $^{**}p<.01$, $^{***}p<.001$, 検定は性別とサポートの有無のカイ2乗検定.

多かった．

　友人・知人によるサポートは，手段的サポートの「それ以前から知っている友人」以外について，女性のほうがいずれのサポートも受けていた．配偶者や家族から情緒的，情報的サポートを受けない分，女性のほうが友人・知人による情緒的サポートや情報的サポートを受けていると考えられる．

(2)　多変量解析

　仮説1と2を検証するために，ストレス得点を従属変数とした重回帰分析を行った．分析では，家族，自治体，友人・知人の3つの主体によるサポートの

表 7-4 子育てストレス得点の重回帰分析

	モデル 1 coef.	モデル 2 coef.	モデル 3 coef.	モデル 4 coef.
男性ダミー（ref. 女性）	−.498***	−.509***	−.522***	−.440***
等価所得（対数変換）	−.241*	−.269*	−.292*	−.280*
就労ダミー（ref. 非就労）	.059	.039	.082	.030
現時点での子どもの数	.139***	.131***	.125**	.130**
家族・情緒：配偶者	−.244**			−.254**
家族・情緒：配偶者以外の家族・親戚	.096†			.089
家族・手段：配偶者	−.138*			−.141*
家族・手段：配偶者以外の家族・親族	−.128*			−.108†
家族・情報：配偶者や家族	−.128			.064
自治体・情緒：区市の育児相談サービス		−.044		−.052
自治体・情緒：保育士や幼稚園・学校の先生		−.018		−.026
自治体・手段：保育所・学童保育		.145*		.137*
自治体・手段：一時保育サービス		.092		.092
自治体・情報：区市の広報誌		.023		.041
自治体・情報：区のホームページ		−.023		.002
友人・情緒：友人や子育てサークルの仲間			−.041	−.015
友人・手段：育児を通じて知り合った友人			.061	.092
友人・手段：それ以前から知っている友人			−.061	−.087
友人・情報：友人や子育てサークルの仲間			.062	.087
調整済み R^2 乗値	.178	.144	.140	.179
AIC	−490.508	−467.409	−466.415	−481.182
N	548	548	548	548

注：†$p<.10$, *$p<.05$, **$p<.01$, ***$p<.001$.

影響力の違いを分析するため，それぞれのサポートを分析したモデル 1 から 3 と，3 つの主体のすべてを投入したモデル 4 による分析を行った．

重回帰分析の結果が，表 7-4 である．家族によるサポートを分析したモデル 1 では，情報サポート以外はいずれも有意であった．その効果は，配偶者以外の家族・親族による情緒的サポートのみ子育てストレスを増加させ，その他はいずれも子育てストレスを低減させていた．自治体によるサポートを分析したモデル 2 では，手段的サポートにおける保育所・学童保育のみ有意であったが，係数が正であり，保育所・学童保育が子供を預かってくれると答えている人ほど，子育てストレスが有意に高かった．友人・知人サポートを分析したモデル 3 は，いずれの変数も有意ではなかった．

すべての変数を投入したモデル4でも，モデル1から3の結果とおおむね変わらず，配偶者以外の家族・親族による情緒的サポートのみ有意でなくなった．統制変数については，男性ダミー，等価所得，現時点での子どもの数がいずれのモデルにおいても一貫して有意であり，男性であるほど，また収入が高いほど子育てストレスが低く，子どもの数が多いほど子育てストレスが高かった．就労ダミーはいずれのモデルでも有意ではなく，就労の有無は子育てストレスに影響を与えているとはいえなかった．

(3) 議　論

　重回帰分析の結果は，サポートする主体の違いについては，家族によるサポートの有無による影響が大きく，とくに情緒的サポート，手段的サポートにかんして，子育てストレスを低減する効果がみられた．情緒的サポートは，「悩みの相談にのってくれる人」という指標で測定しており，家庭内，とくに配偶者間ではごく一般的に行われていると思われがちなものであるが，結果からは，あらためて配偶者による情緒的サポートの重要性が明確となった．また，必要なときに家族や親族に子どもを預けられる人もストレスが低下して，配偶者以外の家族によるサポートが子育てストレスを低減させていた．この結果は，本データが回顧データを含んだものであり，過去の経験のなかでもとくに家族内のことが記憶に残っていることによる影響という可能性がある．しかし，子育ての社会化が指摘されているものの，依然として家族への期待が大きく，それが受けられない場合にストレス要因となるというメカニズムが指摘できる．以上から，仮説1は支持された．

　自治体や友人・知人による子育てストレスへの低減効果は，本データからはみられなかった．むしろ，保育所・学童保育による手段的サポートはストレスをあげていた．これは，因果的には逆である可能性があり，保育所や学童保育に子どもを預けなければならない状況があるからこそ，ストレスが高く，その結果として，保育所や学童保育に子どもを預けていたという解釈もできる．よって，仮説2は支持されず，子育てストレス全体の分析では，自治体や友人・知人によるサポートはストレス低減効果を持たなかった．

　AICの値からモデル4よりも家族サポートのみを投入したモデル1のほう

がモデルとしての説明力が高く，しばしば重要性が指摘される自治体によるサポートや友人・知人サポートは，このデータではストレスへの影響が乏しかった．

4 ── 子育てストレスの分解と自治体の子育て施策満足

(1) 子育てストレスの因子分析

　前節の分析では，子育てストレス全般についての分析を行った．その結果からは，子育てストレスは家族によるサポートの有無による影響が大きく，自治体や友人・知人によるサポートは大きな影響を持たなかったことが示された．すなわちソーシャルサポート仮説が支持され，社会的資源仮説は支持されなかった．それでは，自治体や友人・知人サポートはストレスに対してなんの影響も持たないのだろうか．

　この点をより詳細に分析するために，子育てストレスの分解を試みた．本調査データのうち，子育てストレスの設問は非就労者や配偶者がいない人は非該当になる項目があるため，現在就労しており，かつ，配偶者がいる人である423人を抽出し，さらに用いる変数に欠損値のない356人に分析対象を限定した．

　子育てストレスにかんする6項目について因子分析（因子抽出法：重みづけのない最小二乗法，回転法：Kaiserの正規化を伴うバリマックス法）を行った．その結果，2因子が抽出された（結果は表7-5）．第1因子は「家庭内問題因子」，第2因子は「外部支援不足因子」と解釈した．信頼性の検討のため，クローンバックの α 係数を算出したところ，第1因子については0.766であり内的一貫性がみられた．第2因子については0.604であり，やや低い値であるが，調査データとしては一定の内的一貫性があった．

　因子分析の結果から，家族によるサポートと密接に関連するストレスとして家族内問題因子と，企業や自治体などをふくめた外部の支援不足によるストレスとして外部支援不足因子に分解できた．ここからの分析では，内的一貫性が一定程度みられたことから，それぞれの因子を構成する3変数の平均値を各因子のストレス得点とし，家庭内ストレス得点，外部支援不足ストレス得点と呼

表7-5 子育てストレスの因子分析

	第1因子	第2因子	共通性
家庭内問題因子（α=.766）			
家庭での自分の負担が大きすぎる	**.807**	.193	.688
育児から解放されたい	**.680**	.288	.545
自分の努力を配偶者が理解してくれない	**.603**	.284	.444
外部支援不足因子（α=.604）			
行政の子育て支援が不足	.162	**.767**	.615
職場での育児への理解不足	.221	**.486**	.285
養育費・教育費が家計を圧迫	.243	**.439**	.252
寄与率	26.85	20.32	47.17

注：因子抽出法：重みづけのない最小二乗法，回転法：Kaiserの正規化を伴うバリマックス法．太字は因子負荷量が.40以上，αはクローンバックのα係数．

ぶ．この両変数は，仮説3のサブ仮説となる仮説3-1，仮説3-2で提示した，情緒面にかかわるストレスと情報・手段面にかかわるストレスに対応する．この2つの子育てストレスを分析することで，仮説3を検証する．

(2) 2つの子育てストレスの多変量解析

仮説3を検証するために，分解した2つの子育てストレスについて，それを政策的に緩和する可能性を探るために，自治体の子育て施策満足の変数を自治体の子育て施策の充実度とみなし，影響を分析する．

家庭内ストレス得点と外部支援ストレス得点それぞれを従属変数として重回帰分析を行った結果が，表7-6である[4]．配偶者による情緒的サポートが有意に，かつ，大きく家庭内ストレス得点を下げている．また，男性は女性に比べてこのストレス得点が低く，女性のほうが家庭内ストレスを大きく感じている．そのほかの家族によるサポートについてはいずれも有意でなかった．また，子育てに関係する施策についても，いずれも有意ではなかった．家庭内ストレス得点は，性別と配偶者による情緒的サポートに規定されているといえる．

次に，外部支援不足ストレス得点を従属変数とした重回帰分析では，社会的サポートについては，自治体による区市の育児相談サービスが外部支援不足ストレス得点を有意に下げていた．また，投入した3つの子育て支援施策のいずれも，満足に対して不満と答えた人のストレス得点が有意に高かった．すなわ

表7-6 2つの子育てストレス得点の重回帰分析

	家庭内 ストレス得点 coef.	外部支援不足 ストレス得点 coef.
男性ダミー（ref. 女性）	−.740***	−.202*
等価所得（対数変換）	.112	−.580**
就労ダミー（ref. 非就労）	.098	.038
現時点での子どもの数	.053	.191***
家族・情緒：配偶者	−.284*	−.057
家族・情緒：配偶者以外の家族・親戚	.100	.147†
家族・手段：配偶者	−.116	−.102
家族・手段：配偶者以外の家族・親族	−.020	−.163†
家族・：配偶者や家族	−.030	.090
自治体・情緒：区市の育児相談サービス	.126	−.299*
自治体・情緒：保育士や幼稚園・学校の先生	−.036	.051
自治体・手段：保育所・学童保育	.078	.032
自治体・手段：一時保育サービス	.160	.138
自治体・情報：区市の広報誌	.086	.068
自治体・情報：区のホームページ	−.092	−.093
施策満足 1)：家賃や住宅取得　不満	.046	.311**
施策満足 1)：家賃や住宅取得　わからない	.003	.034
施策満足 1)：出産・子育て支援　不満	.097	.244*
施策満足 1)：出産・子育て支援　わからない	−.176	.037
施策満足 1)：医療費補助　不満	.172	.233*
施策満足 1)：医療費補助　わからない	.082	.120
調整済み R^2 乗値	.257	.198
AIC	−183.351	−215.130
N	356	356

注：†$p<.10$, *$p<.05$, **$p<.01$, ***$p<.001$.
1) 施策満足の参照カテゴリは「満足」.

ち，充実した施策のストレス低下効果が示された．統制変数では，性別と等価所得は外部支援不足ストレスを低減させ，子どもの数は増加させていた．所得や子どもの数に影響を受けることから，外部支援不足ストレス得点は子育ての「労力」を示しているといえる．

(3) 議　論

子育てストレスについて，家庭内ストレス得点と外部支援不足ストレス得点に分解して分析した結果，家庭内ストレス得点は配偶者による情緒的サポート

による影響を受けていた．よって仮説3-1は支持された．対して，外部支援不足ストレス得点については，家族や親族によるサポートではなく，自治体による情緒的サポートがストレスを低減し，また，様々な子育て支援施策もストレスを下げていた．手段的・情報的側面にかかわるストレスではあるが，家族や親族ではない主体からのサポートによってストレスが低減していることから仮説3-2も支持された．よって，仮説3は支持された．

たしかに，子育てにおけるストレスはプライベートな空間における情緒的関係による支援が重要であり，プライベートな空間内における親密な他者の持つ悩みに寄り添うような配偶者の姿勢が，子育てのストレスを低減させている．いわば，配偶者による「癒し」が重要だといえよう．同時に，区市の育児相談サービスにおける専門家による悩み相談のような専門的支援は，たんなる「癒し」の提供だけでなく，育児の負担感にともなうストレスを低減させている．また，自治体が行う施策も，労力や負担感によるストレスを低減させる効果を持つ．すなわち，自治体は政策によって金銭面や制度面での手段的サポートを行うだけでなく，専門的な情緒的サポートをにないうることが示された．

5───子育てストレス軽減における社会関係資本の意義

東京49区市のデータを分析した結果，配偶者による情緒的サポートや，配偶者や家族による手段的サポートが子育てストレスを緩和しており，また，外部支援不足にかんするストレスの緩和には，自治体による情緒的サポートの効果が示唆された．そのため，子育てストレスについては，ストレスの質の違いによってソーシャルサポート仮説と社会的資源仮説が両立可能となっていることを示した．この本章の分析結果を，社会関係資本論の立場から再解釈したい．

社会関係資本は，その機能がおよぶ範囲に焦点をあて，結束型（bonding）と橋渡し型（bridging）の2つの性質に類型化することができる（Putnam, 2000＝2006）．結束型の社会関係資本は，同質的な集団内において特定の互酬性を安定的に遂行する機能を持ち，橋渡し型の社会関係資本は多様な人々を結びつけ，情報の伝搬や外部資源との連携を効果的に行う機能を持つ．この両者は，ネットワーク構造の持つサポート力を説明した仮説である，ソーシャルサ

ポート仮説と社会的資源仮説にそれぞれ照応するものであるといえる．

本章の知見は，配偶者の情緒的サポートだけでなく，自治体における専門家による情緒的サポートや各種子育て施策もまた，ストレス低減に有益というものであった．いいかえると，結束型の社会関係資本と橋渡し型の社会関係資本の両立という側面から，子育てストレスを考えることにつながるのである．大和礼子（2009）は家族を支える主体は多様であるという指摘しているが，まさに家族をとりまく2つの社会関係資本を両立させることが，理論的にも実践的にも重要な課題となるだろう．

次に本章から導かれる政策的知見と意義についてもふれたい．従来，自治体による子育て支援施策は保育園などの制度整備と，専門的知見や各種情報の集約提供が中心であった．悩みの相談などの情緒的サポートは，一部の電話相談や窓口相談などにとどまっていた．しかし，情緒的サポートについても，配偶者にのみ期待するのではなく，専門的，経験的知見を持つ家庭外の主体によるサポートは，子育て当事者のストレス緩和に役立つものであることを本章は示している．よって，このようなサービスの拡充が望まれる．

最後に本章の限界について指摘する．本章は東京49区市を対象としており，今回の分析では地域差による影響は明らかではなかった．しかし，自治体の政策には異なっている点もあり，より詳細な検討が必要である．また，市場，NPOなどによる子育て支援の影響については，統制しきれていない．子育ての負担という観点からは，負担の大きい6歳以下の乳幼児に焦点をおくなどの分析は，サンプル数の問題からできていない．さらに重要な点として，分析したデータは回顧データを含むものであり，回顧バイアスやコーホートによる影響を受けている可能性は否定しきれない．これらを踏まえた上で，今後はより詳細な分析を行うとともに，具体的な施策の実効性を検証するような，政策と調査を結びつけた調査研究が必要となる．

1) データの詳細については，本書「まえがき」を参照のこと．
2) 子育てを現役で行っていると想定される末子の年齢が10歳以下か，子育てをすでに終えたと考えられる11歳以上かによる「末子年齢10歳以下ダミー」を作成し，本章のすべての回帰分析に統制変数として投入した分析も行っている．しかし，い

ずれの分析においてもこのダミー変数は有意ではなく，また，独立変数と末子年齢 10 歳以下ダミーの交互作用を投入したモデルでも同様に交互作用項は有意ではなかった．このことから，現在子育てを行っているか否かによる影響はみられなかった．
3) 社会的サポートの測定については Cohen, Underwood and Gottlieb, eds. (2000) に詳しい．
4) この 2 つの重回帰分析では，友人・知人を主体としたサポートはいずれも投入しなかった．その理由は，第 1 に外部支援不足ストレスは行政や金銭面など友人・知人によるサポートがあまり期待できない側面にかんするストレスであること，第 2 に投入したモデルも分析しているが，いずれの変数も有意でなく，むしろモデル全体の推定を不安定にさせていたこと，この 2 点を考慮したためである．

文 献

Cohen, Sheldon, Lynn G. Underwood and Benjamin H. Gottlieb, eds., 2000, *Social Support Measurement and Intervention: A Guide for Health and Social Scientists*, New York: Oxford University Press.

星敦士，2011，「育児期のサポートネットワークに対する階層的地位の影響」『人口問題研究』67(1): 38–58.

星敦士，2012，「育児期女性のサポート・ネットワークが well-being に与える影響——NFRJ08 の分析から」『季刊社会保障研究』48(3): 279–289.

井上眞理子，2005，『ファミリー・バイオレンス——子ども虐待発生のメカニズム』晃洋書房．

久保桂子，2001，「働く母親の個人ネットワークからの子育て支援」『日本家政学会誌』52(2): 135–145.

Lin, N. and Walter M. Ensel, 1989, "Life Stress and Health: Stressors and Resources," *American Sociological Review*, 54(3): 382–399.

前田尚子，2004，「パーソナル・ネットワークの構造がサポートとストレーンに及ぼす効果——育児期女性の場合」『家族社会学研究』16(1): 21–31.

牧野カツ子，1982，「乳幼児をもつ母親の生活と〈育児不安〉」『家庭教育研究所紀要』3: 35–56.

牧野カツ子・中西雪夫，1985，「乳幼児をもつ母親の育児不安——父親の生活および意識との関連」『家庭教育研究所紀要』6: 11–24.

松田茂樹，2008，『何が育児を支えるのか——中庸なネットワークの強さ』勁草書房．

宮坂靖子，2000，「親イメージの変遷と親子関係」藤崎宏子編『親と子——交錯するライフコース』ミネルヴァ書房：19–41.

内閣府，2010，『平成 22 年版 子ども・子育て白書』佐伯印刷．

Putnam, Robert, 2000, *Bowling Alone: The Collapse and Revival of American Community*, New York: Simon & Schuster（柴内康文訳，2006，『孤独なボウリング——米国コミュニティの崩壊と再生』柏書房）．

渡辺秀樹，1994，「現代の親子関係の社会学的分析——育児社会論序説」社会保障研究所編『現代家族と社会保障——結婚・出生・育児』東京大学出版会：71-88.
大和礼子，2009，「援助資源としての家族」藤見純子・西野理子編『現代日本人の家族——NFRJからみたその姿』有斐閣：199-208.
安河内恵子・中西泰子・森川美生・三田泰雅，2009，『少子化と支援ネットワークに関する都市間比較研究』（科研費報告書）．

8章
社会関係資本からみた社会的孤立の構造

——— 金澤悠介

1——社会関係資本から社会的孤立を考える

(1) 社会関係資本と社会的孤立

「孤独死」(NHKスペシャル取材班・佐々木，2007) や「無縁社会」(NHKスペシャル取材班編，2012) といった衝撃的なキーワードがテレビ番組でとりあげられていることからもわかるように，社会的孤立に対する関心が近年高くなっている．その関心の高さに対応するように，社会的孤立を扱う専門書も数多く出版されている (たとえば，稲葉・藤原編，2013; 河合・菅野・板倉編，2013)．

この社会的孤立に対する関心の高まりは，近年の社会関係の変容にともなう人々の不安に由来するのかもしれない．すなわち，地縁・血縁・社縁といった中間集団が衰退し，社会関係の選択性が高まる中で，社会的孤立が誰にでも生じかねない社会関係上のリスクとして人々に認知されるようになったことが一因なのかもしれない[1] (石田，2011)．

本章は，社会関係資本 (ソーシャル・キャピタル) の観点から，社会的孤立の問題を捉える．社会関係資本とは「人々が何らかの行為を行うためにアクセスし活用する社会的ネットワークに埋め込まれた資源」(Lin, 2001: 32)[2] であり，他者との社会関係を通じて動員されるものである．社会的孤立を他者からの社会関係が欠如した状態だと考えれば[3] (Townsend, 1963; 河合，2009; 石田，2011)，社会的孤立とは社会関係資本を保有していない状態と位置づけることができる．

社会関係資本の観点から社会的孤立の問題を捉える意義は少なくとも2つあ

る．1つは社会的孤立を分析するための枠組みの提供である．ナン・リン（Nan Lin）は社会関係資本を分析するさいに，社会関係資本の動員にかかわる過程と社会関係資本の見返りにかかわる過程，という2つの過程を分析する必要を主張している（Lin, 2001）．動員にかかわる過程の分析では，社会関係資本のアクセス・使用を規定する社会構造的要因が探求課題となる．社会的孤立の文脈にあてはめるのであれば，社会関係資本の非保有／保有を分ける要因を探求するということであり，それは社会的孤立の背後に潜む社会的不平等を解明するということでもある．見返りにかかわる過程の分析では，社会関係資本を保有することによる社会生活上の便益の解明が探求課題になる．社会的孤立の問題であれば，社会関係資本を保有できないことで社会生活にどのような不利益が生じるのかを解明することである．社会関係資本の観点から捉えることで，社会的孤立の要因と帰結を統一的な枠組みで分析することが可能になる．本章もリン（Lin, 2001）と同一の枠組みをとり，社会的孤立を規定する要因と孤立による社会生活上の影響をともに分析する．

　社会関係資本の観点から社会的孤立の問題を捉えることのもう1つの意義は，社会関係資本の保有のありかたについて従来とは異なる視点を導入できるということである．社会関係資本を保有していない孤立者を分析上の参照点とし保有するものと対比することは，社会関係資本の保有の質的断絶（非保有／保有）を想定するものとも解釈できる．社会関係資本保有における質的断絶に着目することにより，社会関係資本保有を規定する社会構造的要因やその社会生活上の便益をより効果的に記述できる，と本章は考える．

　いっぽう，社会関係資本についての先行研究の多くは，社会関係資本の保有状態を連続量として捉えており，保有の質的断絶は想定していない．社会関係資本保有量の測定法として，名前想起法（Name Generator）（Burt, 1984）・地位想起法（Position Generator）（Lin, 2001）などがあるが，これらは社会関係資本の保有を量的変数として測定している．しかし，社会関係資本の保有状態を連続量だと仮定することで，現実の社会過程を見逃してしまう危険性がある．たとえば，社会関係資本の保有状態を規定する過程が次のようなものであった場合，社会関係資本の保有量を量的に把握してしまうと現実を捉えそこなってしまう．すなわち，社会関係資本を保有しているかどうかに影響を与え

る要因と，0よりも大きい保有量に影響を与える要因が異なるというような場合である．このような場合には，社会関係資本を保有していない状態（すなわち社会的孤立）を他の状態とは質的に異なるものとして分析をしたほうが，より現実適合的な結果が得られるはずである．実際，瀧川裕貴（2012）は，社会関係資本の保有の有無に影響を与える要因と0よりも大きい保有量に影響を与える要因が異なっていることを示している．以上の議論からもわかるように，社会関係資本の保有状態を量的に把握することにより，現実の社会的過程，たとえば，保有／非保有の質的断絶を捉えそこなうことになるのである．

社会的孤立についての先行研究は，孤立／非孤立という区分を考えている点で，非保有／保有という社会関係資本保有の二値的な質的断絶を考えていた．本章は社会関係資本保有の要因とその帰結をより効果的に記述するために，社会的孤立研究よりもさらに踏みこんで，社会関係資本を保有している人たちの間の質的断絶も考えたい．社会的孤立研究では社会関係資本を保有している人たちを「非孤立」という等質的なカテゴリーで把握していたが，本章は「孤立予備軍」と「複数保持者」というカテゴリーを導入することで社会関係資本を保有している人たちの間の質的な違いを把握する．つまり，本章は社会関係資本の保有状態を「孤立者」・「孤立予備軍」・「複数保持者」という3つのカテゴリーで把握することで，社会関係資本保有の背後に潜む格差や保有にかかわる社会生活上の特徴を解明することを目指す．

(2) 孤立予備軍とは？

本章は，「孤立予備軍」を利用可能な社会関係が1つしかないがゆえに孤立のリスクが高い人たちと定義する．たとえば，配偶者にしか頼れない人や母親（もしくは父親）にしか頼れない人などを孤立予備軍と考える．また，「複数保持者」を利用可能な社会関係が2つ以上ある人たちと定義する．たとえば，配偶者も両親も頼ることができる人は複数保持者だと考える．

本章は社会関係資本を保有している人たちを孤立予備軍と複数保持者という2つのカテゴリーをもとに把握するのだが，これは利用可能な社会関係が1つの場合と2つ以上の場合の間に質的断絶があると考えるからである．利用可能な社会関係の数について考える場合，その数が1つしかないというのは，次の

3つの点でかなり特殊なものだといえる．

　第1に，孤立に陥るリスクが高い点である．孤立予備軍は，何らかの理由で現在の社会関係が消失した場合，すぐに孤立状態に陥ってしまう．たとえば，母親（もしくは父親）にしか頼れない人や配偶者だけしか頼れる人がいない場合には，現在の社会関係が消失すると孤立状態に陥ってしまう．いっぽう，複数保持者は，（複数の社会関係が同時に消失する事態が起きないかぎり），孤立のリスクは小さい．社会関係資本を保有しているものの，孤立予備軍は複数保持者に比べ，孤立との境界がかなり近い人々なのである．

　第2に，利用可能な社会関係が1つしかない場合，その個人とパートナーの間に権力・支配関係が生じるリスクが高い点である．利用可能な社会関係が1つしかないことで，その個人はパートナーに強く依存することになり，それが権力・支配関係の源泉になるのである（Emerson, 1962）．そして，二者間の権力・支配関係から，ストレスを含む，さまざまな心理的・社会的不適応をひきおこすのかもしれない．

　第3に，利用可能な社会関係が1つしかないことは新たな社会関係の構築を妨げるリスクが高い点である．その社会関係からしか必要な資源を動員できない場合には，個人はそのパートナーに対し強い愛着を抱く．そして，その愛着ゆえに既存の関係以外のサポートを排除するようになる（相馬・浦，2007；浦，2009）．つまり，利用可能な社会関係が1つしかないことで，その個人は既存の関係を強化しようとし，その結果，新たな社会関係の構築が妨げられる．既存の関係が固定化されるので，孤立におちいるリスクは依然として高いままである．

(3) **本章が明らかにすること**

　本章の目的は，孤立者／孤立予備軍／複数保持者という類型をもちいて，孤立および孤立予備軍の背後に潜む格差やその社会生活上の特徴を明らかにすることである．以上の作業を通じて，社会関係資本保有を規定する社会構造的要因，および，保有にかかわる社会生活上の特徴を解明する．具体的には，以下の3点を解明することを目指す．

1．社会関係資本の保有にかかわる分布を明らかにする．ここでは，孤立者／孤立予備軍／複数保持者の各カテゴリーに該当する人の割合を明らかにする．また，孤立予備軍に該当する人はどのような人と関係をもっているのかも明らかにする．
　2．社会関係資本の保有状態を規定する社会構造的要因を明らかにする．特に，個人属性・家族構成・社会経済的地位・居住地域が孤立のなりやすさや孤立予備軍のなりやすさにどのような影響をおよぼすのかを明らかにする．
　3．社会関係資本の保有状態と社会生活の関係を明らかにする．ここでは，孤立者／孤立予備軍／複数保持者それぞれに特有の社会生活のありかたを明らかにする．

2───社会関係資本の保有類型の操作化

　ここでは，「関東甲信越健康調査」を対象として，分析を行う．
　本章は社会関係資本の観点から社会的孤立を捉えるという立場をとるため，利用（動員）可能な社会関係を直接測定できているという点で，ソーシャル・サポート（日常的援助）にかかわる質問をもちいて孤立／孤立予備軍／複数保持者の類型化を行った[4]．
　具体的には，サポートの源泉がない回答者を「孤立者」，サポートの源泉が1つしかない回答者を「孤立予備軍」，サポートの源泉が2つ以上ある回答者を「複数保持者」とした．なお，「関東甲信越健康調査」では，道具的サポート（病気時の看病・世話）および情緒的サポート[5]（健康をはじめとする悩み事の相談）の受け取りを測定しているが，これら2つのサポートはその機能が異なるので（浦, 1992），それぞれで類型化を行った[6]．

3───社会的孤立の要因とその帰結

(1) 社会関係資本の保有状態の分布

　まず，社会関係資本の保有状態にかかわる分布を明らかにする．道具的サポートと情緒的サポートのそれぞれで孤立者・孤立予備軍・複数保持者の割合を

表 8-1 社会的孤立にかかわる分布

	道具的サポート		情緒的サポート	
	N	有効%	N	有効%
孤　立	75	5.3	94	6.5
孤立予備軍	706	49.5	565	39.3
複数保持者	645	45.2	780	54.2
合　計	1,426	100	1,439	100

表 8-2 孤立予備軍のサポート源

	道具的サポート		情緒的サポート	
	N	有効%	N	有効%
配偶者	471	66.7	354	62.7
配偶者以外の親族	225	31.9	123	21.8
近所の人	3	0.4	7	1.2
職場・同業の人	0	0.0	11	1.9
趣味・会のメンバー	0	0.0	4	0.7
友　人	7	1.0	66	11.7
合　計	706	100	565	100

求めたところ，**表 8-1** のようになった．道具的サポートの場合，孤立者は全体の約 5％，孤立予備軍は約 50％，複数保持者は約 45％ であった．情緒的サポートの場合，孤立者は約 7％，孤立予備軍は約 40％，複数保持者は約 54％ であった．道具的サポートでも情緒的サポートでも孤立者の割合は 5％ 強だが，孤立予備軍の割合は道具的サポートのほうが高い．

では，孤立予備軍の利用可能な社会関係はどのようなものなのだろうか．**表 8-2** は孤立予備軍の利用可能な社会関係をまとめたものである．道具的サポートも情緒的サポートも，孤立予備軍の多くは配偶者のみをサポートの源泉としていることがわかる．また，道具的サポートでは配偶者以外のサポートの源泉は親族なのだが，情緒的サポートでは配偶者以外にも友人が源泉となっていることがわかる．

(2) 社会関係資本の保有状態を規定する社会構造的要因

次に，社会関係資本の保有状態を規定する社会構造的要因を明らかにする．特に，孤立や孤立予備軍へのなりやすさを規定する要因を解明することを目指

す．ここでは，先行研究である石田光規（2011）や斉藤雅茂（2013）にならい，個人属性，家族構成，社会経済的地位，居住地域を要因として分析する．具体的には，個人的属性として性別・年齢，家族構成として婚姻状態・同居家族数，社会経済的地位として世帯収入[7]・教育年数・有職かどうか，居住地域の特性として自治体の種類（市／町／村），を独立変数としてとりあげる．加えて，道具的サポートも情緒的サポートも健康にかかわる領域で測定されているので，回答者の主観的健康状態を統制変数としてもちいた．

孤立類型を従属変数，先にあげた要因を独立変数として，多項ロジット回帰分析[8]をおこなったところ，**表 8-3**（道具的サポート）と**表 8-4**（情緒的サポート）のような結果になった．

結果の紹介にあたっては，最初に孤立や孤立予備軍のなりやすさに影響を与える要因について議論する．ここでは，道具的サポートと情緒的サポートで結果が共通する部分に注目する．その後，道具的サポートと情緒的サポートの差異について議論する．

孤立と孤立予備軍を比較した場合，離死別や未婚であることが孤立のリスクを有意に高くすることが判明した．また，統計的有意でないものの回帰係数の大きさから考える[9]と，村部に居住することも孤立のリスクを高めることがわかる．これは石田（2011）とも共通する結果である．また，年齢が若いこと（40代）も孤立のリスクを高めるようにみえるが，この解釈には注意が必要である．健康にかかわる領域のソーシャル・サポートを測定しているので，40代ではサポートへのニーズがそもそも低いことを示している可能性があるからである．以上の議論をまとめると，社会関係資本の非保有／保有の背後には，結婚にかかわる格差（結婚 vs 非結婚）や地域間格差（村部 vs 市町部）が存在する．

孤立予備軍と複数保持者を比較した場合，離死別や未婚であることが孤立予備軍のリスクを有意に高める．加えて，男性であることや世帯収入が低いことも孤立予備軍になる可能性を高める．つまり，社会関係を保有している場合，その関係が1つに閉じるかどうかには，婚姻状態だけでなく，性別や世帯収入が影響を与えているのである．

次に，道具的サポートと情緒的サポートの違いを簡単に確認しておく．道具

表 8-3 社会的孤立の要因分析（道具的サポート）

	孤立予備軍／孤立			複数保持者／孤立予備軍		
	B	S.E	$\mathrm{Exp}(B)$	B	S.E	$\mathrm{Exp}(B)$
切片	−3.732*	1.718		−1.843*	0.718	
主観的健康状態	0.188	0.159	1.207	0.006	0.057	1.006
性別						
女性		(reference)			(reference)	
男性	0.045	0.346	1.046	−0.604***	0.129	0.547
年代						
40代		(reference)			(reference)	
50代	0.837†	0.467	2.309	0.233	0.195	1.263
60代	1.524**	0.513	4.591	0.129	0.198	1.138
70代	1.156†	0.597	3.177	0.381†	0.230	1.463
婚姻状態						
結婚		(reference)			(reference)	
離・死別	−1.144*	0.460	0.319	−1.743***	0.296	0.175
未婚	−1.272**	0.457	0.280	−1.906***	0.419	0.149
同居家族数	0.892***	0.207	2.440	0.204***	0.047	1.227
教育年数	0.003	0.078	1.003	−0.008	0.031	0.992
$\log_{10}$（世帯収入）	1.345*	0.564	3.838	0.513*	0.238	1.670
職業						
無職		(reference)			(reference)	
有職	−0.559	0.406	0.572	0.044	0.149	1.045
居住地域						
市部		(reference)			(reference)	
町部	0.541	0.428	1.718	0.223	0.146	1.250
村部	−0.482	0.380	0.618	0.089	0.160	1.093
Nagelkerke's R^2			0.278			
−2LL			1741.554			
N			1,264			

注：†：$p<.10$, *：$p<.05$, **：$p<.01$, ***：$p<.001$.

的サポートでは，社会関係資本保有のありかたが世帯収入や家族構成に強く規定されている．孤立予備軍と複数保持者の違いだけでなく，孤立と孤立予備軍の違いにも世帯収入や同居家族数が大きな影響を与えている．道具的サポートの受け取りについては，孤立が貧困と関連していることは注目に値する[10]．いっぽう，情緒的サポートは，社会関係資本保有のありかたと居住地域の関係が強い．孤立と孤立予備軍を比較すると村部居住は孤立になるリスクを高めるが，孤立予備軍と複数保持者を比較すると村部居住は孤立予備軍になるリスク

表 8-4　社会的孤立の要因分析（情緒的サポート）

	孤立予備軍／孤立			複数保持者／孤立予備軍		
	B	S.E	Exp(B)	B	S.E	Exp(B)
切　片	1.447	1.319		−0.676	0.707	
主観的健康状態	0.100	0.117	1.105	0.043	0.058	1.044
性　別						
女　性	(reference)			(reference)		
男　性	−0.003	0.270	0.997	−1.007***	0.131	0.365
年代						
40 代	(reference)			(reference)		
50 代	−0.116	0.367	0.890	0.023	0.199	1.023
60 代	0.248	0.397	1.281	−0.102	0.201	0.903
70 代	0.520	0.480	1.682	−0.079	0.231	0.924
婚姻状態						
結　婚	(reference)			(reference)		
離・死別	−0.622†	0.375	0.537	−1.266***	0.239	0.282
未　婚	−1.187**	0.380	0.305	−0.612*	0.278	0.542
同居家族数	0.108	0.104	1.114	−0.012	0.047	0.988
教育年数	−0.072	0.059	0.931	−0.053†	0.031	0.948
$\log_{10}$（世帯収入）	0.340	0.443	1.405	0.778**	0.238	2.178
職　業						
無　職	(reference)			(reference)		
有　職	0.038	0.310	1.039	0.069	0.153	1.072
居住地域						
市　部	(reference)			(reference)		
町　部	−0.125	0.314	0.882	0.385**	0.148	1.470
村　部	−0.573†	0.303	0.564	0.381*	0.164	1.464
Nagelkerke's R^2			0.174			
−2LL			1947.945			
N			1,276			

注：† : $p<.10$,　* : $p<.05$,　** : $p<.01$,　*** : $p<.001$.

を低める．一見すると奇妙な結果だが，村落部の場合，孤立しているものはさらに孤立し，社会関係を複数保有しているものはその関係が維持される，という社会過程があるかもしれない．

　これまでの分析をまとめると，道具的サポートと情緒的サポートでいくらか違いはあるものの，社会関係資本の非保有／保有の分断をもたらす要因と，保有するものの間の分断（社会関係が1つ／2つ以上）をもたらす要因は異なる．社会関係資本の非保有／保有の分断は，結婚しているかどうかや居住地域によ

図8-1　多重対応分析の結果

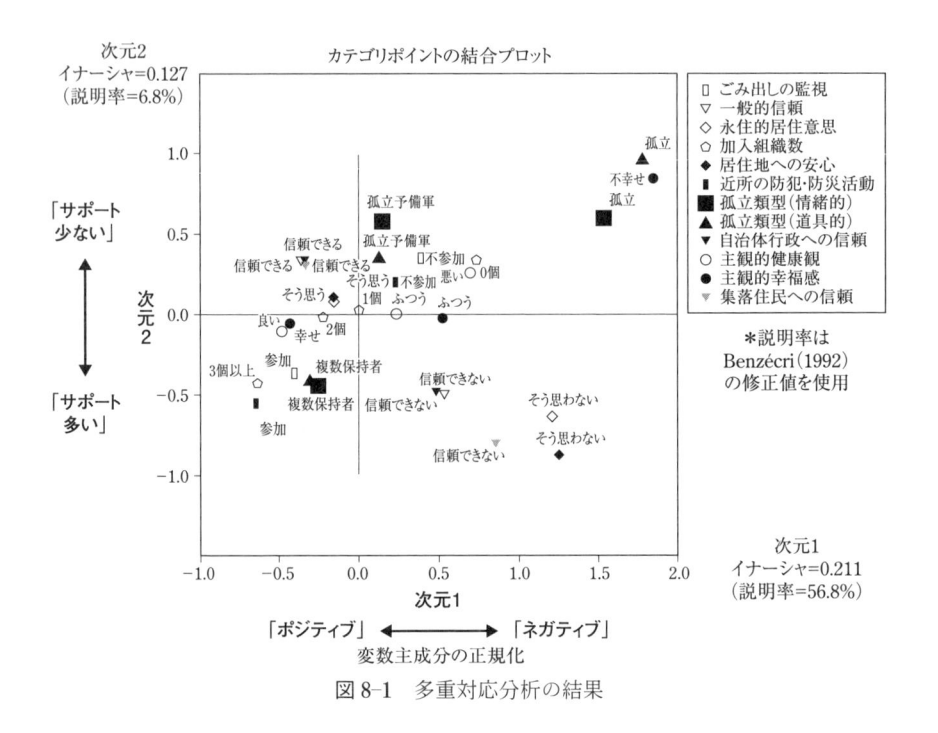

ってもたらされるが，保有するものの間の分断は結婚しているかどうかに加え，性別や経済的資源によってももたらされる．

(3) 社会的孤立と社会生活

最後に，孤立・孤立予備軍・複数保持者それぞれに特有の社会生活のありかたを明らかにする．ここでは，孤立・孤立予備軍・複数保持者という社会関係資本の保有類型と個人の社会生活のありかたの関係（布置連関）をわかりやすく把握するために多重対応分析[11]をおこなう．なお，個人の社会生活のありかたを多面的にとらえるために，主観的幸福感，主観的健康状態，地域活動の参加（近所の防犯活動・ごみ出しの監視），居住地域の評価（永続的居住意思・居住地域への安心感），加入組織数，信頼感（一般的信頼・集落住民への信頼・自治体への信頼）をとりあげる．

社会関係資本の保有類型と社会生活のありかたの関連を分析するために多重

対応分析を行ったところ，図8-1のような結果になった[12]．主要な知見を述べる前に，いくつかの結果を確認しておく．まず，図8-1を構成する各次元の解釈をおこなう．第1次元で負の値をとるものはポジティブな意味をもつカテゴリー（幸せ・良い・参加など）が，正の値をとるものはネガティブな意味をもつカテゴリー（不幸せ・悪い・不参加など）が集まっていることから[13]，第1次元はカテゴリーのポジティブさをあらわすものとみなせる．また，第2次元で複数保持者が負の値，孤立予備軍・孤立が正の値をとることから，第2次元は受け取るサポートの大小をあらわすものとみなせる．次に，図8-1から，保有類型のすべてのカテゴリーにおいて，その座標の位置はサポートの種類によって大差がないことがわかる．社会生活のありかたとの関連でみた場合は，孤立・孤立予備軍・複数保持者というそれぞれのカテゴリーの意味は，道具的サポートで測定しようと情緒的サポートで測定しようと大差はない，ということを示している．

　以下では，図8-1の結果をもとに，社会生活をあらわす変数の中で，孤立・孤立予備軍・複数保持者のそれぞれと関連が強いものをみていく．さらに，クロス集計表の分析（結果は省略）も加えて，孤立・孤立予備軍・複数保持者の社会生活のありかたを描いていく．まず，孤立と特に関連が強いものであるが，それは主観的幸福感の「不幸せ」であった．また，クロス集計表の分析の結果とあわせて考えると，孤立しているものは健康状態も悪く，地域活動は不活発で居住地域への評価も低い．そして，加入している集団の数も少なく，他者への信頼の水準も低い．次に，孤立予備軍と特に関連が強いものは地域活動への「不参加」であった．クロス集計表の分析結果も加えると，孤立予備軍は幸福感や健康状態が「ふつう」で，信頼や居住地域への評価も低くないのだが，加入している集団数はあまり多くない．最後に，複数保持者は地域活動への「参加」や集団加入数の「3個以上」と特に関連が強い．また，同じ象限に属している点では，主観的幸福感の「幸せ」や主観的健康状態の「良い」とも関連が強い．また，クロス集計表の分析からは，信頼の水準も高く，居住地域への評価も高いことが示されている．

4——社会関係資本保有における質的断絶とその意味

　分析結果をもとに，孤立者，孤立予備軍，複数保持者の特徴を記述していく．各タイプのなりやすさに影響を与える社会構造的要因からみると，結婚をしていないものや村落部に住むものが，孤立予備軍よりも孤立者になりやすかった．また，結婚していないということに加え，世帯収入が低いものや男性が，複数保持者よりも孤立予備軍になりやすかった．社会関係を保持している場合には，その関係が1つのもので閉じるかどうかには婚姻状態に加え，世帯収入のような経済的資源や性別のような個人属性が影響を与えるのである．

　また，社会生活のありかたをみると，孤立者の主観的世界は非常に暗いものであった．他者も行政も信頼できず，居住地の居心地も悪い．そして，健康状態もよくない．結果として，自分は不幸だと感じてしまう．そのような主観的世界を反映してか，地域参加も団体参加も活発ではない．それは，孤立状態をさらに強化するのかもしれない．

　孤立者と対照的な位置にいるのが複数保持者である．他者も行政も信頼でき，居住地の居心地もいい．健康状態も良いので，自分は幸せだと感じている．地域参加も団体参加も活発におこなっている．その結果，利用可能な社会関係を数多く保有するという状況が維持されるのかもしれない．

　主観的世界の面から考えると，孤立予備軍は孤立者と複数保持者の中間にあたる．他者もそこそこ信頼でき，居住地にも強い不満はない．健康状態も幸せの度合いもふつうである．しかし，地域参加や団体参加の側面からみると，孤立者に近く，その参加はあまり活発ではない．

　以上の知見は，社会的孤立研究と社会関係資本研究に次のような点で貢献できる．まず，社会的孤立研究への貢献であるが，それは孤立予備軍というグループの特徴を明らかにしたということである．孤立予備軍は利用可能な社会関係を1つ保有している点で孤立はしていないものの，地域参加や社会参加があまり活発ではないために，孤立のリスクはかなり高い．地域活動や団体参加が活発ではないために新たな社会関係を構築する機会がなく，何らかのイベントで現在の社会関係が消失すると，一気に孤立状態に転落してしまうのである．

孤立を予防するということを考えるのであれば，孤立予備軍もその対象に加える必要があるのかもしれない．

次に，社会関係資本研究への貢献であるが，それは社会関係資本の保有についての質的断絶の発見である．先行研究の多くは社会関係資本の保有を量的なものと捉えていたが，本章の結果が示すとおり，非保有／保有という断絶や，保有しているものの間でも利用可能な社会関係が1つ／2つ以上という断絶が存在していた．

そして，社会関係資本保有における質的断絶に着目することで，保有を規定する要因や保有による社会生活上の便益の見通しも良くなる．保有を規定する要因についていえば，保有状態全般に影響する要因と，保有状態間の差異に影響をおよぼす要因を分離できるようになる．ソーシャル・サポートから社会関係資本を測定する場合，婚姻状態は保有状態全般に影響する要因である．非保有／保有だけでなく，保有しているものの間の差異にも婚姻状態は大きな影響を与えている．ソーシャル・サポートという文脈では，配偶者の存在が社会関係資本の構築および拡大の基盤になっている．いっぽう，居住地域，性別，経済的資源は保有状態間の差異に影響をおよぼす要因である．居住地域であれば非保有／保有の差異に，性別と経済的資源であれば保有するものの間の差異に影響を与えている．ソーシャル・サポート（特に情緒的サポート）でみる場合，経済的資源は非保有と保有を分かつものではなく，保有しているものの間の差異をうみだすものである．

保有による社会生活上の便益についていえば，その便益は主観的世界と社会参加の側面で異なる可能性がある．主観的世界についていえば，社会関係資本の保有量が増えるほど，その明るさは線形に増加していく．しかし，社会参加についていえば，参加の活発さが社会関係資本の保有量の増加にしたがって線形に増加していくわけではない．利用可能な社会関係が1つしかない場合には，個人の地域参加や団体参加を促進しないのである．

最後に，本章の限界と今後の展開の可能性を述べる．本章は，社会関係資本の保有状態とライフイベントの関係を詳細に分析していない，という点で大きな限界がある．社会関係資本の保有状態はライフイベントと密接にかかわりながら変化するものだからである．たとえば，退職することで複数保持者から孤

立予備軍になるということや，失業することで孤立予備軍から孤立者になるということは，社会関係資本の保有状態がライフイベントを経ることで動的に変化していくことを示している．このような関係を計量的に明らかにするには，パネル調査にもとづく綿密な分析が必要となるであろう．

1) ただし，石田（2011）は孤立を社会関係の問題として捉えることで，その背後に潜む社会的排除の問題を見逃してしまう危険性も主張している．
2) 本章は Lin（2001）のように，個人が社会関係を通じて動員できる資源として社会関係資本を捉える．これに対し，Putnam（2000）の流れをくむ研究は，共同体における凝集性を社会関係資本として捉えている．
3) 社会的孤立についての先行研究は孤立と孤独を区別しており，本章もそれを踏襲する．孤立は社会関係が欠如しているという客観的状態を指し，孤独は社会関係が欠如しているという状態がひきおこす「寂しさ・悲しさ」などの主観的状態を指す（Townsend, 1963；石田，2011）．
4) 社会的孤立の先行研究の中には，友人や親族との接触回数をもとに，孤立の操作的定義をおこなうものもある（たとえば，Townsend, 1963）．この方法は本章でもちいる方法に比べ，孤立の割合を低めに推定する可能性がある．なぜなら，接触した友人や親族が必ずしもソーシャル・サポートを提供するとは限らないからである．なお，斉藤（2013）は先行研究における孤立の操作的定義をわかりやすくまとめている．
5) 情緒的サポートについての質問では，サポート源の選択肢として，民生委員や医療関係者（病院の医師など）が含まれていたが，類型化のさいには，これらの人たちを除外した．
6) 道具的サポートと情緒的サポートのどちらについても，サポートの源泉がない個人を孤立者として操作化するという方法もありうる．しかし，該当する回答者数が28名と非常に少なかったので，本章はこの方法をもちいなかった．
7) 分布の形状を補正するために，世帯収入は常用対数で変換した．
8) 多項ロジット回帰分析とは，従属変数の回答カテゴリーが3つ以上の場合にもちいられるロジスティック回帰分析である．孤立類型は，孤立・孤立予備軍・複数保持者の3カテゴリーから構成されるので，この手法をもちいた．分析においては，孤立予備軍を参照カテゴリーとした．この方法の詳細は太郎丸（2005）を参照のこと．
9) 孤立者の人数は孤立予備軍に比べかなり少ないので検出力が小さくなり，有意性検定で帰無仮説が棄却されなかった可能性がある．そこで，回帰係数の絶対値をもとに，従属変数に影響を与える要因を判断した．
10) 情緒的サポートの受け取り（相談相手の存在）については，孤立と貧困は必ずしも関連しない．実際，情緒的サポートの受け取りをもとに孤立を測定した石田（2011）でも，経済的資源は孤立のなりやすさに影響を与えていなかった．

11) 多重対応分析は，複数の質的変数を対象に，各変数のカテゴリー間の関係やケース間の関係を主として二次元空間上で把握する多変量解析法である．分析の結果として得られる空間において，カテゴリーをあらわす点間の距離はカテゴリー間の反応パターンの類似性をあらわす．つまり，点間の距離が近いカテゴリーは反応パターンが類似しているという意味で関連が強い．なお，空間の原点は回答者全体の平均的な反応パターンをあらわす．この方法の詳細は，Le Roux and Rouanet (2010) や足立・村上 (2011) を参照のこと．
12) 図8-1中のイナーシャ (inertia) は各次元が説明できる分散の大きさをあらわしている．また，説明率は全変数のもつ分散のうち，各次元が説明できる分散の割合を示している．なお，ここでは使用する変数の数が多いので，説明率はBenzécri (1992) の修正値をもちいている (Le Roux and Rouanet, 2010)．
13) 多重対応分析においては，各カテゴリーの位置関係が重要な意味をもっており，各カテゴリーの値の正負は実質的な意味をもたない．

文　献

足立浩平・村上隆，2011，『非計量多変量解析法――主成分分析から多重対応分析へ』朝倉書店．
Benzécri, J.-P., 1992, *Correspondence Analysis Handbook*, New York: Dekker.
Burt, Ronald S., 1984, "Network Items and the General Social Survey," *Social Networks*, 6: 293-339.
Emerson, Richard M., 1962, "Power-Dependence Relations," *American Sociological Review*, 27: 31-40.
稲葉陽二・藤原佳典編，2013，『ソーシャル・キャピタルで解く社会的孤立――重層的予防策とソーシャルビジネスへの展望』ミネルヴァ書房．
石田光規，2011，『孤立の社会学――無縁社会の処方箋』勁草書房．
河合克義，2009，『大都市のひとり暮らし高齢者と社会的孤立』法律文化社．
河合克義・菅野道生・板倉香子編，2013，『社会的孤立問題への挑戦――分析の視座と福祉実践』法律文化社．
Le Roux, Brigitte and Henry Rouanet, 2010, *Multiple Correspondence Analysis*, Thousand Oaks: Sage.
Lin, Nan, 2001, *Social Capital: A Theory of Social Structure and Action*, Cambridge: Cambridge University Press（筒井淳也・石田光規・桜井政成・三輪哲・土岐智賀子訳，2008，『ソーシャル・キャピタル――社会構造と行為の理論』ミネルヴァ書房）．
NHKスペシャル取材班編，2012，『無縁社会』文藝春秋．
NHKスペシャル取材班・佐々木とく子，2007，『ひとり誰にも看取られず――激増する孤独死とその防止策』阪急コミュニケーションズ．
Putnam, Robert, 2000, *Bowling Alone: The Collapse and Revival of American Community*, New York: Simon & Schuster（柴内康文訳，2006，『孤独なボウリ

ング──米国コミュニティの崩壊と再生』柏書房).
斉藤雅茂,2013,「地域別にみる孤立高齢者の特性」稲葉陽二・藤原佳典編『ソーシャル・キャピタルで解く社会的孤立──重層的予防策とソーシャルビジネスへの展望』ミネルヴァ書房:56-72.
相馬敏彦・浦光博,2007,「恋愛関係は関係外部からのソーシャル・サポート取得を抑制するか──サポート取得の排他性に及ぼす関係性の違いと一般的信頼感の影響」『実験社会心理学研究』46: 13-25.
瀧川裕貴,2012,「現代日本の中高年層における社会関係資本の格差と社会的孤立発生メカニズムに関する計量分析」『第 54 回 数理社会学会大会報告要旨集』: 12-15.
太郎丸博,2005,『人文社会科学のためのカテゴリカル・データ解析入門』ナカニシヤ出版.
Townsend, Peter, 1963, *The Family Life of Old People: An Inquiry in East London*, Harmondsworth: Penguin Books(山室周平監訳,1974,『居宅老人の生活と親族網──戦後東ロンドンにおける実証的研究』垣内出版).
浦光博,1992,『支えあう人と人──ソーシャル・サポートの社会心理学』サイエンス社.
浦光博,2009,『排斥と受容の行動科学──社会と心が作り出す孤立』サイエンス社.

III

幸福格差とソーシャル・キャピタル

9章
地域の社会関係資本は
だれの健康に影響するのか？
精神的健康と社会関係資本

―――― 渡邉大輔

1────問題の所在

　本章の目的は，社会学の立場から社会関係資本を多元的に測定し，精神的健康と社会関係資本の関連を分析することにある．

　イチロー・カワチ（Ichiro Kawachi）らを代表とする社会疫学的研究において，健康の社会的決定にかんする議論や実証分析が行われている．当初はマクロレベルにおける所得格差と健康格差に注目した分析が行われ，所得の水準だけでなく地域内における所得格差が健康に与える影響が実証されてきた（Kawachi and Kennedy, 2002）．さらに，ロバート・パットナム（Robart D. Putnam）による社会関係資本 social capital が注目され（Putnam, 1993＝2001），個人レベルだけでなく，地域や集団レベルの社会関係資本と健康の関連が指摘されている（Kawachi, Subramanian and Kim, eds., 2008）．

　日本でも，2000年代以降に健康の社会的決定にかんする議論が行われるようになり，社会的要因として所得格差に注目する分析が行われている（川上・小林・橋本編，2006; 近藤，2005）．近年は，健康に対して直接的，間接的な影響をおよぼす要因として社会関係資本に注目した研究も行われており，社会関係資本の測定も一般的信頼観だけでなく，地域への意識（藤澤・濱野・小藪，2007），近隣効果（大賀，2009）など様々な試みが行われている．

　精神的健康と社会関係資本にかんする分析では，個人レベルでの社会的ネットワークが精神的健康によい効果をもつという研究（Lin, Ye and Ensel, 1999; 原田ほか，2005）や，地域レベルの信頼やサークルへの参加といった社会関係

資本が効果をもつという研究がある (Hamano et al., 2010). しかし, 個人の社会的属性——とくに社会学が関心を持ち続けてきた社会階層など——によって集団レベルの社会関係資本の影響が異なるかの検証は少ない.

個人の属性による違いについては, 個人の社会経済的地位による違いが主観的健康観や抑うつに影響しているとの指摘があるが (Ahnquist, Wamala and Lindstrom, 2012; Heritage et al., 2008), このような研究はまだ一部にとどまっており, 社会関係資本が健康に与える影響の属性的差異は明らかではない.

言い換えれば,「地域レベルの社会関係資本は, 特定の人にしか有効ではないのではないか」という問いが本研究のリサーチ・クエスチョンとなる. そこで, 本章では, 性別と, 社会階層を示す指標として学歴をもちい[1], 地域レベルの社会関係資本の精神的健康に対する効果が性別や社会階層によって異なるかを分析するため, 以下の2つの仮説をたてた.

仮説1 　男性ほど, 地域レベルの社会関係資本が精神的健康によい影響をあたえる
仮説2 　高等教育を受けた人ほど, 地域レベルの社会関係資本が精神的健康によい影響をあたえる

仮説1は, 性別についての仮説である. 男性は女性に比べて就労が中心の生活になるため, 就労中も退職後も地域との人間関係が希薄になりやすく, 地域の社会関係資本がその人間関係の希薄さによる精神的健康の悪化を緩和する緩衝効果があるとした. すなわち, 地域レベルの社会関係資本と男性との交互作用項が有意であることが予想される. 仮説2は, 学歴についての仮説である. 高等教育を受けた人はボランティアや地域活動に対する知識や教育を受ける機会が多いことから (Brown and Ferris, 2007), 地域レベルの社会関係資本が高いほど, その居住地の状況を肯定的に理解し精神的健康が改善するとした. すなわち, 地域レベルの社会関係資本と高等教育ダミーとの交互作用項が有意であることが予想される. この2つの仮説を検証する.

2───データと変数

(1) 使用するデータ

データは，2012年春に実施された「関東甲信越健康調査」をもちいる[2]．この調査の母集団は関東甲信越に居住する40-79歳の男女であり，無作為に50市区町村を抽出したうえで，選挙人名簿をもちいて自治体ごとに60人を抽出して郵送質問紙調査を行った．計画標本は3000人，有効回収数は1487人（有効回収率49.6%）．このうち，もちいる変数に欠損のない1082人を分析対象とした．分析対象者の平均年齢は59.53歳（標準偏差10.80歳），男性が531人（49.08%），女性が551人（50.92%）だった．

(2) 従属変数：心理的ストレス尺度K6

従属変数として，精神的健康の測定にK6をもちいた[3]．これは，ロナルド・ケスラー（Ronald C. Kessler）らによって開発された，うつ病や不安障害などの精神疾患をスクリーニングすることを目的とした心理的ストレス尺度である（Kessler *et al.*, 2003）．古川壽亮ら（Furukawa *et al.*, 2008）が日本語版を開発し，有効性も確認している．

「この1カ月の間に感じたこと」としてストレスにかかわる6項目（神経過敏に感じる，など）を5件法をもちいて聞いている．「まったくない」を0点，「いつも」を4点として，6項目を単純加算した24点満点でスコアを構成し，点数が大きいほどストレスが大きいことを意味する．

(3) 独立変数，統制変数

社会関係資本の測定には，近隣への意識，団体への所属による社会参加，信頼の3つの指標をもちいた．

近隣への意識は，「今後もこの場所に住み続けたい」，「近所のどこにどのような人が住んでいるかよく知っている」，「近所の住民はみな一体感がある」，「近所ではみなが安心して暮らせる」の4項目を4件法（「そう思う」を4,「そう思わない」を1とした）にて測定した．この4項目を因子分析したとこ

ろ，1因子が抽出され，クロンバックのα係数は 0.76 であった．内的一貫性があることから，単純加算してもちいた．この変数は，地域レベルの社会関係資本の凝集性を認知的に測定していることから，コミュニティネスと呼ぶ．

社会参加は，自治会・町内会などの「地縁組織」，趣味やスポーツなどの「サークル活動」，ボランティア団体やNPOなどの「市民活動」，職縁による「同業者団体」の異なる4団体を設定し，所属を1とするダミー変数をもちいる．地縁組織と同業者団体は結合型社会関係資本を，サークル活動と市民活動は橋渡し型社会関係資本を測定している．

信頼については，山岸俊男の一般的信頼尺度の6項目のうち（山岸，1998），「私は人を信頼するほうである」，「ほとんどの人は信頼できる」，「ほとんどの人は基本的に善良で親切である」の3つの項目を4件法（そう思うを4，そう思わないを1とした）でたずね，その平均値をもちいた．

この3つの指標は，社会関係資本の構成要素たる「信頼，規範，ネットワーク」（Putnam, 1993: 167）におおむね対応するものとなる．近隣への意識は，地域レベルの凝集性を測定しており，凝集性が高いほど地域内の互酬性の規範を肯定的に評価していることから規範に対応する．また，団体への所属による社会参加は，参加をとおしてそれぞれの団体の特性ごとに他者との関係が構築されることからネットワークに，一般的信頼は信頼に対応する．

統制変数として，個人レベルでは，性別，年齢，年齢2乗，高等教育を1とする高等教育ダミー，配偶者がいる人を1とする有配偶ダミー，等価所得の対数変換，および，現在働いている人を1とする就労ダミーとした．マクロレベルの統制変数として，調査時点での自治体の高齢化率をもちいた．

(4) 分析手法

分析手法として，個人を第1水準，地域（自治体）を第2水準とするマルチレベル分析を採用した．マルチレベル分析を採用した理由は，個人に起因する精神的健康への影響だけでなく，個々人がその場で生活し，その環境に組み込まれている――ネストしている――地域のあり方や所属組織への参加度の違いが，精神的健康へおよぼす地域のあり方という文脈効果を分析するためである．さらに分析において，性別，学歴と地域レベルの社会関係資本とのクロス水準

図9-1 K6スコアの分布

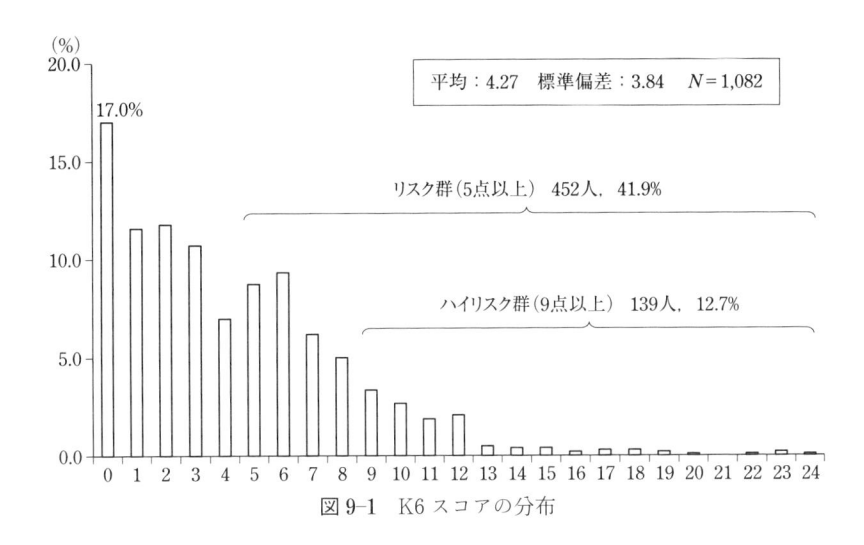

平均：4.27　標準偏差：3.84　$N=1,082$

リスク群（5点以上）452人，41.9%
ハイリスク群（9点以上）139人，12.7%

交互作用項を導入することで，文脈効果が性別や階層によって異なるかを分析した[4]．

3 ── 精神的健康のマルチレベル分析

(1) 記述統計

K6スコアは図9-1のように分布した．平均は4.27（標準偏差3.84）であり，一番ストレスの少ない状態である0が182人（17.0%）ともっとも多い．リスク群をしめす5点以上は452人（41.9%），介入の必要性があるとされる9点以上のハイリスク群は139人（12.7%）であった．分布には地域差がみられ，地域内の平均の範囲は1.94-6.57と大きな差がみられた．この平均値の違いは一元配置分散分析の結果，有意であった（$F=1.404$, $p<.05$）．

表9-1にもちいる独立変数，統制変数の記述統計をまとめた．図9-2には，個人の基本属性とK6スコアの平均値を誤差項つきでしめした．性別，年齢階級，配偶者の有無，就労の有無，学歴については，学歴以外はK6スコアの平均値が有意に異なっていた．とくに配偶者の有無による違いが顕著であり，配偶者がいる人はいない人に比べて精神的健康が有意に高かった．

表 9-1 独立変数の記述統計

	平均・比率*	標準偏差	範 囲
男性ダミー（ref. 女性）	49.08%	—	0–1
年 齢	59.53	10.80	40–79
高等教育ダミー（ref. 中等教育）	28.19%	—	0–1
有配偶ダミー（ref. 無配偶）	84.20%	—	0–1
就労ダミー（ref. 非就労）	61.00%	—	0–1
等価所得**	316.18	202.12	17.68–1237.44
コミュニティネス	12.58	2.60	3–16
所属（地縁的組織）（ref. 未所属）	54.71%	—	0–1
所属（サークル）（ref. 未所属）	39.56%	—	0–1
所属（市民活動）（ref. 未所属）	22.00%	—	0–1
所属（同業者団体）（ref. 未所属）	19.87%	—	0–1
一般的信頼	2.81	.66	1–4
高齢化率	26.53	6.61	16.4–41.5

注：* 量的変数は平均値，ダミー変数は比率を記載．
　　** 単位は万円．多変量解析では，対数変換したものを投入している．

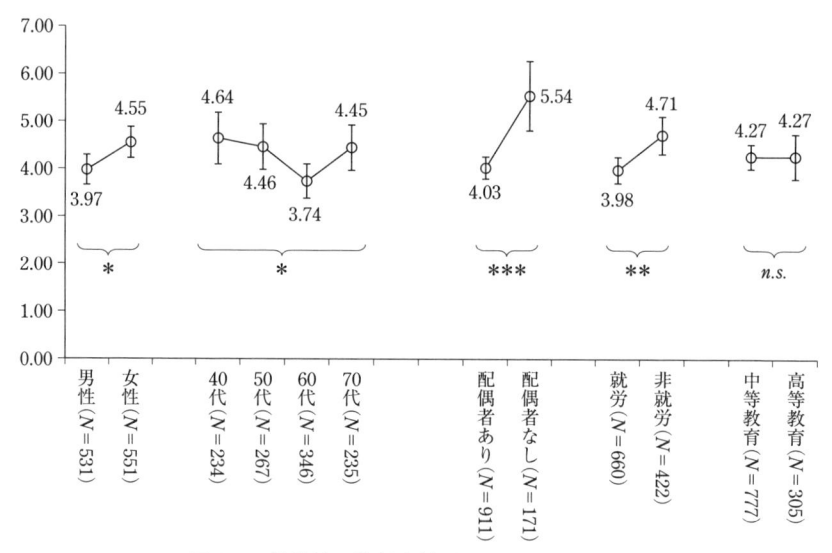

図 9-2 基礎的な統制変数別 K6 スコアの平均値

男性（$N=531$）3.97　女性（$N=551$）4.55　*
40代（$N=234$）4.64　50代（$N=267$）4.46　60代（$N=346$）3.74　70代（$N=235$）4.45　*
配偶者あり（$N=911$）4.03　配偶者なし（$N=171$）5.54　***
就労（$N=660$）3.98　非就労（$N=422$）4.71　**
中等教育（$N=777$）4.27　高等教育（$N=305$）4.27　n.s.

注：$^*p<.05$, $^{**}p<.01$, $^{***}p<.001$，検定は t 検定，年齢のみ一元配置分散分析．

(2) マルチレベル分析のモデル

　個人を第1水準，地域（自治体）を第2水準とし，ポワソン分布を仮定したマルチレベル分析をもちい，4つのモデルを分析した[5]．モデル1は個人レベルと地域レベルの社会関係資本の影響を分析している．モデル2から4は2つの仮説を検証するものであり，地域レベルの社会関係資本についての文脈効果における性別と学歴がもつ異なる影響を分析するため，それぞれおよび双方によるクロス水準交互作用を含めた分析を行っている[6]．いずれも切片のみにランダム効果を考慮したランダム切片モデルとなっている．

　モデル1を式で表すと，以下のようになる．

$$\log(Y_{ij}) = \beta_{0j} + \beta_{1j} 性別_{ij} + \beta_{2j} 年齢_{ij}$$
$$+ \cdots + \beta_{7j} 等価所得_{ij} + \beta_{8j} (コミュニティネス_{ij}$$
$$- \overline{コミュニティネス}_j) + \cdots + \beta_{13j} (一般的信頼_{ij} - \overline{一般的信頼}_j)$$
$$+ \beta_{14j} \overline{コミュニティネス}_j + \cdots + \beta_{19j} \overline{一般的信頼}_j + \beta_{20j} 高齢化率_j$$
$$+ \varepsilon_{ij}$$

$$\beta_{0j} = \gamma_{00} + u_{0j}$$

　ここで，Y_{ij} はK6スコアであり，リンク関数として対数をとる．Y_{ij} はポワソン分布に従うと仮定する．性別$_{ij}$ から等価所得$_{ij}$ は7つの統制変数（性別，年齢，年齢2乗，高等教育ダミー，有配偶ダミー，就労ダミー，等価所得）である．コミュニティネス$_{ij}$ から一般的信頼$_{ij}$ は社会関係資本の6つの変数（コミュニティネス，4つの所属，一般的信頼）にあたり，$\overline{コミュニティネス}_j$ から $\overline{一般的信頼}_j$ はその地域内平均である．高齢化率$_j$ は地域ごとの高齢化率，ε_{ij} は誤差である．β_{0j} は切片，β_{1j} からβ_{20j} は各変数の傾きを示している．γ_{00} は切片の全体平均，u_{0j} は誤差である．添え字の i は個人，j は地域（自治体）を示す．

　社会関係資本についての変数（コミュニティネス$_{ij}$ から一般的信頼$_{ij}$）は，個人の値から地域内平均を引いて中心化し，地域レベルとして地域内平均とあわせてもちいた．これは，地域間変動を除外した個人レベルの影響と，地域の影響の双方を分析するためである（Snijders and Bosker, 2011）．

次に，モデル2を式で表すと，以下のようになる．

$$\log(Y_{ij}) = \beta_{0j} + \beta_{1j} 性別_{ij} + \beta_{2j} 年齢_{ij}$$
$$+ \cdots + \beta_{7j} 等価所得_{ij} + \beta_{8j} (コミュニティネス_{ij}$$
$$- \overline{コミュニティネス}_j) + \cdots + \beta_{13j}(一般的信頼_{ij} - \overline{一般的信頼}_j)$$
$$+ \beta_{14j} \overline{コミュニティネス}_j + \cdots + \beta_{19j} \overline{一般的信頼}_j$$
$$+ \beta_{20j} \overline{コミュニティネス}_j \cdot 性別_{ij} + \cdots + \beta_{25j} \overline{一般的信頼}_j \cdot 性別_{ij}$$
$$+ \beta_{26j} 高齢化率_j + \varepsilon_{ij}$$
$$\beta_{0j} = \gamma_{00} + u_{0j}$$

モデル1の式と同様に，Y_{ij}はポアソン分布に従うと仮定する．式の，β_{20j} $\overline{コミュニティネス}_j \cdot 性別_{ij} + \cdots + \beta_{25j} \overline{一般的信頼}_j \cdot 性別_{ij}$の部分が，男性ダミーと社会関係資本の地域内平均とのクロス水準交互作用項である．クロス水準交互作用項をもちいることで，地域レベルの社会関係資本の文脈効果が性別によって異なるかが分析できる．同様に，モデル3は高等教育ダミーについて，モデル4は男性ダミーと高等教育ダミー双方についてクロス水準交互作用項をもちいているが，式は割愛する．

(3) マルチレベル分析の結果

ポアソン分布を仮定したマルチレベル分析による分析結果が，表9-2と表9-3である．モデル1の結果からは，個人レベルについては，コミュニティネスと一般的信頼が高いほど，またサークルに所属している人ほど精神的健康がよく，同業者団体に所属している人は精神的健康が悪かった．地域レベルでは，地域内での一般的信頼が高いほど，有意に精神的健康がよかった．統制変数については，男性ほど，配偶者がいる人ほど，就労している人ほど，所得が高い人ほど精神的健康がよく，高等教育を受けた人ほど精神的健康が悪かった．年齢と年齢2乗項ともに有意であり，年齢が高いほど精神的健康はよいが，その効果には限界点があった．この傾向は，交互作用項をもちいた際の性別，学歴以外は，すべてのモデルで同様であった．マクロ指標における高齢化率は，いずれのモデルにおいても有意ではなかった[7]．

次に，性別と地域レベルの社会関係資本とのクロス水準交互作用項を投入し

表 9-2 マルチレベル分析の結果（モデル 1，モデル 2）

	モデル 1		モデル 2	
	Coef.	Std.Err.	Coef.	Std.Err.
固定効果				
第 1 水準：個人レベル				
男性ダミー（ref. 女性）	−.131	.032 ***	−.738	.613
年　齢	−.057	.015 ***	−.056	.015 *
年齢 2 乗	.000	.000 ***	.000	.000 *
高等教育ダミー（ref. 中等教育）	.080	.036 *	.083	.036
有配偶ダミー（ref. 無配偶）	−.187	.039 ***	−.182	.039 **
就労ダミー（ref. 非就労）	−.166	.037 ***	−.173	.037 **
等価所得（対数変換）	−.194	.055 ***	−.164	.056 **
コミュニティネス	−.025	.007 ***	−.025	.007 *
所属（地縁的組織）（ref. 未所属）	−.054	.035	−.065	.035
所属（サークル）（ref. 未所属）	−.109	.034 **	−.102	.034
所属（市民活動）（ref. 未所属）	.003	.041	−.001	.041
所属（同業者団体）（ref. 未所属）	.178	.039 ***	.174	.039 *
一般的信頼	−.131	.024 ***	−.128	.024 **
第 2 水準：地域レベル				
コミュニティネス	.045	.054	−.015	.057
所属（地縁的組織）（ref. 未所属）	.039	.319	−.044	.354
所属（サークル）（ref. 未所属）	.144	.347	.057	.394
所属（市民活動）（ref. 未所属）	.312	.368	.944	.411 *
所属（同業者団体）（ref. 未所属）	−.393	.338	−.437	.383
一般的信頼	−.475	.275 *	−.320	.297
コミュニティネス＊男性			.147	.043 ***
所属（地縁組織）＊男性			.180	.321
所属（サークル）＊男性			.227	.365
所属（市民活動）＊男性			−1.359	.370 ***
所属（同業者団体）＊男性			.028	.341
一般的信頼＊男性			−.395	.266
コミュニティネス＊高等教育				
所属（地縁組織）＊高等教育				
所属（サークル）＊高等教育				
所属（市民活動）＊高等教育				
所属（同業者団体）＊高等教育				
一般的信頼＊高等教育				
高齢化率	.003	.006	.003	.007
ランダム効果				
切　片	.031	.177	.032	.180
ICC	.002		.003	
残差逸脱度	3,480.855		3,459.04	
N_j	50		50	
N_i	1,082		1,082	

注：† $p < .10$，* $p < .05$，** $p < .01$，*** $p < .001$．
　　太字の変数は，第 2 水準となる自治体ごとの平均値で中心化している．

表 9-3 マルチレベル分析の結果（モデル3，モデル4）

	モデル3		モデル4	
	Coef.	Std.Err.	Coef.	Std.Err.
固定効果				
第1水準：個人レベル				
男性ダミー（ref. 女性）	−.133	.032 ***	−.808	.619
年　齢	−.053	.015 ***	−.052	.015 ***
年齢2乗	.000	.000 **	.000	.000 **
高等教育ダミー（ref. 中等教育）	.142	.681	.193	.687
有配偶ダミー（ref. 無配偶）	−.177	.040 ***	−.170	.040 ***
就労ダミー（ref. 非就労）	−.173	.037 ***	−.181	.037 ***
等価所得（対数変換）	−.189	.055 ***	−.155	.056 **
コミュニティネス	−.027	.007 ***	−.027	.007 ***
所属（地縁的組織）（ref. 未所属）	−.048	.035	−.058	.035
所属（サークル）（ref. 未所属）	−.110	.034 **	−.102	.034 **
所属（市民活動）（ref. 未所属）	−.002	.041	−.008	.041
所属（同業者団体）（ref. 未所属）	.173	.039 ***	.168	.039 ***
一般的信頼	−.132	.024 ***	−.128	.024 ***
第2水準：地域レベル				
コミュニティネス	.060	.055	.000	.059
所属（地縁的組織）（ref. 未所属）	−.018	.330	−.089	.365
所属（サークル）（ref. 未所属）	.181	.367	.100	.411
所属（市民活動）（ref. 未所属）	−.139	.385	.524	.424
所属（同業者団体）（ref. 未所属）	−.400	.354	−.427	.398
一般的信頼	−.478	.286 †	−.328	.306
コミュニティネス*男性			.147	.043 ***
所属（地縁組織）*男性			.154	.323
所属（サークル）*男性			.226	.367
所属（市民活動）*男性			−1.484	.372 ***
所属（同業者団体）*男性			.000	.342
一般的信頼*男性			−.354	.268
コミュニティネス*高等教育	−.048	.049	−.048	.049
所属（地縁組織）*高等教育	.096	.380	.086	.381
所属（サークル）*高等教育	−.144	.406	−.159	.407
所属（市民活動）*高等教育	1.515	.402 ***	1.630	.405 ***
所属（同業者団体）*高等教育	.037	.375	.023	.376
一般的信頼*高等教育	.061	.292	.040	.294
高齢化率	.013	.025	.002	.007
ランダム効果				
切　片	.031	.176	.032	.180
ICC	.002		.003	
残差逸脱度	3,461.816		3,437.831	
N_j	50		50	
N_i	1,082		1,082	

注：† $p<.10$, * $p<.05$, ** $p<.01$, *** $p<.001$.
　　太字の変数は，第2水準となる自治体ごとの平均値で中心化している。

たモデル2では，個人レベルにおけるサークルへの所属の影響が有意でなくなった．また，地域レベルにおける一般的信頼の影響が有意でなくなり，市民活動への所属と，コミュニティネスと男性の交互作用項が精神的健康を有意に悪化させていた．市民活動への所属と男性ダミーのクロス水準交互作用項が有意であることから，男性にとっては地域内において市民活動に所属する人が多いほど精神的健康がよくなり，女性にとっては逆の効果をもっていたといえる．また，コミュニティネスは男性にとってのみ有意な負の効果をもっていた．

学歴と地域レベルの社会関係資本とのクロス水準交互作用項を投入したモデル3では，モデル1と傾向が変わらず，市民活動への所属と高等教育ダミーとの交互作用項が有意であった．すなわち，高等教育を受けた人にとって地域内での市民活動への参加が多いほど，精神的健康が悪化していた．

最後に性別と学歴それぞれのクロス水準交互作用項を投入したモデル4では，男性ダミーとコミュニティネスの交互作用項，男性ダミーと地域における市民活動への所属との交互作用項，高等教育ダミーと地域における市民活動への所属との交互作用項が有意であり，地域レベルの一般的信頼は有意ではなくなった．

(4) 議　論

分析の結果から，個人レベルでは，同業者団体への所属が精神的健康を有意に悪化させていたが，コミュニティネスと一般的信頼という個人の認知的社会関係資本は精神的健康に正の効果がみられ，既存研究の知見と整合的であった（儘田，2010）．地域レベルの一般的信頼も正の効果をもち，地域における高い信頼が精神的な安定をもたらしていると考えられる．

次に仮説を検証するため，性別の文脈効果を分析した．その結果，男性は市民活動への所属が多い地域ほど精神的健康が改善していた．男性は地域内における人間関係が女性に比べて乏しいことから，地域における市民活動が盛んであることによって地域内での新しい人間関係を構築しやすくなることが，精神的健康に正の影響を与えたと考えられる．同時に，男性は，地域レベルのコミュニティネスが高いほど後から地域に参加するためなじみにくさを感じ，精神的健康に負の影響がある．以上から，仮説1は支持されたものの，地域レベル

の凝集性の高さについては仮説とは逆の結果となった．

　学歴の文脈効果を分析した結果，高等教育ダミーと地域における市民活動への所属との交互作用項が有意であり，精神的健康を悪化させていた．これは，市民活動が盛んな地域ほど，高等教育を受けた人には活動への期待がかかり，この期待が心理的圧力になっているのではないかと解釈したが，妥当であるかはさらなる検討が必要となる．学歴については市民活動への所属のみ交互作用項が有意であり，その方向も逆であったため，仮説2は否定された．

　以上から，地域レベルの社会関係資本という文脈効果の影響が，性別や社会階層によって異なる点が示唆された．さらに，その効果は，かならずしも健康に肯定的な効果とは限らず，男性にとって地域の凝集性が高いほど，また高学歴の人にとって市民活動への所属率が高いほど，地域の状況次第で精神的健康が悪化する可能性がみられた．社会関係資本は，健康に対してつねに正の効果をもつとは限らないといえる．すなわち，地域レベルの社会関係資本は特定の人にしか有効ではないのではないかというリサーチ・クエスチョンは肯定された．

4──健康の社会的決定における社会学的分析の役割

　本章では，社会関係資本を多元的に測定し，精神的健康への影響と社会関係資本の関連を分析した．結果，個人レベルの社会関係資本が精神的健康によい影響を与えることを示すとともに，地域レベルの社会関係資本という文脈効果の影響が，性別や社会階層によって異なることを示した．

　後者の論点には，社会学が取り組んできた，地域の多様性や凝集性が個人に与える影響と社会的地位による違いについての知見が貢献できる可能性を示唆している．社会疫学研究では，普遍的なメカニズムの探求と政策的介入可能性を重視しているが，社会階層の流動性は時代によって変化していることからも（石田・三輪，2011），時代状況を加味した社会学的分析の役割は大いにある．地域や時代による社会の違いを扱うことができる社会学的アプローチの利点は，文脈効果の多様性やその交絡の分析にこそ発揮できるだろう．

　最後に本章の限界に触れる．本調査では，地点内のサンプル数が少なく推定

に不安定なところがある．また，文脈効果における社会的属性の影響を示したものの，それが緩衝効果によるものか，媒介効果によるものか，そのメカニズムは明らかではない．属性についても階層項目として学歴のみを扱っており，社会階層を分析するにはまだ不十分な点がある．これらの問題を解決するために，現在のデータのさらなる分析とともに，新しい調査の積み重ねが必要となる．

1) 従業上の地位や職業ではなく学歴を階層項目として採用した理由は，退職による影響を考慮したためである．
2) データの詳細については，本書「まえがき」を参照のこと．
3) 精神的健康をはかる尺度には，このほかに疫学研究用うつ病尺度（CES-D），一般的健康尺度（GHQ-12）など様々な尺度があるが，設問項目数が少なく，質問紙調査での有効性も確認されていることからK6をもちいた．
4) 本章では，個人と地域レベルの社会関係資本の健康への影響を分析するとともに，文脈効果が性別や社会階層によって異なるかを分析する点を重視した．そのため，モデルの適合度の指標のみに注目してモデル選択を行うことを避け，適合度がやや低いモデルも分析対象とした．
5) ポワソン分布を仮定した理由は，K6スコアの分布が最小値となる0がもっとも多く，値が増えるほど度数が減少するカウントデータの分布に近似していること，平均値が標準偏差より大きく，両者の値が近いことからである．
6) 本章では，個人と地域レベルの社会関係資本の健康への影響を分析するとともに，文脈効果が性別や階層によって異なるかを分析する点を重視した．そのため，モデルの適合度の指標のみに注目してモデル選択を行うことを避け，適合度がやや低いモデルも分析対象とした．
7) 高齢化率は，地域における保健衛生費や医療費等に影響し，過疎度の指標にもなるため，地域指標としてもちいた．なお，高齢化率を社会関係資本の各変数の傾きに投入したランダム係数モデルをもちいた分析も行ったが，いずれも有意ではなく，マクロな人口構成による文脈効果への影響はみられなかった．

文　献

Ahnquist, Johanna, Sarah P. Wamala and Martin Lindstrom, 2012, "Social Determinants of Health - A Question of Social or Economic Capital?: Interaction Effects of Socioeconomic Factors on Health Outcomes," *Social Science & Medicine*, 74(6): 930–939.

Brown, Eleanor and James M. Ferris 2007, "Social Capital and Philanthropy: An analysis of the Impact of Social Capital on Individual Giving and Volunteering," *Nonprofit and Vouluntary Sector Quarterly*, 36(1): 85–99.

藤澤由和・濱野強・小藪明生，2007，「地区単位のソーシャル・キャピタルが主観的健康観に及ぼす影響」『厚生の指標』54(2): 18-23.
Furukawa, Toshi A. et al., 2008, "The Performance of the Japanese Version of the K6 and K10 in the World Mental Health Survey Japan," *International Journal of Methods in Psychiatric Research*, 17(3): 152-158.
Hamano, Tsuyoshi et al., 2010, "Social Capital and Mental Health in Japan: A Multilevel Analysis," *Plos One*, 5(10): e13214.
原田謙ほか，2005，「大都市部における後期高齢者の社会的ネットワークと精神的健康」『社会学評論』55(4): 434-448.
Heritage, Zoe et al., 2008, "Impact of Social Ties on Self Reported Health in France: Is Everyone Affected Equally?" *BMC Public Health*, 8(1): 243.
石田浩・三輪哲，2011，「社会移動の趨勢と比較」石田浩・近藤博之・中尾啓子編『現代の階層社会2 階層と移動の構造』東京大学出版会: 3-19.
Kawachi, Ichiro and Bruce P. Kennedy, 2002, *The Health of Nations: Why Inequality is Harmful to Your Health*, New York: The New Press.
Kawachi, Ichiro, S.V. Subramanian and Daniel Kim, eds., 2008, *Social Capital and Health*, New York: Springer.
川上憲人・小林廉毅・橋本英樹編，2006，『社会格差と健康——社会疫学からのアプローチ』東京大学出版会.
Kessler, Ronald C. et al., 2003, "Screening for Serious Mental Illness in the General Population," *Archive of General Psychiatry*, 60(2): 184-189.
近藤克則，2005，『健康格差社会——何が心と健康を蝕むのか』医学書院.
Lin, Nan, Xiaolan Ye and Walter M. Ensel, 1999, "Social Support and Depressed Mood: A Structural Analysis," *Journal of Health and Social Behavior*, 40: 344-359.
儘田徹，2010，「日本におけるソーシャル・キャピタルと健康の関連に関する研究の現状と今後の展望」『愛知県立大学看護学部紀要』16: 1-7.
大賀英史，2009，「地域におけるソーシャル・キャピタルとK6の妥当性」『日本衛生学雑誌』64(2): 283.
Putnam, Robart, D., 1993, *Making Democracy Work: Civic Traditions in Modern Italy*, New Jersey: Princeton University Press（河田潤一訳，2001，『哲学する民主主義——伝統と改革の市民的構造』NTT出版）.
Snijders, Tom A. B. and Roel J. Bosker, 2011, *Multilevel Analysis: An Introduction to Basic and Advanced Multilevel Modeling*, London: Sage.
杉澤秀博，2013，「健康の社会的決定要因としての社会経済階層と社会関係に関する研究の接点」『理論と方法』28(1): 53-68.
山岸俊男，1998，『信頼の構造——こころと社会の進化ゲーム』東京大学出版会.

10章
健康サービス利用にたいする地域組織参加の効果
マルチレベル分析による市区町村間の違いの検討

———— 大﨑裕子・辻　竜平

1————はじめに

　きたる超高齢化社会を前に，先進国における健康政策の重要性が高まるなか，近年，健康とソーシャル・キャピタルの関係に関心が集まっている．

　健康とソーシャル・キャピタルの関係については，国内外の多くの先行研究によって，データ上の関連が確認されている．しかし，どういった経路でソーシャル・キャピタルが健康に影響するのかについてはこれまで未解明のままであった（Kawachi and Berkman, 2000; 近藤, 2013）．これに対し，ソーシャル・キャピタルが健康に影響する経路のひとつとして，ソーシャル・キャピタルが人びとの健康行動を促し，それによって健康状態がよくなるという考え方があり，近年ではこの枠組みに沿って，健康行動とソーシャル・キャピタルの関連についての研究が進められている（Poortinga, 2006）．具体的には，健康行動として喫煙や飲酒，散歩，食生活などの生活習慣や健診・検診の受診行動と，ソーシャル・キャピタルの関連が報告されている（Lindström, 2003; 2005; 三觜ほか, 2006; Greiner et al., 2004; Poortinga, 2006; 埴淵ほか, 2010）．

　一方でこれらの個々人の日頃の健康行動を，住民の努力にまかせきりにせず，政策としてバックアップしていくことが行政側の役割となる．これに対し，近年，「健康日本21」にみられるように，行政による健康政策の転換がはかられている．健康診断や各種検診による早期発見・早期治療によって疾病の進行をふせぐ二次予防とくらべて，これまであまり重視されてこなかった一次予防，すなわち疾病の発生そのものを予防することが，健康政策の中心的課題となり

つつある（厚生労働省，2000）．これにともない，人びとの健康的な生活習慣づくりの取り組みとして，健康教育や啓発といったヘルス・プロモーションに重点がおかれ，市区町村により生活習慣病予防や健康生活にかんする教室，講演会の開催といった健康サービスが提供されている（宮坂ほか編，2006）．人びとが一段前の健康行動としてこれらの健康サービスを利用することにより，日頃の健康習慣がよりよいものになり，結果として健康につながることが期待されている．

　しかし，せっかく市区町村が健康サービスを提供しても，それを利用する人が少なければ，健康政策としては失敗である．したがって，どのようにして人びとの健康サービス利用度を高められるかが，市区町村としての政策的関心となる．健康サービスの利用は，英語の文献では health care access などと表現され，ソーシャル・キャピタルとの関連は，この10数年のあいだに海外において報告が出はじめている（Derose and Varda, 2009）．しかし，日本においては研究が進んでいないのが現状である．

　以上をふまえ，本章では，未解明とされてきた健康とソーシャル・キャピタルの経路を検討するにあたり，日本の市区町村による健康政策の推進という政策的な立場から，人びとの健康サービスの利用にたいして，ソーシャル・キャピタルがおよぼす効果を検証したい．

2───健康サービス利用にたいするソーシャル・ネットワークの効果

(1) 人びとの地域組織への参加が健康サービス利用におよぼす効果

　ソーシャル・キャピタル研究において，人びとが個々に保有するソーシャル・ネットワークは個人レベルのソーシャル・キャピタルとされる一方で，地域における人びとの信頼感や規範などは集団レベルのソーシャル・キャピタルとされる．どちらも人びとの健康に影響する要因として，その効果が多くの先行研究において確認されている．一方，前述のように，日本における健康サービスの利用とソーシャル・キャピタルとの関係については未だ研究の蓄積がみられない．そこで本章では，初期的検討として，まずは個人レベルのソーシャル・キャピタルとしてのソーシャル・ネットワークが，健康サービスの利用に

およぼす効果を検証する．このソーシャル・ネットワークには，家族・親族とのつながりや，近隣の人びととの接触，友人や同僚との交流，地域組織への参加など，さまざまな種類がある．

これにたいし，政策的な立場からは，人びとが健康行動にむかう際の，行政の介入可能性の問題が指摘されている．つまり，人びとが健康行動にむかう要因があきらかになったとしても，それが行政の介入が不可能な要因であっては，政策的に措置を講じることが難しい．近年では，個人への介入の限界が指摘され，それにかわる新しい方法として，地域社会へ介入する New Public Health の可能性が提案されている（近藤，2005; 2013）．こうした実践的問題をふまえ，市区町村が地域組織の力を活用しながら健康政策の推進をはかることが推奨されている（厚生労働省，2000；宮坂ほか編，2006）．そこで本章では，健康政策における行政と地域の連携可能性を視野に入れ，ソーシャル・ネットワークのうち，人びとの地域組織への参加が健康サービス利用におよぼす効果について検証することとする．

(2) 地域組織参加が健康サービス利用をうながす際の2つの経路

地域組織参加が健康サービス利用をうながすとすれば，主として次の2つのソーシャル・ネットワークの機能に依存した経路が考えられる．

1つ目は，ソーシャル・ネットワークにより，それを保有していないばあいには得ることが難しい情報を獲得することができる（Lin, 2001）という利点に基づいた経路である．地域組織への参加を介して，人びとは健康サービスにかんする情報を的確に入手することができると考えられる．市区町村は健康サービスを住民に積極的に利用してもらうために，健康教室や講演会といったイベントにかんする情報を，効果的に住民に届けることが重要となる．その際，市区町村の広報誌などにより，住民に直接情報発信することもそれなりに有用ではあるが，地域組織参加者にたいしては，そういった直接的な情報伝達経路よりも，地域組織と連携し，地域組織を介してイベントの日時や内容・参加意義の周知を行う方が効果的である（宮坂ほか編，2006）．その結果，地域組織に参加している人はそうでない人にくらべ，健康サービスの情報を確実に入手し，さらにサービス利用の意義を理解しやすくなり，健康サービスを利用する可能

性が高まると推察される．

　2つ目は，ソーシャル・ネットワークによって他者の健康行動にかんする話を聞く機会が増え，その行動が自分自身にも伝播し，健康行動の変容が起きるという経路である（Kawachi and Berkman, 2000）．参加している地域組織における自分以外の他者が健康サービスを利用している話を聞くことによって，それまで関心のなかった自分自身も，健康サービスを利用するようになることが期待できる（宮坂ほか編，2006）．

(3) 地域組織参加が健康サービス利用を促進する効果の地域差

　上記のようなソーシャル・ネットワークの機能により，地域組織参加が健康サービス利用をうながす効果をもつと考えられるが，本章ではさらにその効果が，市区町村間でばらつきをもつ可能性に着目する．以下に述べるように，各市区町村によって地域組織の実態や，地域組織と行政との関係性などが異なることが予想される．それらの違いにより，人びとの地域組織への参加が健康サービス利用にむすびついている市区町村もあれば，あまり効果がない市区町村もあると考えられる．

(4) 地域組織参加の健康サービス利用促進効果にたいする市区町村の高齢化率の影響

　では，もし仮に，地域組織参加が健康サービス利用におよぼす効果が市区町村によって異なるとすれば，その効果の違いは，市区町村間のどのような性格の違いによるものだろうか．さまざまな市区町村レベルの要因が影響していることが予想されるが，本章では，以下の2点の理由から，市区町村ごとの「高齢化率」に着目する[1]．

　1つ目の理由として，現在の日本において，地域組織に参加することは，どちらかといえば退職後の地域社会での暮らしにおいて重要性が増すと考えられる．したがって，高齢化率の高い地域は低い地域よりも，地域組織の活動度やメンバー間の人間関係の密度による組織内の凝集性が高くなると考えられ，そのような違いが健康サービス利用にたいする効果にもばらつきをもたらす可能性がある．

　2つ目の理由としては，地域組織と市区町村との日頃からの関係性を考えた

とき，高齢化が進んだ農村部と比較的若い人の多い都市部とでは，地域組織に参加している人びとと行政関係者の日常的な距離感が，都市部よりも農村部の方が近いと考えられる．こうした違いは，行政と地域組織の連携による健康サービス利用の推進にも影響すると予想される．

以上の理由から，本章では，地域組織参加が健康サービス利用をうながす効果に市区町村間でばらつきがあるとすれば，そのばらつきにたいして，市区町村の高齢化率が影響するものと予想する．

3──分　析

以上に述べた，地域組織参加が健康サービス利用をうながす効果，その効果の市区町村間のばらつき，さらにその市区町村間のばらつきにたいする高齢化率の影響を確認するため，個人レベルの効果と市区町村レベルの効果を同時に検討するマルチレベル分析を行った．

(1) データと分析方法

分析データには，「関東甲信越健康調査」のデータをもちいた．調査の詳細は，本書の「まえがき」を参照されたい．

被説明変数である健康サービス利用度は，役所や保健所，病院が提供する5種類のサービス（a：健康体操，ラジオ体操などの体操教室や実習，b：生活習慣病予防のための料理教室，c：生活習慣病予防やがん予防などの講演会，d：介護予防，認知症予防などの講演会，e：民生委員，社会福祉士，保健師による生活相談）の利用度（1：参加・利用したことはない，2：1年以上前に参加・利用したことがある，3：ふだんから参加・利用している）の平均得点をもちいた[2)3)]．

個人レベル説明変数である地域組織参加には，①自治会・町内会や老人会等の地縁的活動の組織いずれかへの参加（以下，「地縁的組織への参加」とする），②スポーツ・趣味・娯楽活動の組織いずれかへの参加（以下，「趣味娯楽組織への参加」とする），③ボランティア・NPO・市民活動の組織いずれかへの参加（以下，「ボランティア組織への参加」とする），④商工会・同業種組合や宗教団体，政治団体・後援会の組織いずれかへの参加（以下，「商工会その他組織への

表10-1　分析にもちいた変数の記述統計

	平均値*	標準偏差
被説明変数 ($N_i=1,065$)		
健康サービス利用度	1.12	0.29
（5種類のサービスの利用度［1-3］の平均得点）		
個人レベル説明変数 ($N_i=1,065$)		
性別（0：男性，1：女性）	0.51	0.50
年齢	59.34	10.72
教育年数	12.46	2.26
就労（0：無，1：有）	0.61	0.49
婚姻（0：無，1：有）	0.83	0.37
収入（対数変換）	15.30	0.73
地縁的組織参加（0：非参加，1：参加）	0.31	0.46
趣味娯楽組織参加（0：非参加，1：参加）	0.35	0.48
ボランティア組織参加（0：非参加，1：参加）	0.13	0.34
商工会その他組織参加（0：非参加，1：参加）	0.10	0.30
市区町村レベル説明変数 ($N_j=50$)		
市区町村高齢化率（65歳以上人口割合）	0.26	0.07

注*：0-1型の2値変数にたいしては，1の比率を意味する．

参加」とする）の4変数をもちいた．これらの4変数はそれぞれ，いずれかの組織に所属し，かつ「月に1日以上活動している」ばあいを「1：参加」，それより少ない活動頻度またはいずれの組織にも所属していないばあいを「0：非参加」とした．それ以外の個人レベル変数に，性別（0：男性，1：女性），年齢，教育年数，就労（0：無，1：有），婚姻（0：無，1：有），収入（各カテゴリの中央値の対数変換）の6つの変数を統制変数としてもちいた．

市区町村レベルの説明変数である各市区町村の高齢化率は，総務省統計局の「統計でみる市区町村のすがた2012」より，2010年時点での各市区町村の全人口にたいする65歳以上人口の割合を算出した．

以上の変数において欠損のない50市区町村の1065人のケースを分析にもちいた．各変数の記述統計は表10-1のとおりである．被説明変数である健康サービス利用度の平均値は1.12であり，健康サービスを利用している人はデータ全体として少ない．個人レベルの説明変数では，地域組織参加のうち地縁的組織と趣味娯楽組織の参加率がともに3割程度，ボランティア組織と商工会その他組織については1割程度である．また市区町村レベルの説明変数である高齢化率の平均は，26％となっている．

(2) 健康サービス利用度のマルチレベル分析

本章の関心はおもに，健康サービス利用度にたいする地域組織参加の効果（傾き）の市区町村間の違いについて分析することにあるが，マルチレベル分析では通常，傾きが集団ごとに異なるモデルを考える前に，まずは切片が集団ごとに異なるモデルを検討するのが通例である．すなわち，本章においては，健康サービス利用度そのものに市区町村レベルでばらつきがあるとするモデルのことをさす．市区町村ごとに提供する健康サービスの質や量といった内容の違いがあると予想されることから，当然，サービス利用度そのものにも市区町村レベルでばらつきがあることが考えられる．また，そのばらつきに対して，市区町村の高齢化率が影響する可能性も十分考えられる．

これをふまえ，本章におけるマルチレベル分析では，まず健康サービス利用度そのものに市区町村レベルでばらつきがあること，さらに地域組織参加が健康サービス利用におよぼす効果にも市区町村レベルでばらつきがあることを想定し，健康サービス利用度を地域組織参加で説明する回帰式において，市区町村ごとに異なる切片と傾き（それぞれランダム切片・ランダム傾きとよばれる）をもつマルチレベルモデルを推定する．

マルチレベル分析の手順として，まず，健康サービス利用度の切片，次に地域組織参加の傾きについて，市区町村レベルでばらつきがあるかを確認する．切片および傾きの市区町村レベルのばらつきが確認されたうえで，それらのばらつきが，市区町村の高齢化率で説明されるかを検証する．分析ソフトウェアには HLM6.08 をもちいた．

以下では順にモデル 0–4 を検討する．まず，健康サービス利用度の切片が市区町村レベルのばらつきをもち，説明変数を一切投入しないモデルを検討する（モデル 0）．次に，モデル 0 に個人レベル説明変数として属性変数と地域組織参加変数を投入したモデルを検討する（モデル 1）．その次に，モデル 1 における地域組織参加の傾きが市区町村レベルのばらつきをもつ（ランダム傾き）モデルを検討する（モデル 2）．さらに，モデル 2 における切片の市区町村レベルのばらつきを市区町村レベル変数の高齢化率で説明するモデルを検討する（モデル 3）．最後に，モデル 3 においてさらに地域組織参加の傾きの市区町村レ

ベルのばらつきについても高齢化率で説明するモデル（モデル 4）を検討する．

マルチレベル分析の結果は**表 10-2** に示したとおりである．以下，市区町村 j に属する個人 i の健康サービス利用度 $_{ij}$ を被説明変数とするマルチレベルモデルを順に式に示す．

まず，説明変数を一切投入しない切片のみのモデルは，

$$健康サービス利用度_{ij} = \beta_{0j} + e_{ij}$$
$$\beta_{0j} = \gamma_{00} + u_{0j} \quad\quad\quad （モデル 0）$$

という 2 本の式にあらわすことができる．ここで β_{0j} は市区町村 j における切片，e_{ij} は個人レベルの残差，γ_{00} は切片 β_{0j} の全体平均，u_{0j} は β_{0j} の市区町村レベルの残差をあらわしている．2 本の式を 1 本にまとめると，

$$健康サービス利用度_{ij} = \gamma_{00} + u_{0j} + e_{ij} \quad\quad\quad （モデル 0'）$$

となり，残差が市区町村レベルの残差 u_{0j} と個人レベルの残差 e_{ij} に分解されていることがわかる．これは，健康サービス利用度における個人レベルのばらつきのほかに，市区町村レベルのばらつきも考慮していることをあらわしている．このとき市区町村レベルの残差 u_{0j} の分散 $\sigma^2_{u_{0j}}$ がある程度大きいと（有意であると），健康サービス利用度には説明されるべき市区町村レベルのばらつきがあることを意味する．**表 10-2** のモデル 0 における，切片の市区町村レベルの残差分散 $\sigma^2_{u_{0j}}$ は 0.004 で有意であり，健康サービス利用度の切片には無視できない市区町村レベルのばらつきがあることが確認された．

次に，モデル 0 の回帰式に個人レベルの説明変数として 6 つの属性変数と 4 つの地域組織参加変数を投入したモデルを考える（モデル 1）．式は以下のようになる．

$$\begin{aligned}健康サービス利用度_{ij} &= \beta_{0j} + \beta_{1j} 性別 + \beta_{2j} 年齢 + \beta_{3j} 教育年数 + \beta_{4j} 就労 + \beta_{5j} 婚姻 + \beta_{6j} 収入 \\ &\quad + \beta_{7j} 地縁的組織参加 + \beta_{8j} 趣味娯楽組織参加\end{aligned}$$

$$+\beta_{9j}\text{ボランティア組織参加}+\beta_{10j}\text{商工会その他組織参加}+e_{ij}$$
$$\beta_{0j}=\gamma_{00}+u_{0j}$$
$$\beta_{1j}=\gamma_{10}$$
$$\beta_{2j}=\gamma_{20}$$
$$\beta_{3j}=\gamma_{30}$$
$$\beta_{4j}=\gamma_{40}$$
$$\beta_{5j}=\gamma_{50}$$
$$\beta_{6j}=\gamma_{60}$$
$$\beta_{7j}=\gamma_{70}$$
$$\beta_{8j}=\gamma_{80}$$
$$\beta_{9j}=\gamma_{90}$$
$$\beta_{10j}=\gamma_{100} \quad\quad\text{（モデル1）}$$

ここで，β_{1j}-β_{10j} は市区町村 j における傾きであり，γ_{10}-γ_{100} は定数である．本章では健康サービス利用度にたいする属性変数の効果については市区町村間で一定と考えるため，以降すべてのモデルで（$\beta_{1j}=\gamma_{10}$，$\beta_{2j}=\gamma_{20}$，$\beta_{3j}=\gamma_{30}$，$\beta_{4j}=\gamma_{40}$，$\beta_{5j}=\gamma_{50}$，$\beta_{6j}=\gamma_{60}$）とし，これらは以降のモデルの式では省略する．また，モデル1では4つの地域組織参加の効果も市区町村間で一定（$\beta_{7j}=\gamma_{70}$，$\beta_{8j}=\gamma_{80}$，$\beta_{9j}=\gamma_{90}$，$\beta_{10j}=\gamma_{100}$）とする．**表10-2** のモデル1において，属性については，性別と年齢が有意であり，女性や年齢の高い人ほど，健康サービス利用度が高いことがわかる（弱い関連ではあるが，教育年数が多い人ほど，健康サービス利用度が低いという関連もみられる）．

地域組織参加については，4組織のうち，地縁的組織，趣味娯楽組織，ボランティア組織への参加の効果が有意となり，地域組織参加が健康サービス利用度を高めるという本章の仮説が支持された．

また，これらの個人レベル変数を投入したうえでも，モデル0と同様，切片の市区町村レベルの残差分散 $\sigma^2_{u_{0j}}$ は 0.004 で有意であり，健康サービス利用度における市区町村レベルのばらつきがみとめられる．

次に，切片だけでなく，地域組織参加の傾きについても市区町村レベルのば

らつきを考慮するモデルを考える（モデル2）．式は以下のようになる，

健康サービス利用度$_{ij}$
$= \beta_{0j} + \beta_{1j}$性別$+ \beta_{2j}$年齢$+ \beta_{3j}$教育年数$+ \beta_{4j}$就労$+ \beta_{5j}$婚姻$+ \beta_{6j}$収入
$+ \beta_{7j}$地縁的組織参加$+ \beta_{8j}$趣味娯楽組織参加
$+ \beta_{9j}$ボランティア組織参加$+ \beta_{10j}$商工会その他組織参加$+ e_{ij}$

$\beta_{0j} = \gamma_{00} + u_{0j}$
$\beta_{7j} = \gamma_{70} + u_{7j}$
$\beta_{8j} = \gamma_{80} + u_{8j}$
$\beta_{9j} = \gamma_{90} + u_{9j}$
$\beta_{10j} = \gamma_{100} + u_{10j}$ （モデル2）

ここでモデル1との違いとして，γ_{70}-γ_{100}は傾きβ_{7j}-β_{10j}の全体平均，u_{7j}-u_{10j}は傾きβ_{7j}-β_{10j}の市区町村レベルの残差をあらわしている．u_{7j}-u_{10j}の分散$\sigma^2_{u_{7j}}$-$\sigma^2_{u_{10j}}$がある程度大きいと（有意であると），健康サービス利用度にたいする地域組織参加の効果には，説明されるべき市区町村レベルのばらつきがあることを意味する．表10-2のモデル2における4つの地域組織参加の傾きの市区町村レベルの残差分散$\sigma^2_{u_{7j}}$-$\sigma^2_{u_{10j}}$は順に，0.007, 0.012, 0.012, 0.032で，すべて5%水準で有意である．したがって地域組織参加が健康サービス利用度を高める効果は市区町村レベルでばらつきがあるという仮説が支持された．

以上までで，健康サービス利用度（の切片）と，健康サービス利用度にたいする地域組織参加の効果（傾き）には，市区町村レベルでばらつきがあることがわかった．これらのばらつきにたいして，市区町村の高齢化率が影響しているかを続くモデルであきらかにしたい．

まず，健康サービス利用度の切片の市区町村レベルのばらつきが高齢化率で説明されるかを検証するため，モデル2のβ_{0j}の回帰式に市区町村レベル変数として市区町村の高齢化率を投入した（モデル3，$\beta_{0j} = \gamma_{00} + \gamma_{01}$市区町村高齢化率$+ u_{0j}$，モデル全体での式は省略）．その結果，$\gamma_{01}$は有意とならず，モデル2とくらべて切片の市区町村レベルの残差分散$\sigma^2_{u_{0j}}$も減少しなかった（表10-2

表 10-2 マルチレベル分析の結果（被説明変数：健康サービス利用度）

	モデル0	モデル1	モデル2	モデル3	モデル4
固定効果					
切片（γ_{00}）	1.111***	0.882***	0.866***	0.861***	0.879***
個人レベル					
性別（0：男性，1：女性）（γ_{10}）		0.082***	0.076***	0.075***	0.076***
年齢（γ_{20}）		0.004***	0.004***	0.004***	0.004***
教育年数（γ_{30}）		−0.007†	−0.007†	−0.007†	−0.007†
就労（0：無，1：有）（γ_{40}）		−0.022	−0.027	−0.027	−0.026
婚姻（0：無，1：有）（γ_{50}）		−0.018	−0.016	−0.016	−0.013
収入（対数変換）（γ_{60}）		0.004	0.007	0.007	0.006
地縁的組織参加（0：非参加，1：参加）（γ_{70}）		0.074***	0.062**	0.062**	0.059**
趣味娯楽組織参加（0：非参加，1：参加）（γ_{80}）		0.091***	0.084**	0.085**	0.085**
ボランティア組織参加（0：非参加，1：参加）（γ_{90}）		0.122***	0.100**	0.101**	0.102**
商工会その他組織参加（0：非参加，1：参加）（γ_{100}）		−0.015	−0.006	−0.006	−0.005
市区町村レベル					
市区町村高齢化率（γ_{01}）				0.074	0.285
地縁的組織参加×市区町村高齢化率（γ_{71}）					0.879**
趣味娯楽組織参加×市区町村高齢化率（γ_{81}）					0.414
ボランティア組織参加×市区町村高齢化率（γ_{91}）					−0.199
商工会その他組織参加×市区町村高齢化率（γ_{101}）					−0.856
変量効果（分散）					
切片の市区町村レベル残差（$\sigma^2_{u_0}$）	0.004***	0.004***	0.005***	0.005***	0.005***
傾きの市区町村レベル残差：地縁的組織参加（$\sigma^2_{u_7}$）			0.007**	0.007**	0.004†
傾きの市区町村レベル残差：趣味娯楽組織参加（$\sigma^2_{u_8}$）			0.012**	0.012**	0.011**
傾きの市区町村レベル残差：ボランティア組織参加（$\sigma^2_{u_9}$）			0.012*	0.012*	0.012*
傾きの市区町村レベル残差：商工会その他組織参加（$\sigma^2_{u_{10}}$）			0.032***	0.032***	0.029***
Deviance	330.75	134.24	55.42	55.21	44.88

注：個人レベル：$N_i=1,065$，市区町村レベル：$N_j=50$，***$p<.001$，**$p<.01$，*$p<.05$，†$p<.10$．
地縁的組織参加，趣味娯楽組織参加，ボランティア組織参加，商工会その他組織参加は市区町村平均でセンタリング（group-mean centering）．
市区町村高齢化率は全体平均でセンタリング（grand-mean centering）．

参照).よって健康サービス利用度の市区町村レベルのばらつきは高齢化率によっては説明されず,他のなんらかの市区町村レベル要因が影響していると考えられる.

続いて切片だけでなく,地域組織参加の傾きの市区町村レベルのばらつきについても高齢化率で説明するモデルは,モデル2のβ_{0j},β_{7j}–β_{10j}の回帰式に市区町村高齢化率を投入することで得られる(モデル4).式は以下のようになる.

健康サービス利用度$_{ij}$
$= \beta_{0j} + \beta_{1j}$性別$+ \beta_{2j}$年齢$+ \beta_{3j}$教育年数$+ \beta_{4j}$就労$+ \beta_{5j}$婚姻$+ \beta_{6j}$収入
$+ \beta_{7j}$地縁的組織参加$+ \beta_{8j}$趣味娯楽組織参加
$+ \beta_{9j}$ボランティア組織参加$+ \beta_{10j}$商工会その他組織参加$+ e_{ij}$

$\beta_{0j} = \gamma_{00} + \gamma_{01}$市区町村高齢化率$+ u_{0j}$
$\beta_{7j} = \gamma_{70} + \gamma_{71}$市区町村高齢化率$+ u_{7j}$
$\beta_{8j} = \gamma_{80} + \gamma_{81}$市区町村高齢化率$+ u_{8j}$
$\beta_{9j} = \gamma_{90} + \gamma_{91}$市区町村高齢化率$+ u_{9j}$
$\beta_{10j} = \gamma_{100} + \gamma_{101}$市区町村高齢化率$+ u_{10j}$ (モデル4)

とあらわされる.これを一本の式にまとめると,

健康サービス利用度$_{ij}$
$= \gamma_{00} + \gamma_{10}$性別$+ \gamma_{20}$年齢$+ \gamma_{30}$教育年数$+ \gamma_{40}$就労$+ \gamma_{50}$婚姻$+ \gamma_{60}$収入
$+ \gamma_{70}$地縁的組織参加$+ \gamma_{80}$趣味娯楽組織参加
$+ \gamma_{90}$ボランティア組織参加$+ \gamma_{100}$商工会その他組織参加
$+ \gamma_{01}$市区町村高齢化率
$+ \gamma_{71}$地縁的組織参加×市区町村高齢化率
$+ \gamma_{81}$趣味娯楽組織参加×市区町村高齢化率
$+ \gamma_{91}$ボランティア組織参加×市区町村高齢化率
$+ \gamma_{101}$商工会その他組織参加×市区町村高齢化率
$+ u_{7j}$地縁的組織参加
$+ u_{8j}$趣味娯楽組織参加
$+ u_{9j}$ボランティア組織参加

$+u_{10j}$商工会その他組織参加

$+u_{0j}+e_{ij}$ 　　　　　　　　　　　　　　　　　　　　　　（モデル4'）

となる．γ_{71}-γ_{101} は，健康サービス利用度への地域組織参加の効果にたいする市区町村高齢化率の影響をあらわしている．これらは，個人レベル変数の地域組織参加と市区町村レベル変数の高齢化率との交互作用であることから，クロスレベル交互作用とよばれる．表10-2 にはこの交互作用のかたちで表記してある[4]．

　表10-2 のモデル4において，γ_{71}-γ_{101} のうちγ_{71}，すなわち，健康サービス利用度への地縁的組織参加の効果にたいする市区町村高齢化率の影響のみ，有意となっている．同時に地縁的組織参加の傾きの市区町村レベルの残差分散 $\sigma^2_{u_{7j}}$ もモデル3からモデル4にかけて0.007から0.004に減少しており，その減少分だけ，高齢化率により地縁的組織参加の傾きの市区町村レベルのばらつきが説明されたことがわかる．$\gamma_{71}>0$ であることから，高齢化率の高い市区町村ほど，健康サービス利用にたいする地縁的組織参加の効果が大きいことをあらわしている．

　一方，地縁的組織以外の3つの地域組織参加の傾きの市区町村レベルのばらつきは，高齢化率では有意に説明されなかったことから，他のなんらかの市区町村レベル要因が影響していると考えられる．

　以上，健康サービス利用度について，切片のみに市区町村レベルのばらつきがあるモデル（モデル0,1），切片と地域組織参加変数の傾きに市区町村レベルのばらつきがあるモデル（モデル2），さらに切片と傾きの市区町村レベルのばらつきを市区町村レベル変数で説明するモデル（モデル3,4）まで，順に検討した．これらのモデルを，モデルのデータへの当てはまりの度合いをあらわす Deviance から再びみてみよう．Deviance が小さいほど，当てはまりのよいモデルであることを意味する．表10-2において，モデル0からモデル2にかけて，順に Deviance の値は小さくなっており，切片と傾きの両方に市区町村レベルのばらつきがあるとするモデル2の当てはまりがもっともよいことがわかる．モデル2からモデル3にかけては，モデル3で切片の市区町村レベルの

ばらつきが高齢化率によって有意に説明されなかったことから，Deviance はほとんど減少していない．しかしモデル3からモデル4にかけては，モデル4で地縁的組織参加の傾きの市区町村レベルのばらつきが高齢化率によって有意に説明された（すなわち γ_{71} が有意であった）ことにより，Deviance は 55.21 から 44.88 にまで減少し，モデルの改善がみられる．結果として5つのモデルのなかでモデル4の当てはまりがもっともよくなっている．

以上の分析結果をまとめると，次のとおりである．

〔1〕 4種類の地域組織のうち商工会その他組織をのぞく3つの地域組織にかんして，個人レベルで地域組織への参加が健康サービス利用度を高める効果が確認された．
〔2〕 健康サービスの利用度（の切片）には，無視できない市区町村レベルのばらつきがあることが確認された．しかしそのばらつきは高齢化率では説明されなかった．
〔3〕 地域組織への参加が健康サービス利用度を高める効果（傾き）は，市区町村レベルでばらつきがあることが4種類の組織すべてについて確認された．
〔4〕 このうち，地縁的組織参加の効果の市区町村レベルのばらつきについては，高齢化率によって有意に説明され，高齢化率が高い市区町村に住んでいる人ほど，地縁的組織への参加が健康サービス利用につながっていることが確認された．
〔5〕 一方，それ以外の3つの地域組織参加の効果については，市区町村レベルのばらつきは高齢化率によって説明されなかった．

4──考 察　市区町村の健康政策における行政と地域組織の連携可能性

本章は，健康政策の推進における行政と地域組織の連携可能性について，市区町村間の違いを検討することを目的とした．具体的には，人びとの健康サービス利用にたいし，ソーシャル・ネットワークの一形態である地域組織参加が

あたえる効果に着目した．地域組織参加と健康サービス利用の間に関連が認められるならば，行政としてはその関連をいかし，健康サービス利用を浸透させる手段として，個々の住民に直接働きかけるよりも，地域組織を媒介して人びとにアプローチすることが効率的であるといえるだろう．またそのような政策は，市区町村によって，うまく働くところもあれば，働かないところもあるだろう．市区町村でそうした違いがあるとすれば，その違いに影響している市区町村レベルの要因を特定することで，市区町村ごとに健康政策を推進，あるいはみなおすことが可能となる．

以上のような政策的関心をモチベーションとし，本章では，個人レベルで地域組織参加は健康サービス利用を高める効果があるか，その効果は市区町村間でばらつきがあるか，あるとすればそのばらつきは市区町村の高齢化率で説明されるかについて，マルチレベル分析により検証した．以下にその結果と考察を述べる．

(i) まず，個人レベルにおいて地域組織参加が健康サービス利用度を高める効果が，地縁的組織，趣味娯楽組織，ボランティア組織について確認された．したがって，市区町村が地域組織と連携をはかることは，少なくとも地域組織に参加している人びとの健康サービス利用を後押しする政策として有効であるといえるだろう．

(ii) 地域組織参加が健康サービス利用度を高める効果は，4種類の組織すべてについて，市区町村間でばらつきがあることが確認された．そこで本章ではそのばらつきを，市区町村の高齢化率で説明することを試みた．

(iii) 4組織のうち，地縁的組織参加については，健康サービス利用度を高める効果の市区町村間のばらつきが，高齢化率によって有意に説明された．これは，高齢化が進んだ市区町村に住む人ほど，地縁的組織に参加することで健康サービス利用にむかう傾向が強く，逆に若い人が比較的多い市区町村に住む人ほど，地縁的組織に参加しても，そのことが健康サービス利用につながる傾向が弱いことを意味する．このような結果が得られた理由として，次のようなことが推察される．

ひとつの理由としては，2-(2)で述べた地域組織参加が健康サービス利用をう

ながす際の2経路のうち，地域組織参加の情報伝達機能による健康サービス利用という経路にたいして，2-(4)で述べた，高齢化率の違いによる市区町村間での地域組織と行政の関係性の違いが影響していることが考えられる．代表的な地縁的組織である自治会や町内会などは，そもそも健康政策にかぎらず行政サービスの供給において，行政内容の伝達，浸透という役割を果たし，伝統的に行政に協力してきたという背景をもつ（辻中ほか，2009）．しかし今日そのような関係性を維持している市区町村もあれば，失われている市区町村もあるだろう．これにたいし，地域と健康政策担当者のあいだに垂直的なつながりがあるばあい，人びとは健康サービスを利用しやすいとされる（Derose and Varda, 2009）．現在の日本においては，高齢化が進んだ市区町村ほど，自治会や町内会などの地縁的組織のメンバーと健康政策担当者のあいだに，日常的に親しい関係性があると予想される．そうした関係性により，健康教室や講演会等を開催するうえでも両者の連携がスムーズになり，サービスの内容や利用の意義にかんする広報が，行政から地縁的組織を介して組織参加者に効果的に伝達されている可能性が考えられる．

また別の理由として，2-(2)で述べた地域組織メンバー間の健康行動の伝播による健康サービス利用，という経路にたいして，2-(4)で述べた，市区町村間での地域組織内凝集性の違いが影響している可能性も考えられる．高齢化した地域における自治会や町内会ほど，顔なじみのメンバーで構成されることにより組織内の凝集性が高まり，それによりメンバー間で健康サービス利用という行動が伝播しやすいことも推察される．しかし，比較的若い人の多い地域の自治会や町内会では，メンバー同士が顔なじみの関係であることは少なく，健康行動の伝播は起きにくいと思われる．

このように，高齢化率の高い市区町村ほど，日頃からの行政と地縁的組織との密接な関係性や，地縁的組織内の高い凝集性が，地縁的組織参加による健康サービス利用をさらに後押ししていると推察される．したがって，高齢化の進んだ地域の健康政策においては，地縁的組織と連携をはかることが今後より一層意味をもつだろう．一方で，比較的高齢化率の低い市区町村においては，地縁的組織と政策担当者との間にそれなりの距離があり，また地縁的組織内の凝集性も低いと予想され，地縁的組織を介した効果的な広報や組織内メンバー間

の健康行動の伝播が，簡単には実現しないという状況があるのかもしれない．そのような市区町村においては，地縁的組織の活用ではなく，むしろ若い人が多く住んでいる利点を活かした方法も考慮しながら，健康サービス利用を普及させる政策をうつことが課題となるだろう．

(ⅳ) 地縁的組織以外の3組織，趣味娯楽組織，ボランティア組織，商工会その他組織については，(ⅱ)で確認された健康サービス利用度を高める効果の市区町村間のばらつきは，高齢化率では有意に説明されなかった．この結果は次のように解釈される．

そもそもこれらの3組織は，地縁的組織が担ってきたような行政内容の伝達，浸透といった役割によって市区町村と協力する関係にはないものと推察される．したがって2-(2)で述べた健康サービス利用度を高める2つの経路のうち，行政からの情報伝達という経路は，地縁的組織ほどには実現していないと推察する．むしろどちらかといえば，メンバー間の健康行動の伝播という経路の方が実現しやすいと考えられ，(ⅱ)で確認された健康サービス利用度を高める効果の市区町村間のばらつきは，組織参加により健康行動が伝播しやすい市区町村とそうでない市区町村との違いと推察される．

しかしそのように推察される市区町村間の違いにたいして，高齢化率は有意に影響していなかった．趣味娯楽組織，ボランティア組織，商工会その他組織は，地域の高齢化によってメンバー間の行動の伝播のしやすさに違いがでるものではなく，別の要因が影響しているのかもしれない．それをあきらかにすることは，各市区町村が健康政策を進めるうえで，地縁的組織とは別に，あらたに非地縁的かつ市民的性格をもつ組織との連携可能性を検討するうえで，今後の重要な課題となる．

1) ここで高齢化率とは，各市区町村における全人口にしめる65歳以上人口の割合をさす．
2) ［1：参加・利用したことはない］は，「活動がない・活動を知らない」と「参加・利用したことはないが活動は知っている」の2カテゴリを併せて1カテゴリとした．
3) 5項目が一次元構造であるか確認するため，最尤法による因子分析を行ったところ，固有値1以上基準により1因子構造であることを確認した．また信頼性分析の

結果，α係数＝.740で，尺度の信頼性も良好と判断した．
4) モデル 1-4 をとおして，地縁的組織参加，趣味娯楽組織参加，ボランティア組織参加，商工会その他組織参加は市区町村平均で中心化した．マルチレベル分析でクロスレベル交互作用をもちいるとき，交互作用項の元となる 2 変数のうち一方の主効果の回帰係数は，もう一方の変数の値が 0 であるときの，傾きの期待値を意味する．したがって，2 変数をセンタリングすることにより，0 の値の意味が解釈可能になる（Hox, 2010）．一般にセンタリングには全体平均によるセンタリング（grand-mean centering）とグループ平均によるセンタリング（group-mean centering）があるが，クロスレベル交互作用をもちいる際の個人レベル変数の中心化は，全体平均によるセンタリングよりもグループ平均によるセンタリングが推奨される（Hofmann and Gavin, 1998）．また，本章の地域組織参加変数のように 0–1 型の 2 値変数であっても，連続変数のばあいと同様にセンタリングすることが可能である（Enders and Tofighi, 2007）．一方，集団レベル変数のセンタリングの方法は全体平均によるセンタリングのみであることから，市区町村高齢化率については全体平均で中心化した．

文　献

Derose, K. P. and D. M. Varda, 2009, "Social Capital and Health Care Access: A Systematic Review," *Medical Care Research and Review*, 66(3): 272–306.

Enders, C. K. and D. Tofighi, 2007, "Centering Predictor Variables in Cross-Sectional Multilevel Models: A New Look at an Old Issue," *Psychological Methods*, 12(2): 121–138.

Greiner, K. A., C. Li, I. Kawachi, D. C. Hunt and J. S. Ahluwalia, 2004, "The Relationships of Social Participation and Community Ratings to Health and Health Behaviors in Areas with High and Low Population Density," *Social Science & Medicine*, 59(11): 2303–2312.

埴淵知哉・近藤克則・村田陽平・平井寛，2010,「『健康な街』の条件——場所に着目した健康行動と社会関係資本の分析」『行動計量学』37(1): 53–67.

Hofmann, D. A. and M. B. Gavin, 1998, "Centering Decisions in Hierarchical Linear Models: Implications for Research in Organizations," *Journal of Management*, 24(5): 623–641.

Hox, J. J., 2010, *Multilevel Analysis: Techniques and Applications*, Routledge Academic.

Kawachi, I. and L. Berkman, 2000, "Social Cohesion, Social Capital and Health," in Berkman, L. and I. Kawachi, eds., *Social Epidemiology*, Oxford University Press: 174–190.

近藤克則，2005,『健康格差社会——何が心と健康を蝕むのか』医学書院．

近藤克則，2013,「ソーシャル・キャピタルと健康」稲葉陽二・藤原佳典編『ソーシャル・キャピタルで解く社会的孤立——重層的予防策とソーシャルビジネスへの展

望』ミネルヴァ書房：94-121.
厚生労働省，2000,『地域における健康日本 21 実践の手引き』厚生労働省.
Lin, N., 2001, *Social Capital: A Theory of Social Structure and Action*, New York: Cambridge University Press（筒井淳也・石田光規・桜井政成・三輪哲・土岐智賀子訳，2008,『ソーシャル・キャピタル――社会構造と行為の理論』ミネルヴァ書房）.
Lindström, M., 2003, "Social Capital and the Miniaturization of Community Among Daily and Intermittent Smokers: A Population-Based Study," *Preventive Medicine*, 36: 177-184.
Lindström, M., 2005, "Social Capital, the Miniaturization of Community and High Alcohol Consumption: A Population-Based Study," *Alcohol and alcoholism*, 40(6): 556-562.
三觜雄・岸玲子・江口照子・三宅浩次・笹谷春美・前田信雄・堀川尚子，2006,「ソーシャルサポート・ネットワークと在宅高齢者の検診受診行動の関連性――社会的背景の異なる三地域の比較」『日本公衆衛生雑誌』53(2): 92-104.
宮坂忠夫・川田智恵子・吉田亨編，2006,『健康教育論』メヂカルフレンド社.
Poortinga, W., 2006, "Do Health Behaviors Mediate the Association between Social Capital and Health?" *Preventive Medicine*, 43(6): 488-493.
総務省統計局，2012,「統計でみる市区町村のすがた 2012」(http://www.stat.go.jp/data/ssds/5b.htm).
辻中豊・ロバート ペッカネン・山本英弘，2009,『現代日本の自治会・町内会――第 1 回全国調査にみる自治力・ネットワーク・ガバナンス』木鐸社.

11章
主観的幸福感とソーシャル・キャピタル
地域の格差が及ぼす影響の分析

——— 古里由香里・佐藤嘉倫

1——幸福への希求

　現代日本で幸福が注目されている．1つには2011年に来日したブータン国王夫妻の影響があるだろう．後で述べるように，ブータンは国民総幸福量を社会運営の基盤としている．長引く不況に疲れた人々が物質的なものよりも幸福のような精神的なものに希望を見出そうとしていることも理解できる現象である．

　本章は，この幸福に焦点を当て，それを規定するメカニズムの解明をめざす．なお学術的には，「幸福」という日常用語よりも「主観的幸福感」という用語がよく用いられるので，本章でもこの用語を用いることにする．

　この主観的幸福感を生み出す要因は何か．収入が高いことや結婚して幸せな家庭を築いていることなどがすぐに思いつくだろう．もちろんそのような個人的な状況は重要な規定要因である．しかしわれわれはこのような個人的変数に加えて，地域特性が影響すると考える．人々が住んでいる地域の特性が人々の主観的幸福感に影響すると想定する．たとえば，貧富の差が大きい地域に住んでいる人々は，そうでない地域の人々よりも，主観的幸福感は低くなると考えられる．なぜなら，そのような地域では社会的な不安が高まり，住民は安心して生活することが難しくなり，その結果として主観的幸福感が低下する可能性があるからである．

　このように，本章では，個人特性と地域特性の両方に注目して主観的幸福感を規定するメカニズムを解明することをめざす．その際には，経済学に端を発

する「相対所得仮説」と社会学のソーシャル・キャピタル論を導きの糸として理論的な議論を進め，データ分析を行う．ただし，その前に，主観的幸福感の研究の背景と研究の動向を紹介しておこう．

2———主観的幸福感をめぐる先行研究と研究の目的

(1) 研究の背景

　幸福論研究は，近年において飛躍的に研究が進められている一分野である．その背景には，1980年代のブータンに端を発する「国民総幸福量（Gross National Happiness）は国民総生産（GNP）よりも重要である」という方向性が大きくかかわっている．当時，経済発展こそを至上命題とする，経済主義的な先進国に対し，物質主義と精神主義のバランスの維持を主張するものであった．この方向性はその後大きく人々の関心を集めることとなる．なぜなら，経済発展，国家的醸成が進むことで，「生きる」だけなら事欠かない生活ができるような層が増加するとともに，産業革命から続く，恒常的で永続的な，社会・経済的成長に陰りが見え始めたことにより，次の段階としての，「よりよく」，「幸せに生きる」にはどうすればいいのか，ということに対しての回答が世界各国に共通した活路として希求されたからである．

　それでは，日本においてはどうだろうか．戦後，日本の経済発展は進み，現在の日本は，世界有数の経済大国・先進国である．近年，順位を落としたとはいえ，GDPは世界第三位であり，物質的豊かさ，生活水準は極めて高いといえる．また，ここ数十年における爆発的な科学技術の進歩により，コンピュータやインターネットは生活の根幹を担うようになり，情報伝達は高速化し，交通手段の整備・多様化により，物理的移動速度・可能性の飛躍的向上は生活の利便性を実現した．また，安全の面からみても，日本の治安の良さは国際的にも認められる高い水準を誇っており，先進国の中でも極めて高い．まさに，戦後日本において人々が夢見たような未来を実現すべく，半世紀ほどの時間で，豊かで，便利で，安全な社会へと近づけてきたのである．

　では，これら経済の拡大や技術の普及とともに，人々の幸福感も右肩上がりに増加しているのだろうか．内閣府（2008）の調査から，「幸福度」と「GDP」

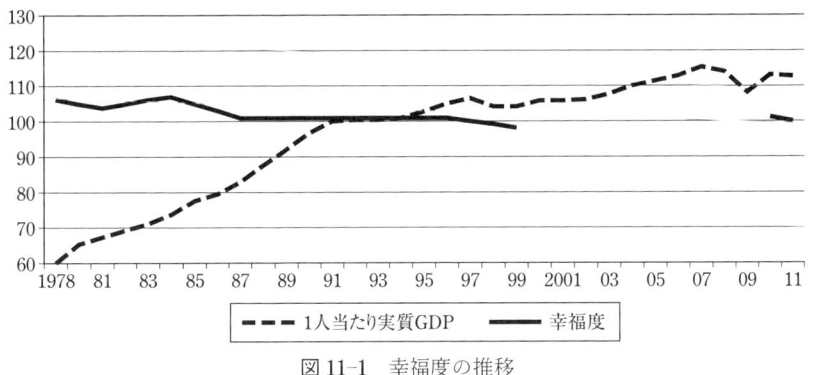

図 11-1　幸福度の推移
出所：内閣府データに加筆して作成.

の変遷を示したものが図 11-1 である．「幸福度」は内閣府「国民生活選好度調査」における 3 年度ごとの回答に基づく平均値を，1990 年を 100 として指数化したものである．また，1 人当たり実質 GDP は内閣府「国民経済計算確報値」及び「四半期別 GDP 速報」，総務省「推計人口」により算出し，1990 年を 100 として指数化したものである．ここで着目したいのは，「GDP」においては，ほとんどの年において上昇しているにもかかわらず，「幸福度」においては，上昇どころか，やや減少傾向の横ばいで推移している，ということである．

つまり，少なくとも調査の始まった 1978 年以降の日本においては，GDP と幸福度に明確な連関は見出すことはできない．また同様の結果は，他の先進国でも報告されている（Frey and Stutzer, 2002）．経済成長と幸福度とが相関しないこの現象は「幸福のパラドックス」（Easterlin, 1974）と呼ばれる．このパラドックスは，単純な経済的発展によって，人々の収入が増せば幸福感が高まるという「直接所得仮説」では，説明することができない．それに対し，主張されたのが「相対所得仮説」である．

(2) 「直接所得仮説」と「相対所得仮説」

「相対所得仮説」とは，準拠集団[1]内での他者との比較によって位置づけられる相対的な所得が，主観的幸福感に影響を与える，という仮説である．つま

り，個人の所得がそのまま主観的幸福感に影響すると考えるのではなく，その人は自分の所得を他の人々の所得と比較して，その比較が主観的幸福感に影響を及ぼすと想定する．

この「直接所得仮説」と「相対所得仮説」を巡って，どちらが，またはどのくらい，主観的幸福感に影響を与えるのかという論争が発生した（Wilkinson and Marmot, eds., 2006）．これらを検討するため，多くの国で計量的な調査が行われ，経済状況，地域要因，個人属性など多くの変数を統制したうえで分析された．しかし，これら多くの国際間比較調査結果を踏まえても，結果は一貫しておらず，どちらも重要な要因であることは確かである一方で，なぜ結果が一貫しないのかは課題として残されている．

この課題に対し，「直接所得仮説」の効果がなくなることについては，限界効用逓減から説明される．すなわち，所得に相関して上昇する主観的幸福感には，ある種の飽和点が存在し，所得が一定以上あがっても，主観的幸福感は頭打ちになる，という閾値仮説による解釈である．しかし，「相対所得仮説」の効果が一貫しない原因についてはまだ完全には明らかになっていない（Subramainian et al., 2003）．山根智沙子ら（2008）は日本国内において小泉改革以降の経済格差の増大が主観的幸福感の実質的な低下をもたらさなかったことを明らかにした．われわれはこの経済格差と主観的幸福感の乖離に何か他の要因が影響していると考える．それはソーシャル・キャピタルである．

(3) ソーシャル・キャピタルの重要性

ソーシャル・キャピタルは現在，社会科学者のみならず医学等の専門家にも注目されている概念である．ここではそれを踏まえたうえで，『孤独なボウリング——米国コミュニティの崩壊と再生』においてロバート・パットナム（Robert D. Putnam）が主張し（Putnam, 2000），近年多くの社会調査で裏付けられつつある，ソーシャル・キャピタルと幸福感の関連性とソーシャル・キャピタルの偏在を指摘しよう．

経済学的立場から所得と幸福感に注視した研究が行われる一方で，社会学においては，他の財からのアプローチを行った．これが人々のネットワークをある種の蓄財と投資の可能な資本として捉えた，ソーシャル・キャピタルと幸福

感を巡る研究である．その結果，ソーシャル・キャピタルを有することで，孤独感によるストレスが軽減し，日常的にさまざまな支援を得られることから，身体的健康や主観的幸福感を増進させる傾向が示された（Kawachi *et al.*, 2004; Berkman and Kawachi, 2000; Helliwell, 2003; 近藤克則編，2007）．このように，ソーシャル・キャピタルを保有することによって，直接的に，幸福感を増大することができる．

しかし一方で，これらの研究への批判として，ソーシャル・キャピタルの偏在の検討が十分ではないことが指摘される．ソーシャル・キャピタルを持つものと持たざる者の差は，何によってもたらされるのか．このような社会構造的な差異の存在を考慮しなければ，健康問題の原因をソーシャル・キャピタルの乏しさに求め，個人の選好によってもたらされただけ，という安易な責任転嫁へと陥りがちである（Lindstrom, 2008）．これが，資本の一種であるソーシャル・キャピタルの階層的偏在とそれによって生じる不平等の再生産という問題点である．

(4) 研究の目的

これらを踏まえて，次の3つの指摘をすることができる．

第1に，相対所得仮説の独自性は，（直接所得仮説の主張とは異なり）絶対的に満足する所得は存在しないと想定し，ある所得分布における個人の所得の位置に焦点を当てるところにある．つまり，所得に関する集団内の自分の位置が幸福感に影響するという点である．このように，相対所得仮説では，社会構成員全員との比較が前提として定式化されている．しかし，比較を可能にするような集団内のつながりは自明な前提なのだろうか．相対所得仮説の非一貫性が指摘されていることから，このモデルだけでは現実には妥当しないことが考えられる．

第2に，このことに関して，ソーシャル・キャピタル研究で指摘されてきた，社会ネットワークの形成自体に偏りがある，ということに着目したい．たとえどんなに貧富の差が大きな集団であっても，その存在を知り，相手の財を目の当たりにすることがなければ，比較することはできず，その格差を知覚して，剥奪感を覚えることはできないだろう．そして主観的幸福感にも影響しない．

つまり，従来のモデルでは，すべての人と知り合いで，その人の財を把握しているという仮定を用いてきたのに対し，実際には，保有するソーシャル・キャピタルに依存して比較が行われ，主観的幸福感に影響を与えると考える，ということである．したがって，上述した従来の相対所得仮説の暗黙の前提を批判的に再検討し，集団内の格差の大小に加えて，その集団内における剥奪感を覚えるような比較が生じうる情報共有構造の差異について，考慮する必要がある．ここでは，この差異をソーシャル・キャピタルの存在の有無としてとらえる．

そして，第3に，ソーシャル・キャピタルの有無だけではなく，それを保有する人の社会経済的地位によって，ソーシャル・キャピタルからもたらされる効果に差があるということを考慮するべきである．なぜなら，日本国内における経済格差拡大による主観的幸福感の変遷をパネル調査したところ，経済格差の拡大に対して，主観的幸福感の平均値はやや減少しているものの，その減少幅は経済格差の拡大と比較すると小さいことが指摘されているからである（山根ら，2008）．相対所得仮説では，他者との比較をした際に，自分の所得が多ければ主観的幸福感が増大し，低ければ減少する．したがって，地域内での格差が拡大しても，無作為に総当たりで他者との比較を行っているならば，主観的幸福感の平均値は，主観的幸福感が低くなる所得の低い人と，主観的幸福感が高くなる所得の高い人で打ち消しあうため，低下しないはずである．しかし実際には，主観的幸福感の平均値は緩やかに減少しており，このことから，ランダムな比較ではなく，構造的な交際のバイアスに従って比較が行われ，個人の所得の高低によってもその効果が異なることが示唆される．

この方向で議論を展開するために，ソーシャル・キャピタルの2つの下位分類を紹介する（Putnam, 2000）．結束型ソーシャル・キャピタルと橋渡し型ソーシャル・キャピタルである．前者はある人が，類似度の高い他の人々と密接で安定した関係で結ばれていることを表しているのに対し，後者は，類似度の比較的低い他者と緩やかな関係で結ばれていることを表している[2]．

ここで，着目したいのが結束型ソーシャル・キャピタルを有する集団内における，緊密さと強固さである．結束型ソーシャル・キャピタルは，その類似度が高い他者との密接・安定さゆえに，人々の選択の自由度を低下させ，集団に埋め込む側面を有している．本章では，その類似性として同じ地域に居住する

ことに焦点を当てる．「同じ」地域に居住することで，地域社会への参加・構成を基礎として形成される結束型ソーシャル・キャピタルは，「地域」という同類性のもと，地域へと埋め込まれる人の存在をもたらすことを意味する．このことから考えると，地域的な結束型ソーシャル・キャピタルを多く持っている人は，そうでない人に比べて地域の中のさまざまな人と出会う機会がある．ここでもしその地域の経済格差が大きく，その人の所得が低かったと考えよう．そうすると，その人は豊富な結束型ソーシャル・キャピタルゆえに，自分よりも所得の高い人と出会う機会がたくさんあり，相対的剥奪を強く感じ，主観的幸福感が低下するだろう．一方，高所得者の場合は，自分よりも所得の低い人と多く出会い，相対的に自分の経済状態に満足することで，主観的幸福感が上昇するだろう．このことから次の仮説が導かれる．

　　仮説1　経済格差の大きい地域では，地域的な結束型ソーシャル・キャピタルを多く持つほど，低所得者（高所得者）は主観的幸福感が低く（高く）なる傾向がある．

　一方，橋渡し型ソーシャル・キャピタルを多く持っている人は，低所得でも，その地域の外部の人々とつながることで相対的剥奪をあまり感じない可能性がある．これは，集団外部の他者とつながる，という選択の自由によって，相対的剥奪の発生しないような，異なる地域の他者との係わりを得ることができるからである[3]．

　このことから次の仮説が導かれる．

　　仮説2　経済格差の大きい地域でも，橋渡し型ソーシャル・キャピタルを多く持つ低所得者は主観的幸福感が低くならない．

　以下では，これらの仮説をデータによって検証し，個人特性と地域特性が主観的幸福感に及ぼす影響を詳細に分析する．

3 ── 分析のためのデータとマルチレベルモデル

(1) 分析データと使用変数

分析に使用した調査データは,「関東甲信越健康調査」,「統計でみる市区町村のすがた 2011」,「住宅・土地統計調査」から得られた3つのデータである.後述するように,われわれの分析は個人レベルの変数と市町村レベルの変数を用いる.まず,個人レベル変数として,2012 年に関東・甲信越の 10 都県内の 50 市町村を対象に実施した郵送調査「関東甲信越健康調査」で得られたものを用いる.地域レベル変数としては,「統計でみる市区町村のすがた 2011」と「住宅・土地統計調査」(平成 20 年調査)から得られた市町村ごとの変数を使用する.ただし,個人情報の保護の観点から,個人特定のおそれのある人口 1 万人未満の市区町村における一部データが非公開となっている.よって,本分析ではこのうち,1 万人以上の人口である 34 市町村を分析に使用する.

「関東甲信越健康調査」からは,従属変数として,「現在のあなたは,幸せですか」という問いに対し,「1. 幸せ,2. やや幸せ,3. ふつう,4. やや不幸せ,5. 不幸せ」の5段階で測定した主観的幸福感を用いた.分析の際には,得点を逆転させ,値が大きくなるほど主観的幸福感が高くなるように指標化した.独立変数としては,ソーシャル・キャピタルとして,他者との付き合い・交流など,グループへの所属や活動の有無について「地縁的な活動(自治会・町内会,婦人会,老人会,青年団,こども会)」,「スポーツ・趣味・娯楽活動(各種スポーツ,芸術文化活動,生涯学習など)」,「ボランティア・NPO・市民活動(まちづくり,高齢者,障害者福祉や子育て,環境・美化,防犯・防災,国際協力など)」,「商工会・同業者組合,宗教団体,政治団体・講演会」への参加の有無を問う4つの質問と,統制変数として,年齢,性別,婚姻,就業,学歴,年収,などの質問項目を使用した.

つぎに,地域の結束型ソーシャル・キャピタルを市町村レベルで指数化するため,「統計でみる市区町村のすがた 2011」から,出生時から住み続ける居住者人口割合を算出した.これは,地域の閉鎖性を表す指数と言ってよく,出生時から住み続ける居住者人口割合が多いほど,他の住民との接触機会が増大す

るのを地域ごとに統制するために用いる．実際には，「人口総数」と「出生時からの居住者人数」を使用し「出生時からの居住者人数割合」を後述の計算式で算出した．これらは 2010（平成 22）年に実施された国勢調査をもとに作成されており，当該年の 10 月 1 日時点で 3 カ月以上居住していた者の人数となっている．総人口である「人口総数」に対し，「出生時からの居住人数」は，そのうち，出生市町村内からの転居を行わず，同地域にとどまり続けている人口の数を表す．

　　出生時からの居住者人数割合＝出生時からの居住人数／人口総数×100（％）

　つぎに，経済格差ないし不平等を指数化するため，住宅・土地統計調査から「地域の不平等指数」を算出した．この調査では，居住している住宅や不動産に関する住環境に加えて，個人の属性についての質問項目があり，世帯の年間収入階級別主世帯数を市区町村単位ごとに公表している．このデータを用いて，地域レベルの経済格差変数を作成した．

　住宅・土地統計調査のデータは，個票データは公表されず，市区町村単位での集計データのみが利用できるため，対数分散を用いた（Aitchison and Brown, 1957）．対数分散は，収入における経済的不平等の指標のひとつで，計算は以下のとおりに行う．まず市町村ごとに，M に中央値，つまり 50 パーセンタイル値を代入する．つぎに P_{16}・P_{84} をそれぞれ，16 パーセンタイル値，84 パーセンタイル値とし，代入し，その対数分散を求める．

$$\sigma = ln\left\{\frac{1}{2}\left(\frac{M}{P_{16}} + \frac{P_{84}}{M}\right)\right\}$$

　この利点は，個票データによってジニ係数を算出できない場合でも，階級別のヒストグラムとパーセンタイルから，対数分散を求めることで不平等指数を計算することができるという点である．また，極めて年収の多い人が，外れ値として存在した場合において，ジニ係数と比較した際に，パーセンタイルとしてまとめていることから，影響を受けにくいという利点を持つ．なぜなら，比較するのは中央値に対してパーセンタイルがどの階級内に存在するかという算出手法であるからである．よって，このような官公庁データから不平等指数を

計算しなければならない際においては非常に有用な手法と言える（Lingxin and Naiman, 2010）。この計算された対数分散が大きいほど不平等が大きく，小さいほど不平等が小さいという特性を持つ。そこで，この対数分散を，各地域における世帯所得による経済格差の指標として，分析に用いることにした．

　これらの地域レベルの変数をまとめたものが，**表11-1**である．地域変数として，各市区町村ごとに与えられる対数分散，総人口，出生時からの居住人数割合と，変数ごとの，最小値，最大値，平均，標準偏差を示した[4]．

(2) 分析枠組み

　分析では，マルチレベル分析によって，クロス水準交互作用項を投入し，その固定効果を明らかにした．具体的には，

$$主観的幸福感_{ij} = \beta_{0j} + \beta_1 男性 + \beta_2 年齢 + \beta_3 教育年数 + \beta_4 就労 + \beta_5 婚姻$$
$$+ \beta_{6j} 収入 + \beta_{7j} 地縁的組織所属 + \beta_{8j} 趣味娯楽組織所属$$
$$+ \beta_{9j} 収入 \times 地縁的組織所属 + \beta_{10j} 収入 \times 趣味娯楽組織所属 + e_{ij}$$

$$\beta_{0j} = \gamma_{00} + \gamma_{01} 経済的不平等_j + \gamma_{02} 地域の閉鎖性 + \mu_{0j}$$
$$\beta_{6j} = \gamma_{60} + \gamma_{61} 経済的不平等_j + \mu_{6j}$$
$$\beta_{7j} = \gamma_{70} + \gamma_{71} 経済的不平等_j + \mu_{7j}$$
$$\beta_{8j} = \gamma_{80} + \gamma_{81} 経済的不平等_j + \mu_{8j}$$
$$\beta_{9j} = \gamma_{90} + \gamma_{91} 経済的不平等_j + \mu_{9j}$$
$$\beta_{10j} = \gamma_{100} + \gamma_{101} 経済的不平等_j + \mu_{10j}$$

ただし，γ_{00}は切片β_{0j}の全体平均，e_{ij}は個人レベルの誤差，μ_{0j}は市区町村レベルの誤差で，β_{0j}は，市区町村ごとの異なる切片，β_{6j}，β_{7j}，…，β_{10j}は，市区町村ごとの異なる傾きを表す．

4 ── 主観的幸福感の規定構造

　このマルチレベル分析の推定結果を表したのが**表11-2**である．モデル1は交互作用項を入れないモデル，モデル2は経済的不平等と，個人レベルの団体

表 11-1 使用市区町村ごとの地域変数

市区町村番号	対数分散	総人口	出生時からの居住人数割合（%）
1	1.05	144,060	1.51
2	1.05	81,887	0.94
3	0.95	53,265	1.50
4	0.95	31,152	0.59
5	0.97	340,904	1.10
6	1.10	364,919	0.86
7	1.08	87,469	0.57
8	1.14	53,765	0.95
9	1.21	63,179	0.51
10	1.30	16,847	0.86
11	1.08	91,302	1.46
12	0.90	124,393	1.48
13	0.91	63,474	0.51
14	1.32	39,122	0.86
15	1.71	34,620	0.92
16	0.91	569,835	1.26
17	0.97	122,234	1.02
18	0.94	472,579	1.58
19	1.31	19,009	2.08
20	0.98	420,845	3.63
21	1.06	191,207	5.72
22	1.07	523,083	1.85
23	1.09	216,119	1.22
24	0.92	1,327,011	1.86
25	0.93	426,178	0.67
26	0.98	222,403	1.83
27	0.86	47,457	1.08
28	1.21	27,430	0.93
29	0.94	83,269	0.33
30	1.11	74,062	1.58
31	1.14	71,711	0.93
32	1.02	31,650	4.74
33	1.51	16,334	0.61
34	0.96	386,572	0.74
最小値	0.86	16,334	0.33
最大値	1.71	1,327,011	5.72
平　均	1.08	201,157.2353	1.42
標準偏差	0.18	258,838.2567	1.15

所属の2要因の交互作用項をそれぞれ投入したモデル，モデル3は経済的不平等と収入との2要因の交互作用項と，経済的不平等と収入と，地域的組織所属，趣味娯楽組織への所属の3要因の交互作用項を投入したモデルである．ここで，3つのモデルの適合度をみておこう．まず，交互作用項が入っていないモデル1では，個人レベル誤差（e_{ij}）は0.95であり，市区町村レベル誤差（μ_{0j}）は0.12となっている．これを他の2つのモデルと比較してみると，モデル2や3で交互作用項を投入していくことによって，市区町村レベル誤差（μ_{0j}）が小さくなっている．よって，経済的格差と集団所属や収入の違いから，市町村レベルの分散が説明できることがわかる．しかし，適合度では，変数投入するにしたがって，AICは増加したが，逸脱度の差の検定を行ったところ，モデル1と比較してモデル2，3は有意に改善された．

次に，個人レベル，地域レベルの変数の効果を検証するため，交互作用項を入れないモデル1の固定効果をみてみる．既存研究を支持するように，性別は負で有意，つまり女性の方が，主観的幸福感が高くなり，幸福感に大きな影響を及ぼすとされる婚姻の有無も1％水準で，ソーシャル・キャピタルも，5％，10％水準とやや弱いものの，正に有意となった．また，世帯収入は，1％水準で正に有意な効果があったにもかかわらず，地域レベルの不平等指数は有意とはならなかった．

さらにモデル2をみてみると，個人レベルの集団所属はモデル1と変わらず正の効果を持つにもかかわらず，新しく導入した不平等とソーシャル・キャピタルによる2要因のクロス水準交互作用項が，橋渡し型ソーシャル・キャピタルにおいては正の効果が，結束型ソーシャル・キャピタルにおいては負の傾向がみられた．さらにモデル3の，個人の社会経済的地位との関連をみるために投入した，3要因の交互作用をみてみると，集団所属の主効果と2要因の交互作用効果はみられたものの，3要因の交互作用項は有意にはならなかった．

最後に，この結果をより詳しくみるため，独立変数の主効果と交互作用効果を合わせた効果が統計的に有意か否かを検討する．この検定は単純傾斜検定（Aiken and West, 1991）と呼ばれるものであり，以下にあげる図は，それぞれの独立変数の効果を，他の変数が高いとき，または低いときにどのように変化するのか算出して，グラフで表したものである．

表 11-2 主観的幸福感を従属変数にするマルチレベル分析推定結果

	モデル1	モデル2	モデル3
固定効果			
切片（γ_{00}）	4.00**	4.00**	4.00**
個人レベル			
男性（β_1）	−0.08**	−0.09**	−0.08**
年齢（β_2）	0.01	0.01	0.01
教育年数（β_3）	0.05	0.06	0.06
就労（β_4）	−0.01	−0.02	−0.02
婚姻（β_5）	0.19**	0.09**	0.08**
収入（β_{6j}）	0.13**	0.14**	0.14**
地縁的組織所属（β_{7j}）	0.07*	0.07*	0.08*
趣味的娯楽組織所属（β_{8j}）	0.11**	0.11**	0.11**
市町村レベル			
経済的不平等（γ_{01}）	0.05	0.02	0.02
地域の閉鎖性（γ_{02}）	0.08*	0.08*	0.08*
クロスレベル			
収入×経済的不平等（γ_{61}）		0.03	0.02
地縁的組織所属×経済的不平等（γ_{71}）		−0.06†	−0.06†
趣味娯楽組織所属×経済的不平等（γ_{81}）		0.06†	0.06†
収入×地縁的組織所属×経済的不平等（γ_{91}）			−0.03
収入×趣味娯楽組織所属×経済的不平等（$\gamma_{10\,1}$）			−0.01
変量効果			
個人レベル誤差（e_{ij}）	0.95	0.95	0.95
市区町村レベル誤差（μ_{0j}）	0.12	0.08	0.09
市区町村レベル傾き（収入）（μ_{6j}）			0.12
市区町村レベル傾き（地縁的組織所属）（μ_{7j}）	0.11	0.01	0.01
市区町村レベル傾き（趣味娯楽組織所属）（μ_{8j}）	0.06	0.06	0.07
市区町村レベル傾き（収入×地縁的組織所属）（μ_{9j}）			0.01
市区町村レベル傾き（収入×趣味娯楽組織所属）（μ_{10j}）			0.02
AIC	2125	2158	2164

注：†$p<.10$，*$p<.05$，**$p<.01$．

　図 11-2 は，モデル 2 における不平等と地縁的組織所属の交互作用項を，単純傾斜検定を用いて図示したものである[5]．不平等度の高い地域が破線，不平等度の低い地域が実線となっており，X 軸は地縁的組織への所属の有無を表しており，値が小さい方が所属していないことを，値が大きい方が所属していることを意味する．また，Y 軸は主観的幸福感を表している．図から分かるように，経済格差の大きな地域では地縁的組織に所属していても所属していな

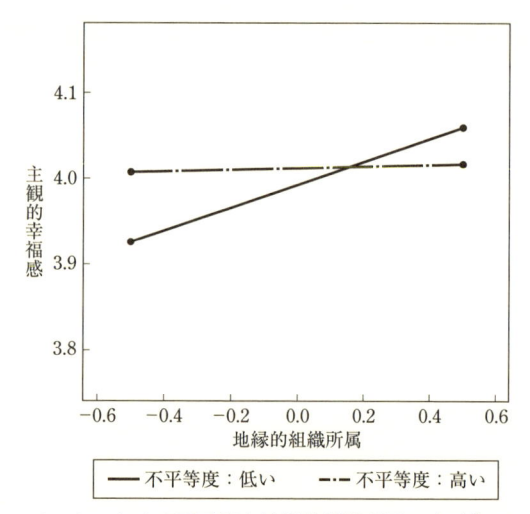

図 11-2　モデル2における不平等と地縁的組織所属の交互作用のプロット

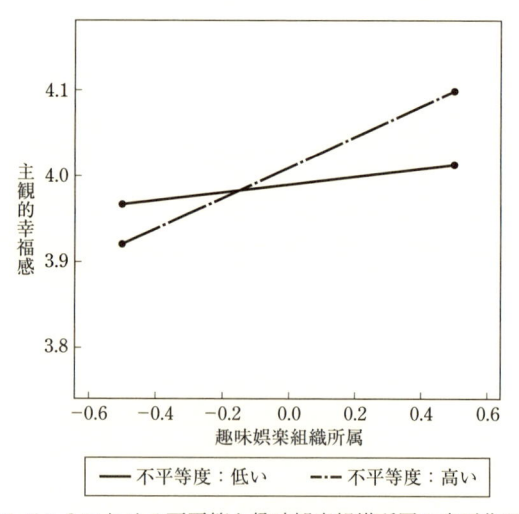

図 11-3　モデル2における不平等と趣味娯楽組織所属の交互作用プロット

くても（すなわち結束型ソーシャル・キャピタルを持っていてもいなくても）主観的幸福感は変わらない．これに対し，経済格差の小さな地域では，結束型ソーシャル・キャピタルを持っていることによって，主観的幸福感が増大するという正の効果がみられた．このことから，経済格差の大きな地域においては，主観的幸福感に対する地縁的組織への所属の正の効果が消失してしまっているといえる．つまり，経済格差が拡大することによって，地縁的組織への所属から得られていた主観的幸福感を向上させる効果が解消されてしまう可能性を示唆している．

　一方，図11-3は，同様にモデル2における不平等と趣味娯楽組織への所属の交互作用項を，単純傾斜検定を用いてプロットしたものである．図11-2と比較すると，不平等度の高い地域と低い地域のラインが，おおむね入れ替わったような図になっており，経済格差の小さな地域では，趣味娯楽組織への所属による効果がないのに対し，経済格差の大きな地域では正の効果があることがわかる．すなわち経済格差の小さな地域と比べた際に，経済格差の大きな地域の人が趣味的団体に所属すると，主観的幸福感に対し，より大きな正の効果を持つ．これは，経済格差の大きい地域においては，剥奪感による主観的幸福感への影響を，橋渡し型ソーシャル・キャピタルの一形態とも言える趣味娯楽組織への所属によって回避できると考えられるためである．

　さらに図11-4では，モデル3における不平等と地縁的組織への所属と収入の3要因の交互作用項を，単純傾斜検定を用いてプロットした．モデル3における3要因の交互作用項が統計的に有意でなく，仮説は不支持となった．本来ならば，これ以上の下位検定は不要である．しかし問題で提示した，経済格差という地域特性と社会経済的地位や保有するソーシャル・キャピタルという個人特性が，主観的幸福感に対し，どのような効果を持つかを議論するために，以下の分析を行った．左図が不平等度の高い地域，右図が不平等度の低い地域で，それぞれY軸は主観的幸福感，X軸は地縁的組織への所属の有無になっている．また，収入が少ない群を実線，収入の多い群を破線で示す[6]．左右見比べてみると，実線においては，傾き，値のどちらにおいても差はみられない．しかし，破線である高収入者群においては，傾きは等しいものの，全体的な位置が経済格差の小さい地域では高くなっていることがわかる．

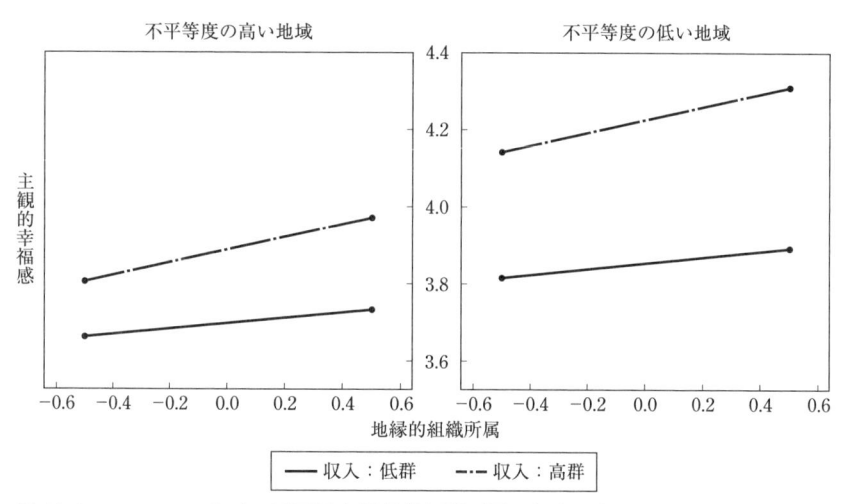

図11-4 モデル3における不平等と地縁的組織所属と個人の収入の3要因交互作用項プロット

　よって，経済格差に関係なく低階層者が地縁的組織に所属することによる効果はなく，高階層者では傾きは等しいが平均的に高いことが示唆された．低所得層においては，経済格差，地縁的組織への所属にかかわらず，主観的幸福感が低くなるが，高所得者では平等な地域であるほどに主観的幸福感が高まると考えられる．したがって，「経済格差の大きい地域では，地域的な結束型ソーシャル・キャピタルを多く持つほど，低所得者（高所得者）は主観的幸福感が低く（高く）なる傾向がある」という仮説1は支持されないが，不平等な地域の低所得者においては，ソーシャル・キャピタルを有していても，主観的幸福感が向上する効果は得られないと考えられる．

　対して，図11-5では，図11-4同様，統計的には有意ではないが，趣味娯楽組織所属と不平等と収入の3要因の交互作用項を表した．右図の不平等度の低い地域においては収入高群，低群間において，趣味娯楽組織所属の効果に差はないが，左図の不平等度が高い地域においては，収入低群において主観的幸福感が高くなる結果となった．よって，仮説2に対し，橋渡し型ソーシャル・キャピタルを多く持つ低所得者は主観的幸福感が低くならないだけではなく，高所得者よりも効果が強く，また主観的幸福感が高かった．この結果は，仮説2

不平等度の高い地域　　　　　不平等度の低い地域

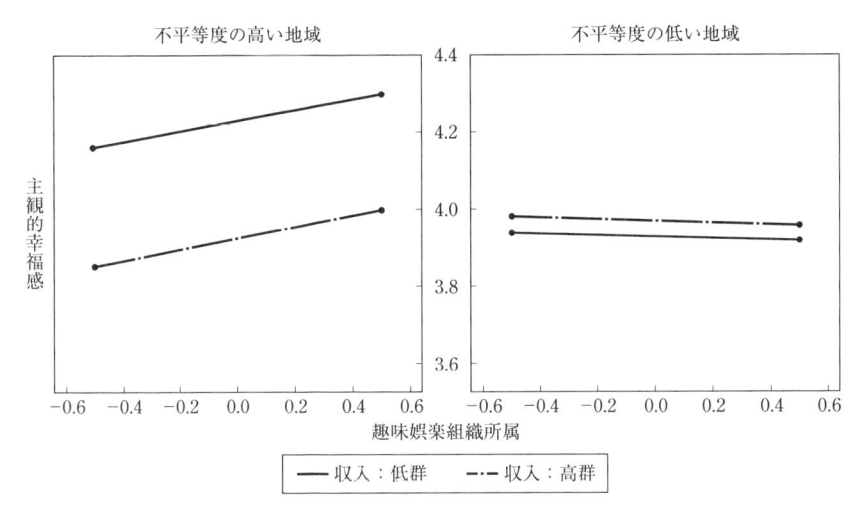

図11-5　モデル3における不平等と趣味娯楽組織所属と個人の収入の3要因交互作用項プロット

を棄却するだけでなく，今回の分析で用いた，相対所得仮説やソーシャル・キャピタルの分析枠組みでは説明できないものである．

5 ── ソーシャル・キャピタルの光と影

　本章の目的は，相対的剥奪を前提とした際，経済格差の大小という地域特性のもと，人々が保有するソーシャル・キャピタルの種類や，個人の社会経済的地位の高低によって，主観的幸福感に及ぼす影響がそれぞれどのように異なるのか，について検討することであった．これに関連する，主要な分析結果について考察する．
　まず，経済格差とソーシャル・キャピタルの種類の関連性について述べる．表11-2の地縁的組織所属（β_{7j}）に示されているように，人々が結束型ソーシャル・キャピタルを保有することは，モデルにかかわらず有意に主観的幸福感を向上させた．しかし，地域の経済格差を考慮すると，経済格差の大きな地域では，この効果が認められなかった（図11-2）．経済格差が大きな地域では，結束型ソーシャル・キャピタルを保有するメリットが，失われてしまっていた．

これは，他者との比較による剥奪感や地域への埋め込みなどにより，そもそも存在した結束型ソーシャル・キャピタルのプラスの効果が打ち消されてしまった結果だと解釈することができる．

同様に，表 11-2 の趣味的組織所属（β_{8j}）で示されたとおり，橋渡し型ソーシャル・キャピタルにも，主観的幸福感を向上させる効果が有意に存在した．さらに，経済格差が大きい場合においては，この効果がより大きいものとなった（図 11-3）．相対所得仮説から，大きな経済格差がある地域では，他者との比較によって人々が抱く剥奪感が，主観的幸福感を低下させると想定される．しかし，橋渡し型ソーシャル・キャピタルを有した場合，人々は自由に他者を選択することができるようになると考えられる．その結果，剥奪感を与えるような他者を回避でき，主観的幸福感が高くなったと解釈できる．

これらの結果を踏まえ，仮説で提示したように，さらに個人の社会経済的地位の高低を加え分析を行ったところ，この 3 要因の交互作用は有意ではなかった（表 11-2）．このため，仮説 1・2 は棄却され，今回の分析では個人の社会経済的地位の高低が，ソーシャル・キャピタル及び地域の経済格差を介して主観的幸福感に与える効果は認められなかった．その理由として，本章の分析では，データ全体の約 3 分の 1 を占める，比較的小さな地域でのデータが使えなかったことがある．このことによって，地域レベルのデータ数が少なくなったため，交互作用が有意な水準に至らなかった可能性も考えられる．また，有意ではないものの下位検定を行い，交互作用の様相を検討したところ，低所得者の主観的幸福感が，地域の経済格差の大小や結束型ソーシャル・キャピタルの保有にかかわらず，一貫して低くなった（図 11-4）．また表 11-2 の収入（β_{6j}）の値で示されたように，どのモデルにおいても，個人の所得の主効果は常に強い正の効果を持っていた．このことから，個人の所得が主観的幸福感に影響を与えるとする，直接所得仮説の頑健さが示唆された．

このように全体を通して，ソーシャル・キャピタルを操作化し分析に組み込むことで，相対所得仮説だけでは説明できない知見を多く得られた．ここから，2 つの議論が望まれる．

1 つは，主観的幸福感が，単に絶対所得か，相対所得に依存するわけではないことである．むしろ，本章で用いたデータでは，一貫して地域の経済的格差

について，ほとんど主効果はみられず，主に，ソーシャル・キャピタルとの交互作用によってその効果が表れた．このことから，相対所得仮説で定義される他者との比較とそこから生じる剥奪感が生じるか否かは，ソーシャル・キャピタルの有無によって左右される．よって，ソーシャル・キャピタルが相対所得仮説の比較と剥奪における必要条件である，という本研究の視点は一定の成果をもつ可能性が示されたが，現時点では不十分であり，今後の研究が期待される．

また，ソーシャル・キャピタルは，従来，他の資本の偏りや，機能不全の是正の文脈で用いられることが多い．本章でも，格差の大きい地域において，橋渡し型ソーシャル・キャピタル（趣味娯楽組織への所属）は，有意に主観的幸福感を向上させることが示された．一方で，結束型ソーシャル・キャピタルは，市区町村レベルでの経済格差や，個人の社会経済的地位との交互作用によって，格差を拡大することが示唆された．したがって，ソーシャル・キャピタルであっても，社会的弱者に対して，常に利益を与える，万能な資本ではないことがうかがえる．地域復興や絆など，ソーシャル・キャピタルを掲げた地域再編は最近の主流である．しかし，ソーシャル・キャピタルが主観的幸福感の格差を助長する可能性もあるといえよう．

1) 準拠集団とは「自己の態度や価値を形成し行為する際に，自らを比較することによって影響をうけることになる集団」（大澤・吉見・鷲田編，2012: 650）のことである．
2) ここでの類似度とは，個人間で地域や趣味，出身などがどの程度共有されているかを示すものである．
3) 結束型ソーシャル・キャピタルを多く持つ人々は付き合いの選択の余地が少なく，それゆえ仮説1で想定する状況が生じる．一方，橋渡し型ソーシャル・キャピタルを多く持っている人々は，選択の自由度が高いので，付き合いたくない人を回避することができる．
4) 市町村名は，番号に置き換えて表記した．
5) 図中の不平等度の高い（低い）地域は不平等度が平均よりも1標準偏差大きい（小さい）地域である．
6) 収入が少ない（多い）群は平均収入よりも1標準偏差少ない（多い）群である．

文 献

Aiken, L. S. and S. G. West, 1991, *Multiple Regression: Testing and Interpreting Interactions*, Newbury Park: Sage.

Aitchison, J. and J. A. C. Brown, 1957, *The Lognormal Distribution*, Cambridge University Press.

Berkman, L. F. and I. Kawachi, 2000, *Social Epidemiology*, Oxford University Press, New York.

Easterlin, R. A., 1974, "Does Economic Growth Improve the Human lot? Some Empirical Evidence," in Moses Abramovitz, Paul A. David and Melvin Warren Reder, eds., *Nations and Households in Economic Growth: Essays in Honour of Moses Abramovitz*, New York and London: Academic Press: 89–125.

Frey, B. S. and A. Stutzer, 2002, *Happiness and Economics: How the Economy and Institutions Affectwell-Being*, Princeton University Press.

Helliwell, J. F., 2003, "How's life? Combining Individual and National Variables to Explain Subjective Well-being," *Economic Modelling*, 20: 331–360.

Kawachi, I., D. Kim, A. Coutts and S.V. Subramanian, 2004, "Commentary: Reconciling the Three Accounts of Social Capital," *International Journal of Epidemiology*, 33: 682–690.

近藤克則編，2007,『検証「健康格差社会」――介護予防に向けた社会疫学的大規模調査』医学書院．

Lindstrom, M., 2008, "Social Capital and Health-Related Behaviors," in I. Kawachi, S. V. Subramanian and D. Kim, eds., *Social Capital and Health*, New York: Springer: 215–238.

Lingxin, H. and D. Naiman, 2010, *Assessing Inequality*, Thousand Oaks CA: Sage Publications.

内閣府，2008,『平成20年版 国民生活白書――消費者社会への要望 ゆとりと成熟した社会構築に向けて』社団法人時事画報社．

大澤真幸・吉見俊哉・鷲田清一編，2012,『現代社会学事典』弘文堂．

Putnam, R. D., 2000, *Bowling Alone*, New York: Simon & Schuster（柴内康文訳，2006,『孤独なボウリング――米国コミュニティの崩壊と再生』柏書房）．

総務省統計局，2011,『統計でみる市区町村のすがた2011』総務省統計局．

Subramanian, S. V., T. Blakely and I. Kawachi, 2003, "Income Inequality as a Public Health Concern: Where Do We Stand?" *Health Serv Res.*, Feb; 38 (1 Pt 1): 153–167.

Wilkinson, Richard G. and Michael Marmot, eds., 2006, *Social Determinants of Health 2nd ed.*, Oxford University Press.

山根智沙子・山根承子・筒井義郎，2008,「幸福度で測った地域間格差」『Discussion Papers In Economics And Business』1–42.

12章
貧しくても幸福を感じることができるか

———— 浜　田　　宏

1———— 幸福感についてわれわれは何を問うべきか？

　仮に人生の主要な目的の1つが幸せになることだとしたら，「貧しくても人は幸福を感じることができるか」という問題は，多くの人にとって興味深い問いとなりうるだろう．元フランス大統領サルコジが組織した，ジョセフ・スティグリッツ（Joseph E. Stiglitz），アマルティア・セン（Amartya Sen）らをメンバーとする委員会は，国の豊かさをGDPだけでなく国民の幸福度によって測定する指標を検討した報告書を刊行した（Stiglitz, Sen and, Fitoussi, 2010=2012）．日本では平成22年度に閣議決定した成長戦略に幸福度指標作成が盛り込まれ，内閣府経済社会総合研究所が指標作成に取り組んでいる．経済的発展を補完する，あるいは超える目標として幸福は，ヨーロッパ，北米，アジアの国々において広く追求されている．

　幸福感は目的としてだけではなく，それがもたらす恩恵という観点からもわれわれにとって重要である．幸福感と健康・長寿との間に正の相関関係があることは以前からよく知られていたが，エド・ディーナー（Ed Diener）とミカエラ・チャン（Micaela Y. Chan）は幸福感と寿命に関する長期縦断的研究をメタ分析した結果，幸福感が健康と長寿の原因となりうることを示した．彼らの分析によれば，幸福な人はそうでない人よりも14%長く生き，産業国においては，7.5年から10年長く生きるという（Diener and Chan, 2011; Frey, 2011）．

　本章のタイトルで「幸福になれるか」ではなく「幸福を感じることができる

か」と表現していることに注意してほしい．前者の問題を考えるためには，「幸福とはそもそも何か」という，重要ではあるものの一意的な結論を引き出しにくい困難な議論に足を踏み入れざるをえない．しかし「幸福を感じることができるか」の場合は対象を本人の自己評価に限定することで，扱うべき議論の範囲が明確になり，より科学的で生産的な議論が期待できる．以下，われわれ社会学者が比較的容易に入手・利用できるデータが，現在のところ，主観的幸福感に限られているため，主観的という形容詞付きの幸福について考える[1]．

基本的には，所得が主観的幸福感に正の影響を及ぼすという知見は数多くの先行研究で確認されているが，同時に，特定の1つの社会を時系列で比較すると，GDPが増加しても平均的満足度は一定であるという知見や，国際比較すると，1人あたりGDPが一定額を超えると，主観的幸福感に対するその影響が弱くなる，あるいは消失する，という知見（イースタリン・パラドクス）が報告されている（Easterlin, 1974; 1995; 2001; Frey and Stutzer, 2002=2005; Frey, 2008; Graham, 2011=2013）．

図12-1は各国の国民1人あたりGDP（US＄購買力平価）と主観的幸福感平均値との関係を示している．基本的にはGDPの上昇とともに主観的幸福感も増加するが，一定値以上にGDPが増えても，幸福感が上昇しない，という興味深い関係は，ブルーノ・フライ（Bruno S. Frey）とアロイス・スタッツァー（Alois Stutzer）の著書 *Happiness and Economics*（邦題『幸福の経済学』）によって広く知られるようになった．今では多くの研究者にとって，パラドクスならぬ常識的関係といえる．

ダニエル・カーネマン（Daniel Kahneman）とアンガス・ディートン（Angus Deaton）は，研究者の間だけでなく，一般の人々の間でもしばしば議論される「お金で幸福が買えるか」という疑問を，ギャラップ－ヘルスウェイズ幸福指数調査のデータを用いて分析した[2]．彼らが分析した幸福感は短期的な感情を記録した情緒的幸福感と人生に対する長期的評価を測定した認知的幸福感の二種類であり，この区分は心理学の知見に対応している（Argyle, 1987）．

情緒的幸福感は「次にあげる感情（喜び，幸福，ストレス，心配，悲しみなど）を昨日1日の多くで感じましたか？」という質問に対する「はい／いいえ」の回答を合成した変数である．喜び，幸福，笑ったかどうかの平均値が

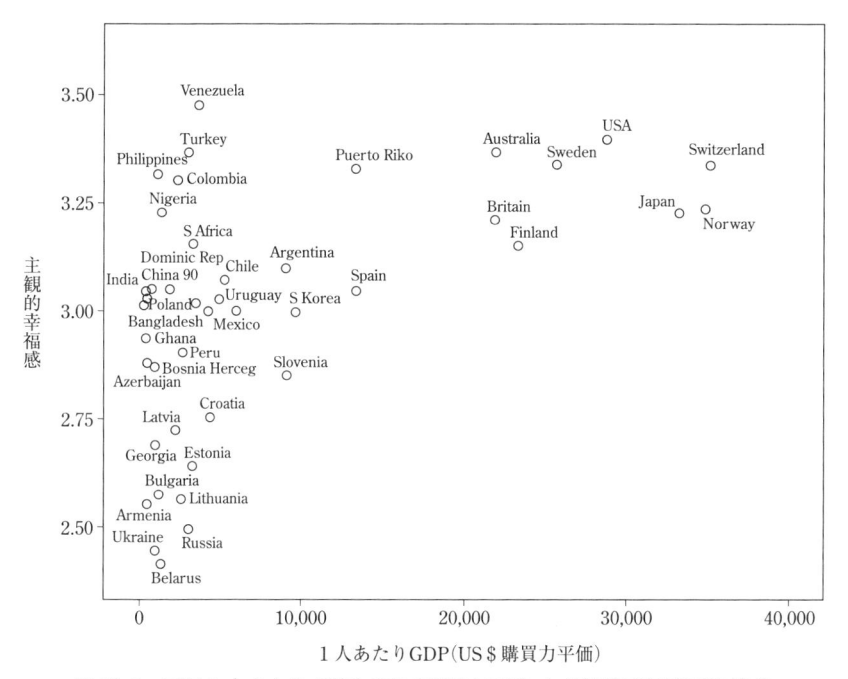

図12-1 国民1人あたりGDP（US＄購買力平価）と主観的幸福感平均値[3]

「正の情緒スコア」として，心配と悲しみの平均値が「負の情緒スコア」として定義される．一方，認知的幸福感は0を人生の最低点，10を人生の最高点と仮定した場合の，回答者が選択する現在の位置によって測定される（Cantril, 1965）．

分析の結果，対数所得が増加すれば情緒的幸福感は増加するが，7万5000ドルを超えると増加しない，認知的幸福感（長期的な評価）は対数所得との間にリニアな関係があり，所得が増加すれば（7万5000ドルを超えても），認知的幸福感は上昇する，ということが判明した（Kahneman and Deaton, 2010）．要約すれば，(1)お金の効果は，認知的幸福感と情緒的幸福感で異なる．(2)低所得は低い認知的幸福感と低い情緒的幸福感と結びついている，といえる．

この結果から，貧しい人は幸福感を感じることは難しい，と結論してよいだろうか？ 本研究プロジェクトで実施した「関東甲信越健康調査」で用いられた主観的幸福感は「現在のあなたは，幸せですか？」という質問に対する「1.

世帯所得（階級値）

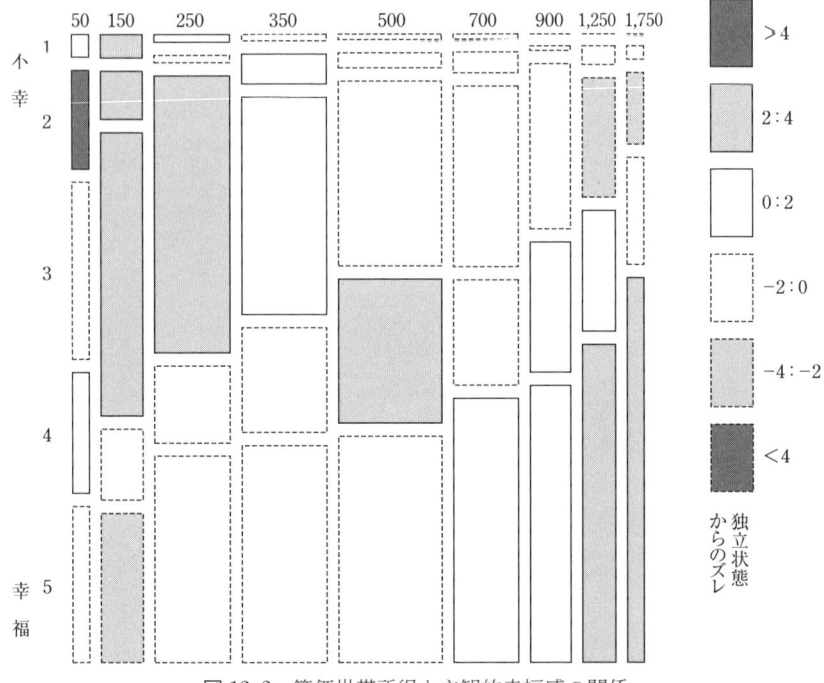

図 12-2 等価世帯所得と主観的幸福感の関係

幸せ，2. やや幸せ，3. ふつう，4. やや不幸せ，5. 不幸せ」のカテゴリから選ばれた回答によって測定されている．この測定方法は，どちらかといえば認知的幸福感に焦点を当てた質問だと考えられる．図 12-2 はデータから作成した世帯所得と主観的幸福感のクロス集計表をモザイクプロットで示したものである．図中の四角形は，縦と横のカテゴリの組み合わせに該当する人の割合を表しており，面積が大きいほど割合が大きいことを意味している[4]．

このクロス集計から，世帯所得が高くなるほど幸せと回答する個人の割合が増えており（世帯所得と主観的幸福感が独立であると仮定した場合に期待される割合よりも，高所得と高い幸福感の組み合わせの割合が多い），逆に「やや不幸せ」「不幸せ」と回答する人の割合は，所得が低くなるほどに多くなるという傾向が読み取れる（900 万円以上になると「不幸」はゼロになる）．また

世帯所得が250万円以下の層でも,「やや幸せ」と「幸せ」の合計は4割から5割近くも存在することが分かる.つまり低所得層においても「幸せ・やや幸せ」を感じている人は,おそらくはわれわれが直感的に想像する割合よりも,多く存在するのである.では客観的に貧しい層に位置しているという条件下で,「幸福」と答える人と「不幸」と答える人の間にはどのような違いがあるのだろうか? この問題が本章のリサーチ・クエスチョンである.

　このリサーチ・クエスチョンが従来の主観的幸福感研究に対してなすであろう理論的貢献は小さいかもしれない.というのも先行研究において所得が主観的幸福感に対して正の影響を持つことは既に明らかであるし,「これまでに発見されていなかった変数間の関連で,かつ理論的に重要な関連」をこの問題設定から導出することは困難だからである.にもかかわらず,われわれはこの問題を本章の中心的な課題として設定する.その理由を次節で詳しく説明しておこう.

2──自己コントロール可能性

　何故に貧しくても幸福を感じる条件を探求することが重要なのか? そのことを考えるために,(多くの先行研究が示しているように)そもそも所得が主観的幸福感に対して(特定の条件下では限界的であるにせよ)正の影響を及ぼす理由を考えてみよう.なにゆえ所得は,特に低所得層において,幸福感を増加させるのか? 経済学の標準的な考えは,所得が増加すれば個人にとって消費できる財やサービスの組み合わせが拡大し,そのことにより個人の効用や出来ることの範囲が増加するからだ,というものである(Frey and Stutzer, 2002=2005).例えば自動車という財を購入すれば,空間上の地点を移動できる移動性,モノを運ぶ輸送性,ドライブを楽しむ娯楽性などの様々な特性の束を得る[5].財やサービスとの広範な交換可能性こそが,所得が幸福研究における説明変数として特権的地位を占有してきた最大の理由である.われわれがしばしば,お金がたくさんあれば幸せになれると勘違いしてしまうのは,お金を財やサービスと交換した結果として生じる潜在能力の拡大可能性を先取りしているからに他ならない.

ただしこのことは，主観的幸福感の分散の大部分を所得が（統計的な意味で）説明できることを意味しない．例えばソニア・リュボミアスキー（Sonja Lyubomirsky）らが提唱する Sustainable Well-being Model は，人々の幸福感の違いのうち，遺伝で決定づけられる設定に起因するものが 50%，意図的な行動に起因するものが 40%，所得や健康状態や容姿などの生活環境や状況に起因するものは 10% であると主張している（Lyubomirsky, 2008=2012）．この幸福感の決定要因の割合の推定がどこまで正確かは疑問だが（ちなみに本調査データに基づく，主観的幸福感を被説明変数，所得を説明変数とする単回帰モデルの決定係数は 0.038 である），幸福感の決定要因を本人が自己コントロール可能なものと，不可能なものに分類するアイデアは有用である．なぜなら社会調査の結果として，ある説明変数 x が被説明変数 y（典型的には主観的幸福感）に対して影響を及ぼすことが分かったとしても，変数 x が「性別」のように本人の意思で変化させることが極めて難しいものであった場合，x を変化させて y を増加・減少させることが事実上不可能だからである．先行研究において，女性は男性に比して幸福感が高いことがよく知られているが，だからといって幸せになるために男性が性別を変更することは現実的ではない．それゆえ，主観的幸福感の増減に影響する変数が特定できたとしても，その変数が自己コントロール不可能な場合，実質的には主観的幸福感の増加に貢献しない可能性が高い．社会学研究がわれわれの幸福感増大に貢献しなければならない必然性はないが，冒頭で確認したように多くの社会が幸福を追求すべき目標として掲げている以上，それを無視してよい積極的な理由は存在しない．

　そこで以下，回答者による自己コントロールが難しいと考えられる変数群（等価世帯所得，年齢，学歴，婚姻状態，職業，抑うつ傾向，一般的信頼）とコントロールが相対的に可能であると考えられる変数群（行事参加，ボランティア活動，友人付き合い，地縁組織活動，趣味活動，団体活動，健康配慮）とに分けて，主観的幸福感への影響を分析する[6]．後者の変数群の多くは社会関係資本概念に含まれる変数である．

　ただし自己コントロール可能／不可能の区分に客観的な基準があるわけではない．例えば出身階層や性別のように，本人の意思と無関係に出生時に決定している変数や，年齢のように，やはり本人の意思とは無関係に変化する変数は，

基本的には自己コントロール不可能であると仮定しても大過ないが，所得や職業や婚姻状態の場合，それらを自己の意思で変化させることができるかどうかは，意見が分かれるだろう．したがって自己コントロール可能領域と不可能領域の境界は客観的基準についての同意が社会全体で存在しないという意味で曖昧である．

　本章の目的は「貧しくても幸福を感じることができるか」という問題を，特に，自己コントロール不可能な条件面で不利な立場にある者が，社会関係資本の活用により，幸福であると自己評価できる人生を能動的に送れるかどうか，という実践的文脈で捉え，その問題に対する社会学的な解答を探求することである．特に社会関係資本の中でも，自己コントロール可能な行動パタンや社会活動に付随する人間関係と信頼にわれわれは注目する．

　以下，先行研究に依拠して，主観的幸福を感じるために必要な条件を予想として述べる．主観的幸福感は人生に対する長期的で肯定的な認知を表しており，日々の情緒の平均と相関している．それゆえに毎日の生活においてフィジカルに快適な活動を営む者は，主観的幸福を感じやすい．具体的には運動頻度が高い人や健康に配慮している人ほど主観的幸福感が高い．

　親密で友好的な人間関係は日々の肯定的情緒をはぐくみ，結果的に長期的・認知的な幸福感も増加させる．このことは人間関係の中でも，特にストレスのない親密な交遊関係が幸福感を高めることを示唆している．言い換えれば親密な交友関係において「信頼を伴うネットワーク（社会関係資本）」が形成され，そのことが幸福感を高めるのである．具体的には，「近所付き合い」「親類との付き合い」「職場での付き合い」に比して，本人が自発的に関係を維持することを望む「友人との付き合い」が活発なほど，幸福感が高くなると予想できる．というのも「近所付き合い」「親類との付き合い」「職場での付き合い」は本人が望む／望まないにかかわらず関与しなければならない場合があり，その関係からポジティブな情緒が発生しない場合や，最も悪い場合には負の情緒が発生するケースも考えられるからである．一方で，友人との付き合いは，友好的で親密な関係が築けない場合は，その関係から撤退したり解消することが比較的容易であり，友人付き合いの頻度の高さは，ポジティブな情緒が発生している可能性が高いことを示唆している．また同様の理屈で，地域活動や近所活動が

活発でもそれは自発的でない場合は主観的幸福感の増加に貢献しないが，近所への愛着が高いほど，幸福感は高まる，と予想できる．この考えを抽象化すれば，自発的に維持している順調な人間関係に基づく活動が活発なほど，幸福感が高いといえる．したがって婚姻状態にあるものが，主観的幸福感が高いという知見は，この予想から導出できる．

　予想を検証するために用いる分析方法は主に主観的幸福感を被説明変数とする OLS 回帰，順序ロジットモデル，多項ロジットモデルである．主観的幸福感は順序尺度だが，以下の予想では偏導関数としての係数の解釈を単純化するために，連続変量と見なして説明する．のちほど念のために順序ロジットモデルと多項ロジットモデルによる推定結果も示すが，基本的な傾向は変わらない．

　再確認しておけば，これらの統計モデルを用いた分析において，われわれが独立変数として特に注目したいのは，性別や年齢や学歴や職業などの，個人が自分の意思で簡単に変更できない変数ではなく，近所の掃除をしたり，職場の同僚と付き合ったり，運動をするなど，比較的個人が自分の意思でその活動量を（あくまで相対的な意味において）コントロール可能な変数である．この分析により「所得の高低にかかわらず独立に主観的幸福感に正の影響を及ぼす，自己コントロール可能な変数」の効果を推定する．

3 ── 貧しくても幸福であることの条件

　表 12-1 に統計分析に使用した変数の記述統計量を要約した[7]．

　表 12-2 は OLS と順序ロジットモデル（累積ロジスティック回帰）による非標準化係数の推定結果を示している．OLS では被説明変数を主観的幸福感を閉区間 [1,5] の連続変数と見なした．一方，順序ロジットモデルでは図 12-1 のクロス集計表の結果を考慮して，「不幸である」「やや不幸である」「どちらでもない」の 3 つを 1 つのカテゴリにまとめ，「不幸である／やや不幸である／どちらでもない」＜「やや幸福である」＜「幸福である」という順序を仮定した．係数の基本的な推定結果に関して OLS と順序ロジットの間で大きな違いはない．ただし順序ロジットモデルにおいては，説明変数の係数が，被説明変数のすべての水準間で等しいという帰無仮説は検定の結果棄却されるので

表 12-1 被説明変数と説明変数との記述統計

変数のタイプ		N	平均値	標準偏差	最小値	最大値
被説明変数	主観的幸福感	1,454	3.93	1.01	1	5
説明変数	男性ダミー	1,466	0.47	0.50	0	1
（自己コントロール困難）	年齢	1,466	60.61	10.84	39	79
	等価世帯所得	1,385	307.51	202.74	17.68	1,237.44
	結婚ダミー	1,466	0.82	0.39	0	1
	教育年数	1,442	12.62	2.21	9	18
	抑うつ	1,449	10.73	4.54	6	35
	主観的健康	1,457	3.46	1.11	1	5
	一般的信頼感	1,438	2.82	0.68	1	4
	寛容度	1,435	2.84	0.67	1	4
	ネットワーク資源	1,194	0	1	−1.71	2.66
説明変数	近所活動	1,380	0	1	−1.21	3.16
（自己コントロール可能）	近所への愛着	1,424	0	1	−3.28	1.30
	親戚付き合い	1,445	3.59	0.97	1	5
	近所付き合い	1,429	3.25	1.27	1	5
	職場付き合い	1,384	2.68	1.26	1	5
	友人付き合い	1,444	3.40	1.05	1	5
	地域活動	1,347	1.61	1.00	1	5
	趣味活動	1,314	1.98	1.39	1	5
	NPO活動	1,286	1.31	0.83	1	5
	団体活動	1,274	1.24	0.75	1	5
	健康配慮	1,456	4.35	2.22	0	8
	運動頻度	1,412	4.11	2.57	0	7

解釈には注意が必要である．

 以下の解釈は，本来は線形でない関係を，あくまで線形関係だと見なした場合に成立する解釈であることに注意する．その点に注意した上で係数の解釈が最も容易な OLS 推定の結果に基づけば，結婚している者はしていない者に比べて，主観的幸福感が 0.45 ポイント高いことが分かる．この係数の意味を所得との比較から解説しておこう．

 等価世帯所得の係数は少数点 4 桁以降も正確に書けば 0.000353 である．これは，等価世帯所得が 100 万円増加した場合には，主観的幸福感は 0.0353 ポイント，1000 万円増加すれば幸福感は 0.353 ポイント増加することを意味する．等価世帯所得が 1000 万円増加してもそこから得られる主観的幸福感の増分（0.353）が，結婚することから得られる増分（0.45）に満たないことを考えれ

表 12-2 OLS と順序ロジットモデルによる推定結果

	OLS				順序ロジットモデル	
	model 1		model 2			
	係数	SE	係数	SE	係数	SE
男性ダミー	−.110	.057	−.047	.062	−.075	.165
年　齢	.006*	.003	.000	.003	−.003	.009
等価世帯所得	.000*	.000	.000**	.000	.001**	.000
結婚ダミー	.452**	.081	.421**	.081	.969**	.225
教育年数	.009	.015	.017	.014	.042	.039
抑うつ	−.033**	.008	−.030**	.008	−.063**	.022
主観的健康	.350**	.028	.326**	.028	.852**	.079
一般的信頼感	.110*	.045	.031	.047	.165	.125
寛容度	.071	.048	.040	.047	.136	.126
ネットワーク資源	.027	.029	−.002	.030	−.071	.079
近所活動			.011	.037	−.035	.099
近所への愛着			.149**	.036	.371**	.097
親戚付き合い			.054	.033	.146	.090
近所付き合い			−.003	.029	.023	.078
職場付き合い			−.048	.025	−.087	.067
友人付き合い			.104**	.032	.224*	.087
地域活動			−.032	.035	−.114	.093
趣味活動			−.002	.023	−.013	.060
NPO 活動			.032	.040	.112	.116
団体活動			.096*	.040	.343**	.117
健康配慮			.015	.015	.050	.042
運動頻度			.003	.013	.005	.034
定　数	1.712**	.363	1.726**	.398		
N	845		845		846	
cut1					5.717**	1.100
cut2					6.861**	1.108
Adj R^2	0.318		0.35			
対数尤度					−714.579	
χ 二乗値					344.4**	

注：**: $p < 0.01$, *: $p < 0.05$.

ば，結婚が幸福感に与える影響は大きく，逆に所得が幸福に与える影響は相対的に小さいといえる．

　ただし結婚の中にも不幸な結婚が含まれることに注意しなければならない．この調査結果が示していることは，単に調査時点で婚姻関係を維持している者は，そうでない者に比して主観的幸福感が高いということであり，結婚が必ず

しも主観的幸福感の増加をもたらすものではない，ということだ．相手との良好な関係が維持できず，その関係からネガティブな情緒しか発生しない場合には，婚姻関係を解消する可能性が高い．したがって，現在結婚状態を維持できている，ということは，その関係は解消したい（離婚したい）と思わない程度に良好である可能性が高い．実際，ジョナサン・ガードナー（Jonathan Gardner）とアンドリュー・オズワルド（Andrew J. Oswald）はパネルデータの分析結果から，望ましくない関係を解消するという意味で離婚は男女双方の主観的幸福感の増加をもたらす，という知見を示している（Gardner and Oswald, 2006）．

抑うつ傾向と主観的健康感の影響は常識的に理解できる推定結果を示しているが，主観的健康が1ポイント増加することに対応する主観的幸福感の増分（0.350）が，等価世帯所得1000万円の増加（0.353）にほぼ一致している点が興味深い．このことは例えば，収入を増加させるためにハードワークを続けたとしても，そのことによって健康が損なわれてしまえば，幸福感は増加しないことを示唆している．等価世帯所得を1000万円増加させるということは，妻1人子1人の三人家族で夫1人が稼得者である場合には，夫の収入を約1720万円（1000万円×$\sqrt{3}$）増加させる必要がある．社会の大部分の人間にとって，個人収入を1720万円増加させることは不可能なので，幸福になりたければ，健康感を高めるために運動でも始めたほうがよいといえる．ただし運動頻度に関しては，予想通り成功の係数が推定結果として得られたが，統計的には有意ではなかった．

次に自己コントロール可能領域に含まれる変数群についてその係数の推定結果を確認してみよう．親戚・近所・職場付き合いに関しては予想通り，正の効果は確認できず，友人との付き合いの活発度だけに正の効果が確認できた．近所付き合い，職場付き合いに関しては統計的に有意ではないが負の係数が推定され，このことは人間関係が大事であるとはいえ，それが友好的な関係でない限りは，幸福感を高めないことを示唆している．

健康配慮行動は予想に反して正の効果が統計的には有意でなかった．おそらく健康に配慮することは，本人の健康を客観的なレベルで向上させるはずだが，当人が健康であるかどうかは主観的健康感によって近似的に測定できているた

表 12-3　多項ロジットによる推定結果（従属変数は主観的幸福感）

参照カテゴリ:「不幸せ／やや不幸せ／ふつう」の合併	やや幸せ			幸せ		
	係　数	SE	Odds	係　数	SE	Odds
切　片						
男性ダミー	−.253	.237	.776	−.133	.219	.875
年　齢	−.016	.013	.984	−.008	.012	.992
等価世帯所得	.001*	.001	1.001	.002**	.001	1.002
結婚ダミー	.701*	.295	2.016	1.427**	.311	4.166
教育年数	.063	.057	1.066	.052	.052	1.054
抑うつ	−.060*	.031	.941	−.077**	.029	.926
主観的健康	.479**	.117	1.615	1.110**	.109	3.033
一般的信頼感	.145	.182	1.156	.212	.167	1.236
寛容度	−.082	.183	.921	.121	.167	1.128
ネットワーク資源	.348**	.117	1.417	−.040	.107	.960
近所活動	.012	.145	1.012	−.063	.132	.939
近所への愛着	.235	.137	1.265	.512**	.130	1.668
親戚付き合い	.039	.129	1.039	.230	.119	1.259
近所付き合い	.024	.113	1.024	.046	.105	1.047
職場付き合い	−.332**	.098	.717	−.168	.091	.845
友人付き合い	.363**	.126	1.438	.284*	.117	1.328
地域活動	.062	.136	1.064	−.136	.127	.873
趣味活動	−.043	.087	.958	−.031	.080	.969
NPO活動	.005	.179	1.005	.195	.160	1.215
団体活動	.163	.183	1.177	.487**	.163	1.628
健康配慮	.031	.061	1.032	.078	.056	1.081
運動頻度	−.001	.049	.999	.007	.045	1.007
切　片	−3.292*	1.567		−8.150**	1.488	
対数尤度	−692.8					
χ2乗値（df44）	387.947**					
Nagelkerke R^2	.419					

注：**：$p < 0.01$，*：$p < 0.05$．

めに，健康配慮行動の効果が小さくなってしまったのではないかと推測される．

　表 12-3 は多項ロジットモデルによる分析結果を要約したものである．被説明変数を「不幸である／やや不幸である／どちらでもない」「やや幸福である」「幸福である」の 3 つに分割して，一番目のカテゴリを参照カテゴリとして説明変数の係数を最尤法で推定した．なお多項ロジットモデルを用いて分析することの消極的な理由は「順序ロジットモデルにおける，被説明変数の水準に依

存せず，説明変数の係数が一定であるという強い仮定が成立しない」というものだが，積極的には「幸福と不幸は連続線上にない」という先行研究の知見に依拠して，不幸と幸福が質的に異なるカテゴリであるという事実を分析に反映させるためである．この結果から，等価世帯所得，結婚，主観的健康観，ネットワーク資源，職場／友人付き合いが，あまり幸せでないカテゴリに対して，「やや幸せ」や「幸せ」なカテゴリへの回答確率を高める効果を持つことが読み取れる．

4 ── 結　論

　かつて経済学者は，主観的幸福感を曖昧な概念であると考え，研究対象としてあまり重視してこなかった．ミクロ経済学理論の基礎として必要なのは，序数的効用（効用水準の順番だけに意味がある概念）であり，幸せや満足感などの実体に対応し，数値自体に意味がある基数的効用は必要なかったからである．しかし近年になって，経済学における効用概念の考え方には劇的な変化が生じた．フライとスタッツァーの簡潔なまとめによれば，人々が主観的に表明する幸福感や満足度を測定することに有用性を見出す経済学者が1990年代以降，増えている．個人の選好と個人の幸福が互いに独立したものであり，相違する場合も多いことを示す証拠が見つかったからである[8]．

　一方社会学には，新古典派経済学に対応するような厳密な理論体系が存在しなかったために，その意味での基数的効用に対する抵抗はなかった．しかし，別の理由で社会学者は基数的効用やそれに類する幸福感の測定に否定的だった．社会学者の多くは理解社会学的文脈で，人々が主観的幸福をどのように構築して，どのように認識しているのかという幸福感の豊穣さや多様性に注目してきた．残念ながら社会学者は人々の主観的世界を尊重する一方で，人々に実際に幸福になるための提言に対しては極めて控えめだった．本章では社会関係資本という，人々がある程度自分の意思でコントロール可能な「他者との付き合い」という観点から，経済的資源の不足に起因する主観的幸福感の減少を補完できるかを問うた．結果は概ねわれわれの予想と一致していた．正の情緒を引き出せるような良好な人間関係に基づく活動が活発であれば，たとえ貧しくと

も幸福を感じることができる，というわれわれの分析結果は既に心理学で知られている知見に比して目新しいものではなかったが，自己コントロール可能領域と不可能領域に注目して分析することの意義は示せたと考える．

1) 主観的幸福感は，個人の判断に基づいているために，バイアスが生じやすく，質問の順番や質問文のワーディング，評価の尺度，調査時点の社会状況などが影響する可能性があるものの，測定のコストに比して得られる情報量が多く，今後も標準的に使用され続ける測度だと考えられる．
2) ギャラップとヘルスウェイズが共同して2008年以降毎年実施している社会調査．500人以上のアメリカ住民を対象とし，56項目の健康と幸福に関する質問への回答をほぼ毎日測定している．カーネマンとディートンの分析は2008年と2009年のデータに基づく．
3) 図は世界価値観調査1999-2004と人間開発報告2006（UNDP 2007）のデータを使って，調査年が同じ，もしくは最も近い幸福感と1人あたりGDP（購買力平価）を組み合わせて作成した．幸福感の平均値はvery happyを4点，quite happyを3点，not very happyを2点，not at all happyを1点に変換して計算している（浜田，2008）．図の作成にあたりFrey and Stutzer（2002）の論文を参考にした．
4) 図右側の独立状態からのズレは各セルの（観測値−期待値）／√期待値を示す．色が濃いほど期待値からのズレが大きく，期待値＞観測値の場合に枠が点線で，観測値＞期待値の場合に枠が実線で表示してある．
5) もちろん特定の財の入手がすべての人に同様の効用や特性をもたらすわけではない．例えば運転免許を持たない人は，車という財から移動性や輸送性という特性を引き出すことはできない．こうした個人間の変換能力の違いを考慮した概念が，センの提唱する潜在能力である．財の集合をAとおき，財の利用方法の集合（財を機能に変換する関数の集合）をFとおけば潜在能力とは

$$C(A:F)=\{b|\exists x\in A,\ \exists f\in F:b=f(x)\}$$

である（Sen, 1985=1988: 23–26; 鈴村・後藤，2002: 198–189）．
6) ここでいう「コントロール」は，多変量解析において注目する独立変数の効果を特定するために統計モデルに投入される変数群である「コントロール変数／統制変数」とは理論的にはまったく関係がない．本章で「自己コントロール可能／困難」という語を使う場合は，統計的な統制の意味ではなく，人々が自分の意思で当該変数の値をコントロールできるかどうか，という意味で用いる．
7) 「一般的信頼」は，問47a（私は人を信頼するほうである），問47b（ほとんどの人は信頼できる），問47c（ほとんどの人は基本的に善良で親切である）に対する「1 そう思う，2 ややそう思う，3 ややそう思わない，4 そう思わない」の回答の平均値を5から引いた値で定義した（点数が高いほど他人を信頼しやすい）．抑うつ尺度はK6を合計した変数で，点数が大きいほど抑うつ傾向を示す．等価世帯所得

は所得階級値を同居家族人数の正の平方根で除した値である.「地域活動」は自治会・町内会,婦人会,老人会,青年団,子供会に所属している人の活動頻度を示している.「趣味活動」はスポーツ・趣味・娯楽活動の組織に所属している人の活動頻度を示している.「NPO活動」は,ボランティア,NPO,市民活動の組織に所属している人の活動頻度を示している.「団体活動」は,商工会・同業種組合,宗教団体,政治団体・講演会の組織に所属している人の活動頻度を示している(すべて数値が大きいほど活動頻度が高く,無所属の場合は1をコードした).「近所活動」は,問3a:近所の公園・道路の清掃活動,b:近所の防犯・防災活動.c:ごみ出しの監視・近所のリサイクル活動,d:地域の健康体操・介護予防などの活動,e:居住市区町村を対象としたボランティアやNPO活動をどのくらいしているか,という質問に対する回答「1全くしていない・活動がない,2あまりしていない,3ときどきしている,4よくしている」を主成分分析で合成した変数である(クロンバック=0.773).「近所への愛着」は,問5a:この場所に住み続けたい,b:近所にどのような人が住んでいるか知っている,c:近所の住民は一体感がある,d:近所でみなが安心して暮らせる,にたいする評価「1そう思わない,2ややそう思わない,3ややそう思う,4そう思う」を主成分分析で合成した変数である(クロンバック=0.771).

8) 具体的理由として,狭義の利己的選好だけでは説明できないような市場行動・投票行動・公共財貢献が観察されるようになったことや,1950年以降,幸福測定に関する心理学研究の発展により,測定可能な効用という考えが受け入れられるようになったこと,そしてプロスペクト理論や所有効果など主観的幸福(実体的効用)と選好の食い違いを説明する理論が発展してきたこと,などがあげられる(Frey and Stutzer, 2002=2005).このように経済学では,基礎にあたる厳密な理論には不必要だが,様々な経験的アノマリーに対応するために,主観的幸福感の測定およびその説明を試みる実証研究が重要性を増してきたのである.

文 献

Argyle, Michael, 1987, *The Psychology of Happiness*, Routledge(石田梅男訳,1994,『幸福の心理学』誠信書房).

Cantril, H., 1965, *The Pattern of Human Concerns*, New Brunswick, NJ: Rutgers University Press.

Diener, Ed and Micaela Y. Chan, 2011, "Happy People Live Longer: Subjective Well-Being Contributes to Health and Longevity," *Applied Psychology: Health and Wellbeing*, 3(1): 1–43.

Easterlin, R. A., 1974, "Does Economic Growth Improve the Human Lot? Some Empirical Evidence," in P. A. David and M. W. Reder, eds., *Nations and Households in Economic Growth: Essays in Honor of Moses Abramovitz*, New York: Academic Press: 89–125.

Easterlin, R. A., 1995, "Will Raising the Incomes of All Increase the Happiness of All?" *Journal of Economic Behavior and Organization*, 27(1): 35–48.

Easterlin, R. A., 2001, "Income and Happiness: Towards a Unified Theory," *Economic Journal*, 111: 465–484.

Frey, Bruno S., 2008, *Happiness: A Revolution in Economics*, Cambridge, MA: MIT Press（白石小百合訳，2012，『幸福度をはかる経済学』NTT 出版）．

Frey, Bruno S., 2011, "Happy People Live Longer," *Science*, 331: 542.

Frey, Bruno S. and Alois Stutzer, 2002, "What Can Economists Learn from Happiness Research?" *Journal of Economic Literature*, 40(2): 402–435.

Frey, Bruno S. and Alois Stutzer 2002, *Happiness and Economics: How the Economy and Institutions Affect Human Well-Being*, Princeton University Press（沢崎冬日訳／佐和隆光監訳，2005，『幸福の政治経済学——人々の幸せを促進するものは何か』ダイヤモンド社）．

Gardner, Jonathan and Andrew J. Oswald, 2006, "Do Divorcing Couples Become Happier By Breaking Up?" *Journal of the Royal Statistical Society Series A*, 169(2): 319–336.

Graham, Carol L., 2011, *The Pursuit of Happiness: An Economy of Well-Being*, Brookings Focus Books（多田洋介訳，2013，『幸福の経済学——人々を豊かにするものは何か』日本経済新聞出版社）．

浜田宏，2008，「幸福感の現状」髙坂健次編『幸福の社会理論』放送大学教育振興会，7 章：78–88．

Kahneman, Daniel and Angus Deaton, 2010, "High Income Improves Evaluation of Life but Not Emotional Well-Being," *Proceedings of the National Academy of Sciences*, 107(38): 16489–16493.

Lyubomirsky, Sonja, 2008, *The How of Happiness: A New Approach to Getting the Life You Want*, Penguin Books（渡辺誠監修／金井真弓訳，2012，『幸せがずっと続く 12 の行動習慣』日本実業出版社）．

Sen, Amartya, 1985, *Commodities and Capability*, Elsevier Science Publishers B. V.（鈴村興太郎訳，1988，『福祉の経済学』岩波書店）．

Stiglitz, Joseph E., Amartya Sen and Jean-Paul Fitoussi, 2010, *Mismeasuring Our Lives: Why GDP Doesn't Add Up*, New Press（福島清彦訳，2012，『暮らしの質を測る——経済成長率を超える幸福度指標の提案』金融財政事情研究会）．

鈴村興太郎・後藤玲子，2002，『アマルティア・セン——経済学と倫理学』［改装新版］実教出版．

調査票について

　本書で主に使用している「長野医療介護支援調査」(地域の暮らしと人間関係に関する調査),「長野子育て支援調査」(地域の暮らしと人間関係に関する調査),「東京子育て支援調査」(結婚と子育て支援にかんする東京都民調査),「関東甲信越健康調査」(地域の絆と健康に関する調査)の調査票は,東京大学出版会ウェブサイトの,本書の紹介ページにて閲覧することができる (http://www.utp.or.jp/ 本書の書名を検索して進んでください).

執筆者一覧（執筆順，＊印編者）

＊辻　　竜平	（つじ・りゅうへい）	信州大学人文学部准教授
＊佐藤　嘉倫	（さとう・よしみち）	東北大学大学院文学研究科教授
今田　高俊	（いまだ・たかとし）	東京工業大学名誉教授
三隅　一人	（みすみ・かずと）	九州大学大学院比較社会文化研究院教授
福島　康仁	（ふくしま・やすひと）	日本大学法学部教授
小林　　盾	（こばやし・じゅん）	成蹊大学文学部教授
金井　雅之	（かない・まさゆき）	専修大学人間科学部教授
渡邉　大輔	（わたなべ・だいすけ）	成蹊大学文学部専任講師
金澤　悠介	（かなざわ・ゆうすけ）	岩手県立大学総合政策学部講師
大崎　裕子	（おおさき・ひろこ）	成蹊大学アジア太平洋研究センター特別研究員
古里由香里	（ふるさと・ゆかり）	東北大学大学院文学研究科博士課程／日本学術振興会特別研究員
浜田　　宏	（はまだ・ひろし）	東北大学大学院文学研究科准教授

編者紹介

辻　竜平（つじ・りゅうへい）
1968年生まれ．信州大学人文学部准教授
【主要著作】
『社会学の古典理論』（共著，勁草書房，2004年）
『社会ネットワーク分析の発展』（翻訳，NTT出版，2007年）
『中越地震被災地研究からの提言』（ハーベスト社，2011年）

佐藤嘉倫（さとう・よしみち）
1957年生まれ．東北大学大学院文学研究科教授
【主要著作】
『ゲーム理論』（新曜社，2008年）
『現代の階層社会1　格差と多様性』（編著，東京大学出版会，2011年）
『不平等生成メカニズムの解明』（編著，ミネルヴァ書房，2013年）

ソーシャル・キャピタルと格差社会
幸福の計量社会学

2014年6月20日　初　版
2015年7月31日　第2刷

［検印廃止］

編　者　辻　竜平・佐藤嘉倫

発行所　一般財団法人　東京大学出版会
　　　　代表者　古田元夫
153-0041 東京都目黒区駒場 4-5-29
http://www.utp.or.jp/
電話 03-6407-1069　Fax 03-6407-1991
振替 00160-6-59964

印刷所　株式会社理想社
製本所　誠製本株式会社

Ⓒ 2014 Ryuhei Tsuji and Yoshimichi Sato *et al.*
ISBN 978-4-13-050182-8　Printed in Japan

JCOPY〈(社)出版者著作権管理機構　委託出版物〉
本書の無断複写は著作権法上での例外を除き禁じられています．複写される場合は，そのつど事前に，(社)出版者著作権管理機構（電話 03-3513-6969，FAX 03-3513-6979，e-mail: info@jcopy.or.jp）の許諾を得てください．

現代日本社会の階層と格差の姿が，実証データと詳細な分析によって明らかに．

現代の階層社会 [全3巻]

- [1] 格差と多様性　佐藤嘉倫・尾嶋史章 [編]
- [2] 階層と移動の構造　石田 浩・近藤博之・中尾啓子 [編]
- [3] 流動化のなかの社会意識　斎藤友里子・三隅一人 [編]

A5・各 4800 円

現代家族の構造と変容　渡辺秀樹・稲葉昭英・島﨑尚子 [編]　A5・7800 円

格差社会の福祉と意識　武川正吾・白波瀬佐和子 [編]　A5・3700 円

格差社会を越えて　宇沢弘文・橘木俊詔・内山勝久 [編]　A5・3800 円

日本の不平等を考える　白波瀬佐和子　四六・2800 円

公共社会学 [全2巻]　盛山和夫・上野千鶴子・武川正吾 [編]　A5 各 3400 円

- [1] リスク・市民社会・公共性
- [2] 少子高齢社会の公共性

社会格差と健康　川上憲人・小林廉毅・橋本英樹 [編]　A5・3400 円

社会と健康　川上憲人・橋本英樹・近藤尚己 [編]　A5・3800 円

ここに表示された価格は本体価格です．御購入の際には消費税が加算されますので御了承ください．